Judith Pein

IM EINSATZ FÜR DIE TIERE

Wenn Tiere vernachlässigt, gequält und im Stich gelassen werden – die bewegendsten Fälle der Tierschutzdetektivin aus *hundkatzemaus*

WILHELM HEYNE VERLAG
MÜNCHEN

Sollte diese Publikation Links auf Webseiten Dritter enthalten, so übernehmen wir für deren Inhalte keine Haftung, da wir uns diese nicht zu eigen machen, sondern lediglich auf deren Stand zum Zeitpunkt der Erstveröffentlichung verweisen.

Im Interesse der Lesbarkeit haben wir auf geschlechtsbezogene Formulierungen verzichtet. Selbstverständlich sind immer Frauen und Männer gemeint, auch wenn explizit nur eines der Geschlechter angesprochen wird.

Zur Wahrung der Anonymität einiger Personen, die zum Buch beigetragen haben, wurden deren Namen sowie nähere Umstände geändert.

MIX
Papier aus verantwortungsvollen Quellen
FSC® C083411

Verlagsgruppe Random House FSC® N001967

Originalausgabe 10/2020

Redaktion: Angelika Winnen
Umschlaggestaltung: Hauptmann & Kompanie Werbeagentur, Zürich,
unter Verwendung eines Fotos von © privat
Satz: Satzwerk Huber, Germering
Druck: CPI books GmbH, Leck
Printed in Germany
ISBN: 978-3-453-60541-1

www.heyne.de

»Warum sollte das Gesetz seinen Schutz irgendeinem
empfindenden Wesen verweigern?
Die Zeit wird kommen, da die Menschheit alles,
was atmet, unter ihren Schirm und Schild nehmen wird.«
Jeremy Bentham
(englischer Philosoph, 1748–1832)

Inhalt

Teil 1:
Von A wie Animal-Hoarding
bis
Z wie Zwinger

Teil 2:
Tierquälerei in der Massentierhaltung – geduldet und gefördert

Mein Leben als Tierschützerin und Journalistin

Seit ich zurückdenken kann, habe ich Tiere geliebt. Ich erinnere mich noch daran, wie ich als Kleinkind zum Schrecken meiner Mutter ein totes Kaninchen an einer Straße fand, es in meinen Anorak wickelte und mit nach Hause nahm, damit wir es zum Tierarzt bringen. Auch die Worte meines Opas: »Du streichelst unserem Dackel Oskar noch mal die Haare vom Kopf«, bringen mich heute noch zum Schmunzeln. Schon früh verlangte ich nach vegetarischem Essen, was in meiner Familie zunächst auf Unverständnis stieß. In der Grundschule sammelte ich Unterschriften gegen Tierversuche oder das Abschlachten der Robben in Kanada. Ich empfand es als große Ungerechtigkeit, wenn Tiere für vermeintliche menschliche Bedürfnisse leiden und getötet werden. Als Teenager führte ich Hunde im Tierheim aus. Ich war also schon immer von ganzem Herzen Tierschützerin.

Während des Abiturs begann ich dann für eine Lokalzeitung zu schreiben. Natürlich am liebsten über »tierische« Themen. Ich interessierte mich immer mehr für Medien, fürs Berichten und Dokumentieren und beschloss, statt Tiermedizin zu studieren, Journalistin zu werden. Da ich viel über gesellschaftlich und kulturell bedingte Ansichten und

Verhaltensweisen nachdachte, wählte ich als Studienfächer Ethnologie, Germanistik und Philosophie. Thema meiner Abschlussprüfung in Philosophie war, wie könnte es anders sein: »Tierethik«. Wir hinterfragten im Seminar, warum Tiere von unserer heutigen alltäglichen Moral ausgeschlossen werden. Logische Gründe dafür gibt es keine. Durch das Studienfach Ethnologie, also außereuropäische Kulturwissenschaft, kam ich zum Dokumentarfilm. Ich machte Kurse zu Kameraführung und Schnitt und drehte meinen ersten eigenen Film während einer dreimonatigen Feldforschung in Thailand. Thema war das Zusammenleben verschiedener Kulturen. Es ging ausnahmsweise mal nicht um Tiere.

Nach dem Studium verband ich schnell beides: Journalismus und Tierschutz. Als Redakteurin bei einem Fernsehsender brachte ich oft Tierschutzthemen ins Programm, und ich begann, mich ehrenamtlich für PETA (People for the Ethical Treatment of Animals) und ARIWA (Animal Rights Watch hieß damals noch Die Tierfreunde e. V.) zu engagieren: An der Seite dieser Tierschutzorganisationen dokumentierte ich mit meiner eigenen Kamera Missstände und Tierquälerei.

Die Recherchen, bei denen ich das live sah, was ich bisher nur aus den Medien kannte, waren Schlüsselerlebnisse. Bei meinem ersten Einsatz in Zusammenarbeit mit PETA im Jahr 2010 ermittelte ich auf einem kleinen Milchbetrieb in Ostdeutschland. Der Bauer verprügelte seine Kühe brutal. Nachbarn hatten Videos von den Zuständen aufgenommen und mit der Bitte um Hilfe an PETA geschickt. Ich schaute mich auf dem Hof um und fand ein totes, schon mumifiziertes Kalb in einem Nebenraum. In einem dunklen, verkoteten Stall stand ein armseliger Zuchtbulle. Vor dem Hof waren frisch geborene

Kälber in sogenannte Kälberiglus gepfercht. Sie zitterten, hatten Durchfall und riefen nach ihren Müttern. Die Nabelschnüre waren noch nass. Sie wollten an meinen Fingern saugen. Es waren Babys mit natürlichem Saugreflex. Sie wollten Muttermilch trinken – wie jedes Kind eines Säugetiers. Den Anblick ihrer großen Augen und ihr Gebrüll habe ich nie wieder vergessen. Das war für mich der Moment, in dem ich beschloss, nicht länger für das Leid der Kälber und ihrer Mütter verantwortlich sein zu wollen. Seitdem lebe ich vegan.

Schon bald erhielt ich die Möglichkeit, mich hauptberuflich für Tiere zu engagieren, und war für einige große Tierschutzorganisationen tätig. Ich arbeitete international, recherchierte beispielsweise undercover in der Gänsestopfleberindustrie in Frankreich, auf Schaf-Farmen in Australien, entdeckte Hundemassengräber in der Ukraine und deckte natürlich auch in Deutschland Fälle von Tierquälerei auf: Fälle von Tierquälerei aus Unwissenheit, Nachlässigkeit oder Gier im privaten Bereich sowie Fälle von systematischer Tierquälerei in der Tierindustrie.

Heute arbeite ich als investigative Journalistin für verschiedene Filmproduktionsfirmen. Seit 2014 decke ich als »Tierschutzdetektivin« in der Sendung *hundkatzemaus* Missstände auf. Auch hier konnte ich schon viel bewegen. Gemeinsam mit meinem Team rettete ich Katzen aus Messie-Häusern und Hunde aus isolierter Zwingerhaltung. Menschen, die nicht mehr in der Lage waren, sich um ihre Tiere zu kümmern, oder dies nicht mehr wollten, nahmen unsere Hilfe an. Todkranke Tiere wurden behandelt und in liebevolle Familien vermittelt. Ich erlebte ergreifende Tierschicksale, wie zum Beispiel das der Ponystute Mandy, die ich mit schmerzenden Hufen in einem dunklen Stall fand, oder der überzüchteten Enten, die ohne unseren Einsatz qualvoll gestorben wären. Gemeinsam mit meinem Team konnte ich viele Tiere retten. Andere musste ich jedoch zurücklassen.

Doch so schrecklich und erschütternd diese Recherchen oft waren, so habe ich doch auch viele wunderbare Menschen dabei kennengelernt: Zeugen, die das Leid der Tiere bemerkt hatten und sich an mich wandten, Helfer vor Ort und von befreundeten Organisationen, Tierärzte, engagierte Mitarbeiter in Veterinärämtern und nicht zuletzt die Menschen von Lebenshöfen, die sich um gerettete Tiere kümmern. Ohne sie hätte ich viele Rettungsaktionen gar nicht durchführen können. Für ihre Hilfe bin ich sehr dankbar. Und all diese Menschen, die sich von ganzem Herzen für die Tiere einsetzen, zeigen mir, dass ich mit meinem Anliegen, Tiere zu schützen, nicht allein bin.

In diesem Buch möchte ich von meinen spannendsten Recherchen und meinen bewegendsten Tierrettungen aus den vergangenen Jahren erzählen. Gleichzeitig möchte ich aufzeigen, welche Möglichkeiten wir alle haben, um Tieren zu helfen. Und auch, wo es bei Behörden oder in der Gesetzgebung hakt.

Wenn noch mehr Menschen für das Leid der Tiere sensibilisiert werden und sich für eine gerechte Gesetzgebung und die konsequente Durchsetzung dieser einsetzen, dann haben wir zusammen die Möglichkeit, viel für die Tiere zu bewegen. Meine Hoffnung ist: Wer meine Geschichten gelesen und die ergreifenden Bilder gesehen hat, wird in Zukunft noch aufmerksamer sein, wenn es um Tiere in seiner Umgebung oder auf seinem Teller geht.

Teil 1

Von A wie Animal-Hoarding bis Z wie Zwinger

1. Ekelhafte Zustände bei einem Katzen-Hoarder

Es war Hochsommer im Jahr 2018. Ich bekam eine Meldung über ein Messie-Haus in Niedersachsen. In diesem sollten zahlreiche Katzen schon seit einigen Jahren unter katastrophalen Zuständen vegetieren. Die Rollläden des Hauses sollten immer geschlossen sein, die Katzen im Dunkeln leben. Wahrscheinlich vermehrten sie sich unkontrolliert, waren krank und womöglich starben immer wieder Tiere. Der Whistleblower, der mich alarmiert hatte, berichtete, niemand wisse genau, wie viele Katzen in dem Haus seien und unter welchen Bedingungen sie dort lebten. Man munkele nur. Man könne nur erahnen, wie es im Inneren des frei stehenden Einfamilienhauses aussehen müsse. Das Veterinäramt sei bereits vor Monaten darüber informiert worden, dass in diesem Haus Katzen litten. Doch nichts sei geschehen. Der Tierhalter selbst wohne schon gar nicht mehr dort, sondern komme nur vorbei, um die Samtpfoten zu füttern.

Ich bat den Mann um mehr Informationen. Er schickte mir daraufhin Fotos, auf denen sehr verschwommen eine Katze hinter einem dreckigen Fenster sowie ein vermüllter Hauseingang zu sehen waren. Mehr nicht. Er sagte, er wolle mir das Haus lieber persönlich zeigen, ich solle unbedingt rasch kommen. Das ließ mich erst mal daran zweifeln, dass an den Vorwürfen tatsächlich etwas dran war. Beweise für eine schlechte Tierhaltung waren diese Fotos jedenfalls nicht. Und sie hätten überall aufgenommen worden sein können. Mir kam der Gedanke, dass mich möglicherweise jemand in eine Falle locken wollte. Nicht immer mache ich mir Freunde, wenn ich Tierquälerei aufdecke. Deshalb bin ich lieber vorsichtig. Ich bat meinen Zeugen um weitere Beweisaufnahmen. Es musste doch möglich sein, ein Rollo hochzuschieben und in das Haus hineinzusehen. Vor allem, da es unbewohnt war. Aber weitere Bilder bekam ich nicht. Und auch der Zeuge meldete sich eine Zeit lang nicht. Der Fall wirkte irgendwie suspekt auf mich.

Doch die Gedanken an die Katzen, die dort angeblich leben und sterben sollten, ließen mir keine Ruhe. Ohne meinem Informanten Bescheid zu geben – für den Fall, dass er mir tatsächlich auflauern wollte –, fuhr ich mit einem Tierschutz-Kollegen drei Stunden lang zu dem Haus mitten in Niedersachsen. Ich musste mir ein Bild vor Ort machen und versuchen, einen Blick auf die Katzen zu werfen. Es konnte doch nicht sein, dass mitten in einer ruhigen Straße, umgeben von Nachbarn, seit Jahren solch ein Elend herrschte. Wie schlimm dieses Elend tatsächlich war, würde mich schon bald überraschen.

Am helllichten Tag erreichten mein Helfer und ich das Haus. Wir parkten ein Stück die Straße runter und spazierten unauffällig zu dem Grundstück. Wir begegneten niemandem. Das Haus war umwuchert von Hecken. Die Rollläden waren tatsächlich alle heruntergelassen. Wir blickten uns um. Niemand war zu sehen, kein Auto kam. Dann liefen wir schnell an einer Seite des Hauses entlang in dessen Garten, wo uns das dichte Grün vor neugierigen Blicken schützte. Das Gartengrundstück war weder für die Nachbarn noch für Passanten auf der Straße einsehbar. Wir waren also erst einmal perfekt getarnt. Von hier gingen wir auf eine verdreckte Terrasse und standen vor der Hintertür des Hauses. Auch hier waren die Rollläden heruntergelassen. Auf und neben der Terrasse lagen Gerümpel und Müll herum – wie bei einer typischen Messie-Wohnung. Von Tieren allerdings gab es noch keine Spur. Mit Gummihandschuhen versehen versuchten wir die Rollläden der Terrassentür hochzuhieven. Diese waren ziemlich schwer, aber wir schafften es und konnten sie etwa zwanzig Zentimeter anheben. Gleichzeitig strömte ein widerlicher Geruch unter dem Rollo hervor. Mir wurde direkt schlecht. Keine Frage, das war der typische Geruch von Katzenfäkalien. Und zwar von viel Katzenfäkalien. Das Ekelgefühl musste ich unterdrücken, um nicht zu würgen. Ich wollte jetzt umso mehr ins Innere des Hauses schauen. Nun war klar, dass Tiere in dem Haus waren oder zumindest gewesen waren. Ich leuchtete mit meiner Kameralampe durch das Fenster, das so dreckig war, dass ich kaum etwas erkennen konnte. Nun verstand ich, warum auf dem Foto des Informanten nur verschwommen eine Katze zu sehen war und er mir nicht mehr Bilder geschickt hatte. Mein Adrenalinpegel stieg. Sollten tatsächlich Tiere hier drin gefangen und in Not sein? Ich konnte durch die trübe Sicht nur erahnen, was sich im Inneren des Hauses abspielte. Es gab keinerlei Lichtquelle darin.

Plötzlich sprang eine Katze von innen ans Fenster. Sie blinzelte gegen das Licht meiner Lampe an und strich an der dreckigen Scheibe entlang. Sie schaute mich direkt an. Auch

Blick ins Katzenmessie-Haus

wenn der Blick durch den Schmutz der Scheibe verschwommen war, so konnte ich doch ihre Not erahnen. Endlich Licht. Endlich jemand, der sich mit ihr beschäftigte. Ob sie hoffte, dass ich sie aus der Dunkelheit befreien würde? Dann verschwand sie wieder im Inneren des Hauses. Meine Lampe war zu schwach, die Scheibe zu dreckig – ich konnte einfach zu wenig erkennen. Mein Helfer und ich hievten weitere Rollläden hoch, und ich leuchtete durch die Fenster ins Haus. Ich sah kleine schwarze Käfer und Fliegen an den Scheiben krabbeln. Das war kein gutes Zeichen. Eine weitere Katze kam nah an die Fensterscheibe heran, blinzelte mich an und leckte sich eine Pfote, die offensichtlich verletzt war.

Um sicherzugehen, dass der Hauseigentümer uns nicht plötzlich überraschte, checkte mein Helfer immer wieder kurz die Hauptstraße ab. Doch glücklicherweise kam niemand.

Ich musste mehr sehen. Ich brauchte mehr Beweise; aussagekräftiges Material, das das Veterinäramt auf den Plan rufen würde. Was ich bis jetzt wusste, war, dass sich mindestens zwei Katzen in dem dunklen dreckigen Haus befanden. Eine von ihnen war möglicherweise an der Pfote verletzt. Ich wusste nicht, ob noch mehr Katzen darin waren und ob eventuell auch tote Tiere herumlagen. Die Käfer und Mengen an Fliegen ließen jedenfalls nichts Gutes erahnen. Wir ließen die Rollläden wieder herunter und schlichen zum Hauseingang an der Vorderseite. Auch hier lag einiges an Müll herum. Durch ein Seitenfenster konnte ich in einen Vorraum schauen, in dem stapelweise alte Zeitungen lagen. Ein geöffnetes Bockwurstglas gammelte vor sich hin. Alles war schmierig. Doch Tiere bekam ich hier, außer noch mehr Fliegen, nicht zu sehen.

Wir gingen zum Auto zurück. Glücklicherweise hatte uns niemand bemerkt. Wir brauchten einen Plan. Ich musste auf jeden Fall mit einer stärkeren Lampe wiederkommen. Und ich wollte den Zeugen treffen und mehr Details zu dem Fall hören. Was wusste er alles und woher? Hatte er vielleicht noch Zugang zu dem Haus? Aber erst mal: Abfahrt. Ich musste die Technik besorgen, den Zeugen anrufen und mit der Redaktion sprechen. Wenn das Veterinäramt bisher nichts unternommen hatte, um den Katzen zu helfen, würde es sicher nicht schaden, mit meinem Kamerateam im Rücken nachzufragen, woran es denn hakte.

Am nächsten Tag kehrte ich mit hellen Leuchten ausgestattet und meinem Helfer zu dem Haus zurück. Meinen

Informanten würde ich später in der Nähe treffen. Er wagte sich erst in der Dämmerung dorthin. Ich wollte vor dem Treffen noch mal einen Blick durch die Fenster werfen. In dem Wohngebiet waren zwei Besucher am Tage wahrscheinlich unauffälliger, als wenn wir in der Nacht ums Haus herumschlichen. Wir wollten wieder an der Hausseite entlang nach hinten auf die Terrasse gehen und bogen gerade um die Hausecke, als plötzlich eine Frau vor uns stand. Wir erschraken kurz. Ich sagte souverän: »Hallo! Ich bin Tierschützerin und wurde zu diesem Haus gerufen. Hier sollen Katzen unter schlechten Bedingungen gehalten werden. Das wollen wir uns mal ansehen.« Die Dame entpuppte sich als Nachbarin, die schon ahnte, dass in dem Haus, nur wenige Meter von ihrem entfernt, etwas nicht stimmte. Sie war freundlich und erleichtert, dass jemand sich um die Tiere kümmern wollte. Sie erzählte uns, dass das Veterinäramt bereits da gewesen sei. Die Behörde habe aber anscheinend nichts unternommen. Wie viele Katzen tatsächlich in dem Haus lebten, wusste sie nicht. Sie erzählte uns, dass der Katzenhalter nicht mehr selbst in dem Haus lebe, aber meistens einmal am Tag komme, um die Tiere zu füttern. Mehr wollte sie dazu aber nicht sagen und verschwand. Puh, das war ja noch mal gut gegangen! Wir gingen weiter zur Terrassentür. Dieses Mal hievten wir alle Rollläden auf allen Seiten des Hauses hoch und verklemmten sie mit Holzbalken. So würde wenigstens etwas Tageslicht ins Haus dringen. Meine neue Lampe durchbrach nun auch endlich die trübe Dunkelheit und den Schmutz. Ich musste mit dem Gesicht ganz nah an die Scheiben heran, damit ich durch die Spiegelung ins Hausinnere blicken konnte. Dabei war das Atmen wahrlich kein Vergnügen. Es stank immer noch ungemein nach Katzenkot. Ich sah, dass unten aus der Terrassentür getrocknete Fäkalien herausbröckelten. Einfach ekelhaft. Doch was ich jetzt im Inneren des Hauses erkennen konnte, ließ mich den Ekel kurzzeitig vergessen. Die Zustände waren noch viel schlimmer, als ich sie mir vorgestellt hatte. Der gesamte Boden des Hauses war eine einzige dunkle Masse aus Katzenkot, Müll und versifften Teppichresten. Das Haus musste schon seit Jahren unbewohnbar sein. Nach und nach erkannte ich auch immer mehr Katzen, die über umgestürzte Stühle sprangen. Ich zählte fünf. Und dann sah ich plötzlich ein Katzenbaby. Es krabbelte staksig über den kotigen Teppichsumpf. Es war herzzerreißend. Das Kitten zitterte, tapste einen Schritt nach vorne und fiel wieder zurück. Es sah aus, als hätte es motorische Störungen. Dass die Tiere Krankheiten und Verhaltensstörungen hatten, konnte ich mir bei der jahrelangen Inzucht in diesem verkeimten Drecksloch gut vorstellen. Ich filmte das kleine Kätzchen, als plötzlich seine Mutter kam und es am Nacken in eine Schrankschublade trug. Dort musste das Nest sein. Wie viele Jungtiere hier wohl noch lebten? Die Katzen taten mir schrecklich leid. Schon der Gestank, der durch die undichten Fenster drang, war kaum auszuhalten. Wie musste es erst im Inneren des Hauses riechen? Katzen sind sehr reinliche Tiere, und diese Umgebung musste die Hölle für sie sein. Ich fragte mich, wieso der Mann die Samtpfoten hier überhaupt hielt. Wenn er sich sowieso nicht für ihr Befinden interessierte, warum gab er sie nicht wenigstens in ein Tierheim? Da riss mich plötzlich ein Geräusch aus meinen Gedanken. Ein Auto war vorgefahren. Mist! Das musste der Hauseigentümer sein. Glücklicherweise kam er aus der Richtung, von der aus er uns an der Hausseite, an der wir gerade standen, nicht gesehen haben konnte. Mein Helfer schaute vorsichtig um die Ecke, während ich anfing, die Rollos so leise wie möglich wieder herunterzulassen. Der Wagen des Tierhalters parkte genau auf unserem Fluchtweg. Der Mann ging aber glücklicherweise nach vorne zum Hauseingang und nicht in unsere Richtung. Uns blieb nicht viel Zeit, um ungesehen zu fliehen. Einige der Rollläden waren so verkeilt, dass wir es nur mit großer Kraftanstrengung schafften, sie zu lösen. Natürlich war das nicht leise. Wir konnten nur hoffen, dass der Mann in diesem Moment im vorderen Hausbereich war und nicht mitbekam, was hinten auf seiner Terrasse passierte. Wir mussten es wagen. Also zogen wir die Holzkeile raus, die Rollos krachten herunter, und wir wollten gerade losrennen. Da öffnete die Nachbarin, die uns kurz zuvor angesprochen hatte, ihre Tür und bat uns zu sich herein. Sie hatte mitbekommen, dass der Katzenhalter gekommen war, und wollte uns helfen, nicht auf dessen Grundstück von ihm entdeckt zu werden. Sie sagte, dass ihr das Schicksal der Tiere nahegehe, sie aber nicht gewusst habe, wie sie hätte helfen können. Ich erzählte ihr, wie schlimm die Zustände in dem Haus tatsächlich waren. Sie war fassungslos. Ich sagte, dass ich den Katzen jetzt helfen und sie dort herausholen würde. Die Frau war sehr erleichtert. Sie habe darauf vertraut, dass das Veterinäramt sich kümmern würde, sagte sie. Und sie sei froh, dass sich jetzt endlich jemand getraut habe, einmal richtig nachzuschauen, was an den Gerüchten dran sei. Ich dachte mir nur: O. k., so schwer war das jetzt nicht, da mal durch das Fenster zu gucken. Aber so ist das häufig. Die Leute, gerade wenn es Nachbarn sind, wollen keinen Ärger. Und jeder hofft, dass ein anderer etwas unternimmt. Wie auch immer, die Dame hatte uns unterstützt. Und sie servierte uns sogar noch einen Kaffee mit Sojamilch. Ich freute mich. Über den Kaffee und darüber, dass ich jetzt etwas für die Katzen unternehmen konnte. Als wir ausgetrunken hatten, war der Tierhalter auch schon wieder verschwunden. Er war tatsächlich nur wenige Minuten da gewesen. Wahrscheinlich um die Katzen zu füttern. Wie diese Fütterung aussah, sollten wir bald erfahren.

Es wurde langsam dämmrig. Mein Helfer und ich fuhren zum Treffpunkt mit meinem Informanten. Wir hatten uns mit diesem im Nachbarort verabredet. Er brachte eine weitere Person mit. Die beiden wollten unbedingt anonym bleiben. Sie hatten engen Kontakt zu dem Katzenhalter und wussten, dass die Zustände in diesem Haus schon seit

Kitten hilflos auf Müll

mindestens sieben Jahren katastrophal waren. Es sei mit der Zeit immer schlimmer geworden. Über den aktuellen Stand wussten sie nichts, da sie schon seit Längerem nicht mehr in dem Haus gewesen waren. Aber sie hatten eine Möglichkeit, uns dort hineinzulassen. Ganz offiziell mit einem Schlüssel durch die Haustür. Ich überlegte scharf. Einerseits war dies eine gute Gelegenheit, sich die Zustände genauer anzusehen und zu dokumentieren. Andererseits birgt es natürlich Risiken, ein Haus nachts zusammen mit Fremden zu betreten, ohne die Hintergründe zu kennen. Immer noch konnte es eine Falle sein. In dem Haus hätte uns alles erwarten können. Ein Schlägertrupp, Sadisten, jemand, der sich wegen früherer Fälle an mir rächen wollte – weder den einen noch den anderen wollte ich gerne mitten in der Nacht in einem fremden Messie-Haus begegnen. Auch hätte der Katzenhalter plötzlich nach Hause kommen und uns darin erwischen können. Vielleicht hätten wir keine Fluchtmöglichkeit gehabt. Andererseits wusste ich, dass die Katzen dringend Hilfe benötigten. Möglicherweise waren sofortige tierärztliche Behandlungen nötig. Ich dachte an die Katze mit der verletzten Pfote und an das torkelnde Katzenbaby. Eigentlich musste ich die Tiere sofort aus diesen üblen Zuständen herausholen. Also sagte ich zu, trotz aller Bedenken.

Als es ganz dunkel war, riskierten wir es. Gemeinsam betraten wir das Haus. Der Mann führte meinen Helfer und mich durch den Flur mit den Zeitungsstapeln und den gammeligen Bockwürstchen. Dann standen wir vor einer schmutzigen und kaputten Zimmertür. Diese musste in den Wohnbereich führen, wo die Katzen waren, die ich schon von außen gesehen hatte. Doch wir kamen nicht durch. Die Tür

Die Tiere waren ungepflegt und krank.

war zwar nicht verschlossen, doch sie ließ sich nicht öffnen, weil so viel Müll dahinter lag. Wir schoben die Tür gemeinsam auf und standen plötzlich mitten im Chaos. Sofort umhüllte uns ein widerlicher Ammoniak-Gestank, der in der Nase und in den Augen brannte. Eine mindestens zwanzig Zentimeter hohe Masse aus Kot, leeren Futterdosen und Trockenfutter bedeckte den Boden in Flur und Küche komplett. In der Masse krabbelten ganze Heerscharen verschiedenster Insekten herum. Ein junges Kätzchen saß hilflos auf dem Dreckberg und wusste nicht wohin. Die Küchenzeile und Spüle war ein einziger verkrusteter Haufen Katzenkot.

Mehrere Samtpfoten blinzelten uns erwartungsvoll an. Sie kratzten sich. Ihre Ohren waren schwarz von Milben. Ich sah trübe Augen, struppiges Fell, hörte klägliches Maunzen. Diese

Ein Horror für die reinlichen Tiere.

armen Tiere – wie lange vegetierten sie hier wohl schon so? Doch für trübe Gedanken war keine Zeit. Eine Falle schloss ich nun definitiv aus. Aber es bestand weiterhin die Gefahr, dass der Katzenhalter kam und uns hier drin erwischte, und wer wusste schon, wie er reagieren würde? Ich hatte es einmal erlebt, dass ein Alkoholiker mit einer Axt vor meinem Team stand und uns drohte, weil wir ihn als Tierquäler entlarvt hatten. Und ein Amtsveterinär war bei einer Kontrolle einmal von einem Tierhalter erschossen worden. Es konnte alles passieren. Viele Tierquäler haben psychische Probleme. Die Tiere sind manchmal alles, was sie noch haben. Das bedrohliche Gefühl, dass diese ihnen weggenommen werden, lässt den ein oder anderen durchdrehen. Auf meinen Recherchen muss ich daher immer sehr vorsichtig sein.

Bevor ich das Haus verlassen konnte, musste ich unbedingt Beweise sammeln, die ich dem Veterinäramt vorlegen konnte. Dies hier war definitiv ein Fall für die Behörden. Der Halter gehörte angezeigt und musste ein Tierhalteverbot bekommen. So viel war klar. Wir filmten die Katzen und die Zustände und schlugen uns über Dosenberge weiter zum Wohnzimmer durch. Ich suchte die Schublade mit den Katzenjungen und hörte sie hinter dem Schrank maunzen. Ein Sofa stand in der Ecke und war vor lauter Fäkalien kaum noch zu erkennen. Alles war kaputt, voller Kot und Ungeziefer. Und dann fanden wir die Skelette mehrerer Katzenbabys – wie grauenvoll! So etwas hatte ich noch nicht erlebt.

Wir hatten genug gesehen und Videos und Fotos gemacht. Ich wollte diese Bilder umgehend dem Veterinäramt zeigen

Skelette von Katzenbabys lagen herum.

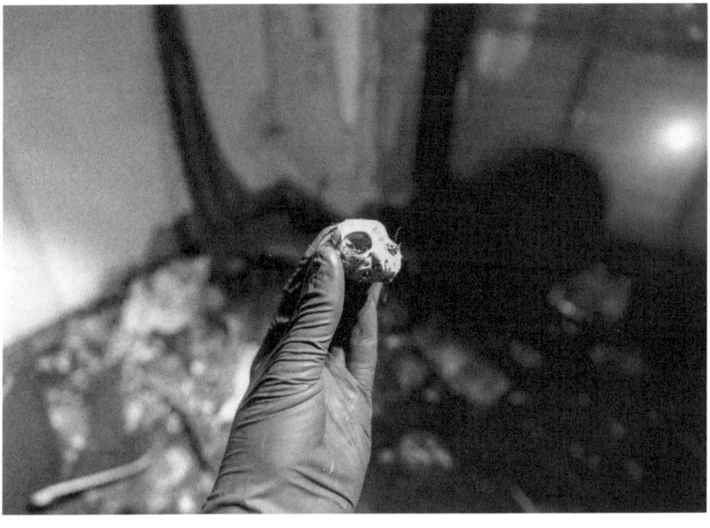

und um Hilfe bitten. Ich war gespannt auf die Erklärung der Behörde, warum den Tieren nicht eher geholfen worden war, wenn der Fall doch bekannt war. Ich wollte darauf drängen, dass das ganze Haus nach weiteren Tieren durchsucht würde. Die Katzen mussten sofort beschlagnahmt werden. Diese Zustände waren so schrecklich, dass ich davon ausging, dass ein Tierhalteverbot ausgesprochen würde. Doch erst mal mussten wir unauffällig wieder verschwinden. Ich hatte Angst, dass der Katzenhalter die Tiere verstecken würde, wenn er mitbekam, dass wir Aufnahmen gemacht hatten. Diese Gefahr besteht immer. Daher musste ich nun als Erstes die Behörden informieren. Wir verließen das Haus so heimlich, wie wir gekommen waren; mit dem Versprechen an die Katzen, dass wir sie ganz bald hier herausholen würden.

Ich benötigte etwas Zeit, um alles vorzubereiten, und stand wenig später schon früh morgens mit dem Kamerateam wieder vor dem Katzen-Haus. Derartige Messie-Zustände bekommt man selten zu sehen, und natürlich sind solche Fälle von öffentlichem Interesse. Die Öffentlichkeit wiederum hilft mir, Druck bei den Behörden zu machen, damit schnellstmöglich etwas für die Tiere passiert. Ich hatte meine Beweise parat, hatte Fotos ausgedruckt, auf denen die Kitten-Skelette, die kranken Tiere, der Dreck zu sehen waren, und rief das Veterinäramt an. Ich hoffte, dass die Mitarbeiter sofort ausrücken würden, wenn ich ihnen die Zustände beschrieb. Ich sprach mit einem freundlichen Amtsveterinär, der sich sehr für meine Schilderungen interessierte. Tatsächlich kannte man den Fall in der Behörde. Er sei selbst schon mal vor Ort gewesen, habe aber den Halter nicht angetroffen. Als Beamter habe er die Rollläden nicht einfach hochschieben dürfen,

Die Katzen vegetierten jahrelang im Dreck.

um ins Haus zu blicken. Daher habe das Veterinäramt den Katzenhalter schriftlich aufgefordert, seine Tiere vorzustellen. Doch der Tierhalter sei dieser Aufforderung nicht nachgekommen. Und so war wertvolle Zeit vergangen. Umso interessanter waren für die Behörde nun die Aufnahmen aus dem Haus. Ich schilderte dem Amtsveterinär am Telefon, was ich gesehen und dokumentiert hatte. Und ich sagte ihm, dass ich ihm die aktuellen Bilder gerne zeigen wolle. Sie würden beweisen, dass sofortiger Handlungsbedarf bestehe und die Tiere heute noch dort herausgeholt werden müssten. Ich sagte ihm auch, dass mich mein Kamerateam begleitete und wir die Rettungsaktion gerne filmen würden. Und dann ging alles ganz schnell. Der Amtsveterinär vertraute darauf, dass an meinen Schilderungen etwas dran war. Er versprach mir, mich in Kürze zurückzurufen. Er glaubte mir, dass ich die Zustände live gesehen und dokumentiert hatte, und wollte den Tieren sofort helfen. Ich hatte ihm den für die Behörden entscheidenden Anfangsverdacht bestätigt und fungierte als Augenzeugin. Nun konnte das Amt einen richterlichen Beschluss einholen und das Haus ohne Anwesenheit des Tierhalters betreten, um die Katzen zu beschlagnahmen.

Es ging los. Ich war erleichtert und aufgeregt zugleich. Wie viele Katzen würden wir nun bei Tageslicht finden? In welchem Zustand würden sie sein? Wie viele Skelette und wie viele lebende Katzenbabys waren noch in dem Messie-Haus?

Ich wartete mit meinem Kamerateam auf das Eintreffen der Behördenmitarbeiter. Der Amtsveterinär hatte Wort gehalten und mich telefonisch auf dem Laufenden gehalten. Als Erstes erreichten zwei Polizeistreifen sowie ein Polizeisprecher das Haus. Die Polizei leistet dem Veterinäramt bei Beschlagnahmungen von Tieren häufig Amtshilfe. Dies ist wichtig, sollte der Tierhalter auftauchen und Ärger machen oder versuchen, die Tiere wegzuschaffen. Dann rief mich der Amtsveterinär wieder an. Der Durchsuchungsbeschluss war da. Jetzt wurde noch ein Schlüsseldienst benötigt. Als Nächstes fuhren zwei Mitarbeiter eines Tierheims vor. Ihr Auto war voll mit Transportboxen. Und dann erschienen mehrere Amtsveterinäre. Alle waren sehr freundlich. Die Tierheim- und Veterinäramtsmitarbeiter sowie ein von den Behörden mitgebrachter unabhängiger Zeuge, der bei einer Hausdurchsuchung dabei sein sollte, betraten in Schutzanzügen das Messie-Haus. Mein Kamerateam und ich mussten leider draußen bleiben. Doch ich beobachtete von der Tür aus, wie das Gebäude nach Tieren durchsucht und die Katzen eingefangen wurden.

In mit Handtüchern abgedunkelten Transportboxen wurden die geretteten Samtpfoten nach und nach aus dem Haus und in das Auto des Tierheims gebracht. Insgesamt waren es acht erwachsene Katzen und zwei Kitten. Die Samtpfoten in den Boxen wirkten recht ruhig. Als wüssten sie, dass ihr schreckliches Schicksal nun eine Kehrtwende machte.

Im Tierheim wurden die Katzen tierärztlich versorgt und liebevoll aufgepäppelt. Später erfuhr ich, dass zwei der Katzen schwanger waren. Eine Mutter hatte ihre Jungen jedoch nach der Geburt getötet. War die psychische Belastung, die sie erfahren musste, zu groß? Oder waren ihre Babys krank? Beides war vorstellbar. Der Gedanke daran, dass die Tiere so viele Jahre unter den schrecklichen Bedingungen in dem Haus vegetiert hatten, machte mich traurig. Wie viele Kitten waren wohl dort geboren worden und gestorben? Dennoch war ich auch glücklich darüber, dass die Tiere durch meine Recherche endlich dort herausgeholt wurden.

Das Veterinäramt erstattete Anzeige gegen den Katzenhalter wegen Verstoßes gegen das Tierschutzgesetz. Es kam zur Gerichtsverhandlung. Der Mann war zunächst uneinsichtig und wollte die beschlagnahmten Katzen zurückhaben. Doch letztendlich fügte er sich dem Urteil. Der Angeklagte wurde des Zufügens von länger anhaltenden und sich wiederholenden Schmerzen und Leiden bei Wirbeltieren für schuldig erklärt. Er musste eine Geldbuße in Höhe von 1500 Euro (50 Tagessätze von jeweils 30 Euro) zuzüglich der Verfahrenskosten zahlen. Hinzu kamen noch die Kosten für die Unterbringung und tierärztliche Versorgung der beschlagnahmten Katzen. Der Mann erhielt zudem ein lebenslanges Tierhalteverbot. Die Katzen wurden alle in ein schönes Zuhause vermittelt.

Dieser schreckliche Fall ist leider keine Ausnahme, sondern ganz typisch für Animal-Hoarding, also krankhaftes Tiersammeln. Und das gibt es häufiger, als man denkt. Schon einige Tierheim- und Veterinäramtsmitarbeiter haben mir erzählt, dass sie sogar immer öfter zu Fällen von Animal-Hoarding gerufen werden. Eine Zunahme der Fälle bestätigt auch eine Datenauswertung[1] des Deutschen Tierschutzbundes. Dieser dokumentierte für das Jahr 2018 die im Vergleich zu den Vorjahren bislang höchste Anzahl von Animal-Hoarding-Fällen: Dem Verband wurden 59 Hoarder, die insgesamt 3888 Tiere unter tierschutzwidrigen Bedingungen hielten, bekannt. Da Animal-Hoarder sehr abgeschirmt leben, ist von einer hohen Dunkelziffer auszugehen. Die Tiere leben meistens im Müll, sind verwahrlost, pflanzen sich unkontrolliert fort und bekommen selten medizinische Behandlung. Häufig findet man tote Tiere zwischen den lebenden, wenn ein solcher Fall aufgedeckt wird.

Was geht in den Menschen vor, wenn sie Tiere derart verwahrlosen lassen? In der Regel sind es keine sadistischen Tierquäler, sondern Menschen, die ihr eigenes Leben nicht im Griff haben. Animal-Hoarding ist eine Krankheit. Die Betroffenen leiden unter einer Tiersammelsucht.[2] Man unterscheidet vier Hoarder-Typen: den übertriebenen Pfleger, den Retter und Befreier, den Züchter und den Ausbeuter.[3] In meinen Recherchen bin ich bereits auf alle vier Typen sowie auf Mischformen dieser gestoßen. Ich habe mit Betroffenen gesprochen, die nicht erkannt haben, dass es ihren Tieren schlecht ging. Ich bin auf Menschen gestoßen, die ihre Vierbeiner ursprünglich aus Tierliebe aufgenommen und dann die Kontrolle verloren hatten, beispielsweise weil die Tiere nicht kastriert waren. Wieder andere Menschen klammerten sich an ihre Vierbeiner, da diese alles waren, was ihnen geblieben war. Sie brauchten jemanden, um den sie sich kümmern konnten. Auch wenn sich das »Kümmern« nur im Kopf abspielte. In anderen Fällen habe ich Menschen erlebt, die Macht über ein von ihnen abhängiges Lebewesen ausüben wollten, oder solche, die mit der Vermehrung der Tiere Geld verdienten. Die Haltungsbedingungen dabei waren immer katastrophal. Die wenigsten dieser Hoarder waren bereit, sich helfen zu lassen oder Tiere freiwillig abzugeben. Dann ist es Sache des Veterinäramtes, die Tiere aus dieser Haltung herauszunehmen. Neben der Beschlagnahmung der gequälten Tiere müssen in Fällen von Animal-Hoarding aber noch weitere Maßnahmen getroffen werden, um einen langfristigen Erfolg zu gewährleisten. Ein Bußgeld wird die Tiersammler, wenn überhaupt, wohl nur vorübergehend davon abhalten, wieder mit dem Horten anzufangen. Auf lange Sicht werden nur eine psychologische Betreuung, das Verhängen eines Tierhalteverbots sowie engmaschige Nachkontrollen durch die Behörden zu einem dauerhaften Erfolg führen.

2. Zwinger, Ketten, Einsamkeit: Illegale Hundehaltungen in Deutschland

Hunde sind nach der Katze die zweitbeliebtesten Haustiere der Deutschen. Im Jahr 2019 lebten dem Industrieverband Heimtierbedarf e. V. zufolge rund 10 Millionen Hunde in 20 Prozent der deutschen Haushalte.[4] Viele von ihnen führen ein schönes Leben als Teil ihrer menschlichen Familie. Der Hund gilt eben als der beste Freund des Menschen. Manche Vierbeiner werden regelrecht verwöhnt, einige schlafen bei Herrchen und Frauchen im Bett. Manche dienen vielleicht als Kinderersatz. Doch es gibt auch Hunde, die kein glückliches Familienleben erfahren. Sie vegetieren einsam in kalten Zwingern oder frieren an schweren Eisenketten ohne ausreichend Schutz vor der Witterung in schmutzigen Hinterhöfen. Für die sozialen Tiere bedeutet sowohl die Zwinger- als auch die Kettenhaltung ein Leben voller Leid, Einsamkeit und Tristesse. Mehrmals wöchentlich werde ich auf solche Hundehaltungen aufmerksam gemacht. Häufig finde ich tierschutzwidrige Zustände vor. Im Folgenden erzähle ich von drei typischen Fällen von illegalen Hundehaltungen in Deutschland, in denen ich ermittelt habe.

Verwahrloste Zwingerhunde im Wald

Eine besorgte Zeugin schickte mir Bilder einer schrecklichen Hundehaltung mitten in einem kleinen Wäldchen im Münsterland. Ein Wohnhaus gab es weit und breit nicht. Irgendjemand hatte sechs Hunde unterschiedlicher Rassen und Größen in einer maroden Zwingeranlage einfach im Wald abgestellt. Die Frau war im Sommer 2016 zufällig darauf gestoßen, als sie mit ihrem eigenen Vierbeiner spazieren ging. Gestank lag in der Luft, und vom Weg aus konnte sie das verzweifelte Gebell der Hunde hören. Sie informierte das zuständige Veterinäramt. Die Behörde reagierte daraufhin, kontrollierte die Zwingeranlage und erteilte Auflagen, die der Hundehalter erfüllen musste. Die Frau war zunächst beruhigt. Doch als sie etwa ein halbes Jahr später wieder an der Zwingeranlage vorbeikam, hatte sie den Eindruck, dass sich nichts für die Tiere verbessert hatte. Statt der Hitze waren die Hunde nun winterlichen Temperaturen ausgesetzt. Weit und breit war wieder niemand zu sehen, der sich um die Hunde kümmerte. Sie waren dort einfach sich selbst überlassen. Gefüttert wurden sie offenbar, denn sonst wären sie ja schon gestorben. Weil das Amt allem Anschein nach nicht durchgegriffen hatte, wandte sich die junge Frau an mich. Sie schickte mir Fotos, die sie vom Weg aus gemacht hatte. Schon aus der Entfernung konnte man das Leid der Tiere sehen.

Zwingerhaltung ist grundsätzlich nicht illegal. Doch es muss dabei das Tierschutzgesetz eingehalten werden. Die Tierschutz-Hundeverordnung[5] des Bundesministeriums für

Die Terrier-Hündin war völlig unausgelastet.

Verbraucherschutz, Ernährung und Landwirtschaft regelt zudem explizit, welche Anforderungen es für das Halten von Hunden unter anderem in Zwingern oder im Freien gibt. In dieser Verordnung steht zum Beispiel, wie groß ein Zwinger sein muss und dass dem Hund eine isolierte Schutzhütte sowie eine zusätzliche wärmegedämmte Liegefläche zur Verfügung stehen muss. Es dürfen keine Verletzungsgefahren oder stromführenden Drähte in Reichweite des Hundes sein. Darüber hinaus muss auch dem Sozialverhalten und dem Bewegungsdrang des Hundes Rechnung getragen werden. So muss ein Hund laut Verordnung ausreichend Auslauf außerhalb des Zwingers und Kontakt zu anderen Hunden oder in Alleinhaltung mehrmals täglich zu seiner Betreuungsperson haben. Mehrere Hunde sollten nach Möglichkeit in einer Gruppe gehalten werden. Selbstverständlich müssen die Tiere stets frisches Trinkwasser zur Verfügung haben und angemessen gefüttert werden. Der Hundehalter oder Pfleger muss mindestens einmal täglich den Gesundheitszustand der Tiere überprüfen. Kot ist täglich zu entfernen und die Unterbringung sauber und frei von Ungeziefer zu halten.

Der Besitzer der Zwingeranlage im Wald verstieß gegen fast jeden Paragrafen der Tierschutz-Hundeverordnung. Wie kläglich die Hunde dort tatsächlich vor sich hin vegetierten, wurde mir erst klar, als ich direkt vor ihnen stand.

Ich hatte mich, gleich nachdem ich zu Hilfe gerufen worden war, auf den Weg gemacht. Es war nur ein kurzer Spaziergang von einer Straße des kleinen Ortes durch den Wald bis zu der Zwingeranlage. Die Hunde hatten mich längst gehört, als ich

Die Zwinger und Hütten waren unzureichend.

mich dieser näherte, und bellten und jaulten jämmerlich. Um sie besser sehen zu können, musste ich näher ran. Es gab ein kleines Törchen in dem niedrigen Maschendrahtzaun, der das Gelände eingrenzte. Es war offen. Ich ging etwa zwanzig Meter weit auf das Grundstück. Zu meiner rechten Seite war eine Reihe von Zwingern. Völlig marode, dreckig, stinkend. In den Käfigen befanden sich insgesamt sechs Hunde. Ein Deutsch Drahthaar sowie drei Deutsche Jagdterrier waren jeweils einzeln in den kargen Zwingern eingesperrt. In einem anderen kauerte ein Labrador-Pärchen, das wohl zur Zucht eingesetzt werden sollte. Die Jagdhunde liefen in ihren dreckigen Gefängnissen aufgeregt hin und her. Ich sprach sie an und beruhigte sie. Es waren herzallerliebste Tiere, die nach Streicheleinheiten lechzten. Ein noch junger Terrier kletterte

Die Haltungsbedingungen entsprachen nicht der Hundeverordnung.

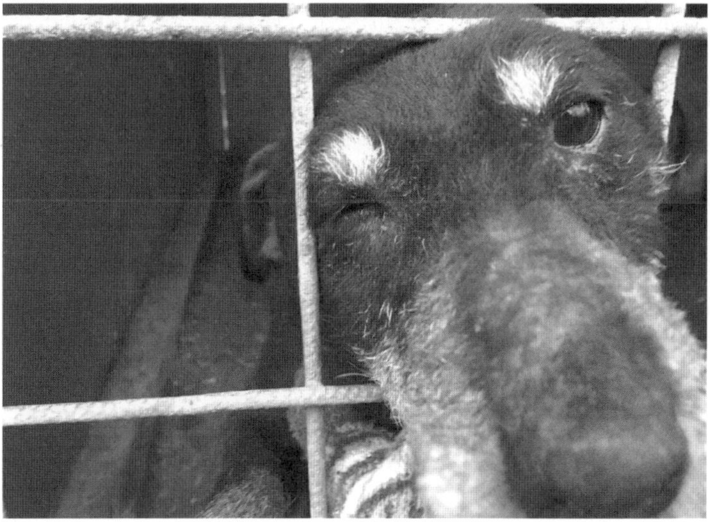

Die alte Hündin war verzweifelt.

winselnd ein Gitter hoch. Doch das half ihm nicht, aus diesem schrecklichen Gefängnis zu entkommen.

Die Zwinger waren voller Urin und stanken. Teilweise lag Kot herum. Die Dächer waren baufällig. Es gab nur ungedämmte Holzhütten, die nicht ausreichend vor den Minustemperaturen schützten. Eine zusätzliche isolierte Liegefläche hatte keiner der Hunde. Eine ältere kleine Hündin leckte an einem vereisten nassen Fleck auf dem Boden. Überhaupt hatte kaum ein Hund Trinkwasser zur Verfügung. Entweder waren die Näpfe leer, oder das Wasser darin war gefroren. Futter war nicht zu sehen. Die ältere Hündin hatte nur einen alten schmutzigen Lappen, auf den sie sich legen konnte.

Es war schrecklich mit anzusehen. Und hier lebten die Hunde tagein, tagaus, vielleicht schon jahrelang. Einige der

Die Zwinger waren voll Kot und Urin.

Tiere hatten kleinere Verletzungen am Kopf. Wahrscheinlich hatten sie sich diese beim Versuch, aus dem schrecklichen Gefängnis auszubrechen, zugefügt. Möglicherweise bargen auch angeknabberte Holzwände und Teile der maroden Zwingergitter Verletzungsgefahren. Ein Hund, der allein ohne Sichtkontakt zu den anderen in einem Zwinger vegetierte, hatte bereits einen Zwingerkoller entwickelt. Er rannte ununterbrochen hin und her und sprang dabei die Wände hoch.

Ich wusste nicht, wer der Hundehalter war. An dem Gelände gab es keinerlei Hinweise darauf, noch nicht einmal eine Info, wen man im Notfall alarmieren sollte. Ich vermutete aufgrund der Hunderassen, dass es sich bei dem Halter um einen Jäger handelte, der die Tiere, wenn überhaupt, nur zur Jagd hier herausholte. Die ältere Hündin, die so verzweifelt an der Eispfütze leckte, wurde wahrscheinlich gar nicht mehr eingesetzt und kam nie aus dem Zwinger raus. Eine grauenvolle Vorstellung! Die Hunde so zu sehen rührte mich zu Tränen. Sie waren gefangen, allein, froren und hatten Durst. Die sozialen Tiere wurden dazu verdammt, hier in Einsamkeit zu vegetieren. Nicht mal eine Gruppenhaltung, in der die Hunde wenigstens untereinander sozial interagieren können, gab es hier. Wie so oft wünschte ich, ich könnte schneller und härter durchgreifen und Tiere aus solchen Haltungen sofort befreien. Doch Tiere beschlagnahmen darf leider nur das zuständige Veterinäramt.

Ich filmte die Hunde und die schrecklichen, illegalen Haltungsbedingungen. Mithilfe meiner Beweise würde ich die Amtsveterinäre bitten, nun endlich durchzugreifen. Die Auflagen, die sie laut meiner Zeugin bereits vor Monaten erteilt

Nicht mal Trinkwasser stand der Hündin zur Verfügung.

hatten, schienen nichts für die Tiere verbessert zu haben. Problematisch für Veterinärämter ist in solchen Fällen, dass sie kaum Kontrollmöglichkeiten haben. So gibt es zwar Gesetze wie die Tierschutz-Hundeverordnung, aber wie soll ein Veterinäramt überprüfen, ob ein Hund ausreichend Auslauf und soziale Kontakte bekommt? Die ohnehin überlasteten Behörden können wohl kaum einen Mitarbeiter abstellen, der einen Zwinger tagelang überwacht. Somit sind die Behörden auf Zeugenhinweise und die Aussagen der Tierhalter selbst angewiesen. Und wie sich Letztere bei Vorwürfen äußern, liegt auf der Hand.

Dass hier gegen die Tierschutz-Hundeverordnung verstoßen wurde, war offensichtlich. Ich wollte aber noch weitere Beweise sammeln, damit sich der Hundehalter nicht herausreden konnte, die Tiere seien nur gelegentlich hier. Also installierte ich eine versteckte Kamera an dem Gelände. Die Videoaufzeichnung sollte über mehrere Tage laufen und zeigen, wie häufig der Hundehalter kam, um die Tiere zu versorgen, und ob die Vierbeiner überhaupt aus den Zwingern herauskamen.

In der Zwischenzeit recherchierte ich über den Besitzer. Ich fand heraus, wie er hieß und dass er einem renommierten Zuchtverband einer Jagdhunderasse angehörte. Außerdem fügte ich meine Beweise zusammen, um das Veterinäramt informieren zu können, sobald ich die Ergebnisse aus der Überwachungskamera hatte.

Dann war es endlich so weit. Ich holte die Kamera ab und schaute die Aufnahmen durch. Es war so traurig anzusehen. Der Hundehalter kam maximal einmal am Tag auf das Grundstück, fütterte die Hunde und entfernte manchmal auch den Kot aus den Zwingern. Einige der Hunde durften während der Zeit frei auf dem Gelände herumlaufen. Andere kamen nicht aus den Zwingern heraus. An einem Tag kam der Hundehalter gar nicht. Die Hunde blieben unversorgt. Bei den Minustemperaturen war ihr Trinkwasser wahrscheinlich die ganze Zeit über gefroren.

Die Kamera zeichnete außerdem auf, wie stark der Zwingerkoller des einen Hundes ausgeprägt war, der allein in einem Zwinger war. Das arme Tier rannte hin und her und sprang die Wände hoch. Ein typisches Zwangsverhalten, das ich schon bei vielen Zwinger- oder auch Kettenhunden gesehen habe, die physisch wie psychisch nicht ausgelastet sind. Und diese Hunde dort im Wald hatten kaum Abwechslung. Sie blickten tagein, tagaus in die immer gleichen Büsche. Dass der Halter den sozialen Tieren damit unendliches Leid antat, war ihm entweder nicht bewusst oder einfach egal.

Nachdem ich das Material gesichtet und meine Beweise zusammengetragen hatte, traf ich mich mit meinem Kamerateam vor Ort. Gemeinsam fuhren wir zum zuständigen Veterinäramt, wo ich den Missstand anzeigte. Der Veterinäramtsleiter war sehr interessiert an meinen Vorwürfen. In einem Interview gab er zu, vor welchen Problemen seine Behörde stehe, wenn es um derartige Hundehaltungen gehe. Kontrollmöglichkeiten, was Auslauf und Sozialkontakte anbelange, gebe es kaum. Sogleich rückten eine Amtstierärztin und ein weiterer Mitarbeiter aus, um sich die Zustände anzusehen. Natürlich wollte ich dabei sein und fuhr mit meinem Team zurück zum Tatort im Wald. Wir bauten uns vor dem Grundstück auf und warteten gespannt, was passieren würde. Ich hoffte darauf, dass der Hundehalter die Tiere freiwillig abgeben würde, wenn er erneut Druck vom Veterinäramt bekam. Gerne würde ich die Hunde übernehmen und in gute Hände vermitteln. Das wollte ich ihm anbieten.

Während mein Kamerateam und ich auf die Amtsveterinärin warteten, kam plötzlich mit hoher Geschwindigkeit ein Geländewagen den schmalen Weg durch den Wald zu der Zwingeranlage hochgerast. Wir mussten regelrecht zur Seite springen, um nicht angefahren zu werden. Aus dem Auto heraus eilte, wie konnte es anders sein, der Hundehalter. Ein Jägersmann mit vor Aufregung rotem Gesicht. Mein Kameramann hatte geistesgegenwärtig mitgefilmt, wie der Geländewagen angeschossen kam. Und er hielt auch jetzt noch die Kamera drauf. Der Jäger ging direkt auf den Kameramann los und forderte ihn auf, das Gerät runterzunehmen. Ich sprach den Mann umgehend an, stellte mich ihm vor und konfrontierte ihn mit meinen Vorwürfen. Aufgeregt schrie er rum, dass es seinen Hunden gut gehe und er sie für die Jagd benötige. Was wir hier überhaupt zu suchen hätten.

Meine Devise bei Konfrontationen ist: Ruhig und sachlich bleiben. Ich hatte den Tierquäler entlarvt. Ich hatte Beweise gegen ihn gesammelt. Er hatte gegen Gesetze verstoßen. Doch als ich ihm die Verstöße, die ich dokumentiert hatte, aufzählte, hörte er mir gar nicht richtig zu. In dem Moment kamen auch die zwei Vertreter des Veterinäramtes. Der Jäger wandte sich an diese und ließ erst einmal von uns ab.

Die Amtstierärztin ließ sich die Zwinger zeigen, und ihr Helfer dokumentierte die Missstände. Sie erklärte dem Hundehalter, was genau an der Haltung illegal war, was er umgehend verbessern musste. Mittlerweile war auch die Frau des Hundehalters aufgetaucht und versuchte mich davon zu überzeugen, dass die Hunde nur selten hier in den Zwingern, sondern oft bei ihnen zu Hause wären. Als es ihr dämmerte, dass ich Beweise hatte, die anderes belegten, wurde sie mir gegenüber frech. Aggressives oder herablassendes Verhalten der Beschuldigten ist nichts Neues für mich. Es macht mir nichts aus. Denn diese Leute sind die Täter. Ich bin diejenige, die ihre Gesetzesverstöße ans Licht bringt und gequälten Tieren hilft.

Nachdem die Amtsveterinärin und ihr Helfer alles aufgezeichnet und mit dem Tierhalter gesprochen hatten, verließen sie das Grundstück. Leider wollten sie nicht mit mir oder meinem Team sprechen. Wir mussten also später in der Pressestelle des Landkreises nachfragen, welche Auflagen das Veterinäramt genau erteilt hatte. Einen Versuch, den Hunden jetzt sofort zu helfen, wollte ich noch machen. Ich bot dem Jäger an, dass ich die Vierbeiner in ein gutes, neues Zuhause vermitteln könnte, ohne Zwinger, in liebevolle Familien. Aber darauf ging er leider nicht ein. Die Hunde würden bald nicht mehr hier sein, so seine doppeldeutige Abschlussbemerkung.

Als meine Redaktion wenige Tage später eine schriftliche Presseanfrage stellte, teilte uns das Veterinäramt mit, dass verschiedene Auflagen mit kurzer Fristsetzung erteilt worden seien. Der Halter habe beispielsweise ab sofort sicherstellen müssen, dass die Hunde immer frisches Trinkwasser zur Verfügung hatten. Außerdem müssten bauliche Mängel beseitigt und es müsse dafür gesorgt werden, dass die Hunde isolierte Schutzhütten bekamen. Die Tiere sollten zudem nicht mehr einzeln in den Zwingern gehalten werden. Am nachfolgenden Tag habe es eine erste Kontrolle gegeben. Die kurzfristigen Auflagen, wie eine beständige Wasserversorgung, habe der Halter da bereits erfüllt.

Ich blieb mit dem zuständigen Veterinäramtsmitarbeiter in Kontakt und erfuhr, dass nachfolgende Prüfungen ergeben hatten, dass die Hunde woanders untergebracht worden waren. Die neuen Haltungen hatte die Behörde schon kontrolliert und für in Ordnung befunden. Ich hätte zu gerne gewusst und gesehen, wo die Hunde nun waren. Ich hoffte so sehr, dass sie nicht wieder isoliert in kargen Zwingern gehalten wurden, sondern ein Familienleben kennenlernen durften. Um mich zu vergewissern, dass die Zwingeranlage in dem Wald wirklich leer war, fuhr ich einige Wochen später noch mal dort vorbei. Und tatsächlich, die Zwinger waren verlassen, und die maroden Dächer waren nun fast eingefallen. Hier würde mit Sicherheit kein Hund mehr leiden müssen.

Rettung eines 12-jährigen Hundes aus einsamer Zwingerhaltung

Weil es in vielen Fällen leider lange dauert, bis Tiere durch die Behörden gerettet werden, versuche ich manchmal, erst einmal selbst mit den Tierhaltern zu sprechen. Aufgrund der Informationen meiner Whistleblower und meiner Erfahrung kann ich oft im Vorfeld schon abschätzen, ob das sinnvoll ist oder nicht. Manchmal sind Menschen plötzlich mit der Tierhaltung überfordert und froh, ihre Vierbeiner in gute Hände abgeben zu können. Die meisten Menschen, die ihre Tiere schlecht halten, beharren aber leider darauf, dass es diesen gut gehe. Aber einen Versuch, durch ein freundliches Gespräch eine schnelle Lösung für das Tier zu finden, ist es meistens wert. So auch in folgendem Fall.

Der Schäferhund-Mischling wurde wie Müll im Hinterhof gelagert.

Ich war mit einer Frau in Kontakt, die schon seit Monaten beobachtete, wie ein älterer Deutscher-Schäferhund-Mischling in einem Zwinger litt. Aus ihren Aufnahmen und Berichten ergab sich für mich folgendes Gesamtbild: Der Zwinger befand sich in einem Hinterhof. Er bestand aus einer mit einem Gitter abgegrenzten Fläche von maximal vier Quadratmetern, in der eine aus Brettern zusammengenagelte Hütte stand. Dazu gehörte eine Auslauffläche von vielleicht zehn Quadratmetern. Alles, was der Hund zu sehen bekam, waren mit Pflanzen berankte Gitterstäbe und ein leerer Hof. Einmal am Tag kam jemand, der ihm etwas zu essen brachte. Jedoch nicht der Halter selbst. Dieser hatte ein Alkoholproblem und keine Lust mehr, sich um den Hund zu kümmern. Der Schäferhund war etwa 12 Jahre alt, so schätzte die Frau. Sie erzählte, es gehe ihm täglich schlechter. Auf den Fotos und Videos erkannte man, dass sein Fell ungepflegt war. Seine Augen waren trüb. Seine Knochen schienen zu schmerzen. Ihm machte offenbar Arthrose zu schaffen. Im Zwinger lag alter Kot. Hier wurde schon seit Monaten nicht mehr sauber gemacht. Die Schutzhütte war nicht isoliert. Eine weiche, warme Decke gab es für den alten Hund nicht. Meine Informantin berichtete, dass er manchmal nicht einmal Trinkwasser zur Verfügung habe. Sozialkontakte, Zuwendung und Auslauf gebe es für den einsamen Hund nur sehr selten. All diese Bedingungen verstießen gegen die Tierschutz-Hundeverordnung.

Das Veterinäramt war bereits eingeschaltet worden. Daraufhin war meiner Informantin zufolge einmal der Zwinger

Sein Blick war trüb geworden.

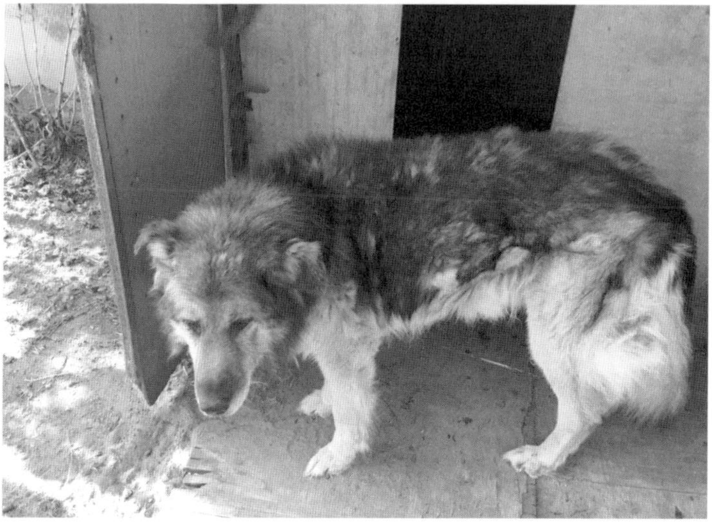

Das Fell des Rüden war ungepflegt und verfilzt.

gereinigt worden. Ich hielt mich noch zurück, in dem Glauben, dass die Behörde nun dranbleiben und es eine gute Lösung für den Hund geben würde. Die Zeugin hielt mich auf dem Laufenden. Doch nach der Zwingerreinigung ging alles weiter wie zuvor. Nachdem sie mir nochmals Bilder von dem verwahrlosten Hund geschickt hatte, konnte ich nicht länger zusehen und machte mich auf den Weg nach Mecklenburg-Vorpommern. Satan, so hieß der arme Kerl, baue in letzter Zeit stark ab, berichtete die besorgte Frau. Er habe sichtbar Schmerzen beim Hinlegen und beginne zu humpeln. Wie konnte jemand zusehen, wie der Hund einsam in der Kälte dort im Hinterhof verreckte?

Vor Ort angekommen, ging ich über ein Nachbargrundstück zu dem Zwinger. Er war überwuchert mit Pflanzen,

Der zugewucherte Zwingerauslauf voller Kot.

sodass ich Satan zunächst kaum sehen konnte. Er lag wohl in seiner Hütte. Wahrscheinlich war sein Gehör auch schon altersschwach. Ich filmte den Zwinger, den alten Kot, das Gerümpel drum herum und den trostlosen Blick in den toten Hinterhof des Hauses, in dem Satans Besitzer lebten.

Dann kam Satan aus seiner Hütte und schaute mich an. Sein Blick war nicht nur trübe, sondern auch abgestumpft. So als hätte er damit abgeschlossen, dass sich nie wieder jemand liebevoll um ihn kümmern würde. Sein Fell war teilweise verfilzt. Er war schon lange nicht mehr gebürstet worden. Wann hatte ihn zuletzt jemand gestreichelt? Der alte Schäferhund-Mischling mit seinen Schlappohren, dem grauen Bart und dem zotteligen Fell traf sofort mein Herz. Mir war klar: Ich würde ihn heute hier rausholen. Ich würde ihn mitnehmen und in ein schönes Zuhause bringen. Ich musste die Halter davon überzeugen, mir Satan zu überlassen. Jetzt.

Nachdem ich genug Beweise gesichert hatte, ging ich zum Wohnhaus. Dieses war ein älteres zweigeschossiges Mehrfamilienhaus mit vielleicht vier Wohneinheiten. Die grüne Farbe der Außenfassade war teilweise abgeblättert. Anscheinend kümmerte sich hier niemand richtig um den Zustand von Haus und Hof. Ich wusste nicht, was oder wer mich erwarten würde. Der Besitzer solle Alkoholiker sein und aggressiv reagieren, wenn man ihn auf den vernachlässigten Hund anspreche. Von seiner Frau wusste ich bisher nichts. Ich klingelte. Es dauerte ein wenig, bis eine Frauenstimme an der Gegensprechanlage ertönte. Ich nannte meinen Namen und bat darum, kurz mit ihr sprechen zu können. Es gehe

Sein Anblick zerriss mir das Herz.

Ich würde ihn hier rausholen.

um den Hund. Die Frau machte mir auf und erschien eine Etage über mir an der Treppe. Sie hatte offenbar gesundheitliche Probleme. Sie war gehbehindert und stöhnte bei jeder Bewegung. Ich erklärte ihr, wer ich bin und dass ich gerne den Hund in ein gutes Zuhause bringen würde. Ich zählte auf, was an ihrer Hundehaltung nicht gesetzeskonform war. Ich blieb freundlich und ehrlich. Die Frau sagte, sie könne dazu nichts sagen, da ihr Mann im Krankenhaus sei. Ich fragte, ob es denn auch ihr Hund und sie ebenfalls entscheidungsbefugt sei. Das bejahte sie. Ich bat sie inständig darum, ihrem Herzen einen Ruck zu geben und dem armen Tier noch einen schönen Lebensabend zu gönnen. Von ihr kam, wie erwartet, die Antwort, dass es dem Hund gut gehe und er täglich gefüttert werde. Ich bekniete sie, beschwor sie, versprach ihr,

Bilder von dem Hund in seinem neuen Zuhause zu schicken. Ich fragte, ob es nicht für sie einfacher wäre, wenn sie sich nicht mehr um das Tier kümmern müsste. Die Frau dachte kurz nach, und ich hatte den Eindruck, dass meine Schilderungen wirklich ihr Herz berührt hatten. Sie sagte: »Moment, ich komme mal runter.« Yes! Ich würde es schaffen! Als sie die Treppe hinunterging, sah ich, wie schlecht sie zu Fuß war. Sie hatte einen alten Küchenkittel an und konnte nur mit einer Gehhilfe laufen. Sie begleitete mich zum Zwinger und hatte tatsächlich schon Leine und Halsband in der Hand. Ich wusste erst nicht, wie Satan auf mich reagieren würde. Die Frau öffnete den Zwinger, legte ihm das Halsband um und ließ ihn heraus. Seine ersten Schritte in Freiheit endeten in meinen Armen. Ich war so glücklich. Satan war so ein lieber Kerl.

Gerettet!

Die Frau half mir noch, ihn ins Auto zu bekommen. Ich denke, sie war erleichtert, dass sie das Tier abgeben konnte. Dem Mann gegenüber wollte sie vielleicht sagen, der Hund wäre gestorben. Sie versicherte mir, dass sie das schon hinbiegen würde. Ich bedankte mich tausendmal bei ihr und fuhr los.

Auf dem Weg stoppte ich noch kurz beim zuständigen Veterinäramt. Ich wusste, dass die Behörde von dem Fall unterrichtet war. Ich schilderte, was ich dort gesehen hatte und dass ich den Hund mitnehmen durfte. Daraufhin sagte der Amtsveterinär: »Da haben Sie wohl unsere Arbeit gemacht.« – »Ja, das scheint so«, antwortete ich. Ich bat ihn noch, die Familie im Auge zu behalten, und ging.

Anschließend verbrachte ich mit Satan mehrere Stunden auf der Autobahn. Wir beide mussten jetzt nach Eisenhüttenstadt. Jana Feister, Leiterin des Tierheims am See, hatte sich bereit erklärt, Satan bei sich aufzunehmen. Nicht im Tierheim, sondern bei sich zu Hause. Sie würde mit ihm die Couch und den gemütlichsten Platz vor dem Kamin teilen. Satan sollte nie wieder in einen Zwinger gesperrt werden. Bei Jana fand er eine wundervolle Pflegestelle. Er wurde gebürstet, gewaschen, gekämmt und geliebt. Er lernte das Leben und neue Freunde kennen. Nach Jahren der Einsamkeit war der alte Hund endlich da, wo er sein sollte: im Kreis von geliebten Menschen und Tieren. Den Namen Satan hatte er wahrlich nicht verdient, daher taufte Jana den lieben Kerl in Angel um.

Die täglichen Spaziergänge taten Angels Muskeln gut. Es ging ihm immer besser. Und schon bald verliebte sich eine Interessentin in den alten Hund. Sie wollte ihm unbedingt einen schönen Lebensabend bereiten und adoptierte Angel.

Happy End für Angel

Die Frau kochte für ihn und tat alles, damit es dem alten Hund noch so lange wie möglich gut ging. Im Oktober 2018 befreite ich Angel aus der tristen Haltung. Er starb am 17. Januar 2020 friedlich in den Armen seines geliebten Frauchens.

Angels Geschichte zeigt erneut, wie wichtig es ist, hinzusehen und Hilfe zu rufen, wenn ein Lebewesen leidet. Der besorgten Zeugin war das Schicksal des alten Hundes nicht egal gewesen. Ohne sie wäre der liebe Hund sicher bald unter Schmerzen und einsam in dem dreckigen Zwinger gestorben.

Kettenhunde im Thüringer Wald

In Deutschland ist die Haltung von Hunden an schweren Ketten verboten, trotzdem lässt sich diese Haltungsform gerade in ländlichen Regionen immer noch finden. Ich bin immer wieder überrascht, wie oft mir derartige Fälle gemeldet werden. Kettenhunde sind also nicht nur ein Problem, das man im Ausland findet.

Einen besonders krassen Fall einer Kettenhaltung bekam ich im Hochsommer 2017 gemeldet. Die Tage waren schwülwarm, und die Temperaturen lagen täglich bei etwa 30 Grad Celsius. Auf einem Geflügelhof im Thüringer Wald sollten mehrere Hunde an Ketten gehalten werden. Ihre Versorgung sei außerdem ungesichert. Zum Beweis schickte mir der anonyme Zeuge ein Foto, auf dem ein Hütehund zu sehen war, der mit einer sehr kurzen Eisenkette an einer nicht isolierten Hütte aus Wellblech festgemacht war. Der Zeuge bat mich dringend, mich der Sache anzunehmen, denn der Hundehalter sei ein wohlhabender Landwirt, der möglicherweise auch gute Verbindungen bis in die Behörden habe. Diese blieben daher vielleicht untätig, wenn er es dort meldete, so seine Sorge. Ich hatte nur das eine Foto zur Verfügung. Bevor ich das Veterinäramt alarmierte, wollte ich mir selbst ein Bild von der Situation machen und Beweise sichern. So konnte der Halter die Hunde nicht einfach verschwinden lassen, und ich konnte vor Ort beobachten, wie die Behörden reagieren würden, wenn ich ihnen den Fall meldete. Aber erst einmal musste ich wissen, was an den Vorwürfen dran war.

Ich fuhr also rund fünf Stunden bis in den Thüringer Wald. Ich parkte unauffällig, soweit das in dem kleinen Ort möglich

Der Hütehund wurde an einer Eisenkette gehalten.

war, und ging zu Fuß einen kleinen Wanderweg entlang. Von diesem aus sollten die Hunde zu sehen sein. Die Umgebung war wunderschön. Weite Felder, grüne Wiesen und Hügel, eine richtige Idylle. Doch schon sah ich den ersten Hund. Es war ein noch junger schwarz-weißer Border Collie, der an einer etwa zehn Meter langen Eisenkette in einem Enten-Gehege befestigt war. Die Kette wiederum war an einer kleinen Schutzhütte festgemacht, deren spitzes Dach aus Wellblech bestand. Es war der Hund von dem Foto des Informanten. Durch das Gehege verlief ein kleiner Bach. Diesen konnte der Hund erreichen, um zu trinken. Ob er Futter hatte und ob die Hütte isoliert war, konnte ich nicht erkennen. Jedoch war sofort klar, dass diese Haltung gegen die Tierschutz-Hundeverordnung verstieß. Ich machte ein paar Aufnahmen des armen

Der Bewegungsradius der Hunde war sehr gering …

Kerls, der neugierig an den Zaun kam, um zu schnüffeln. Ein Hütehund an einer kurzen Kette – es würde wahrscheinlich nicht lange dauern, bis das Tier Verhaltensauffälligkeiten entwickeln würde, da es dort völlig unterfordert war.

Ich ging den Wanderweg weiter, und nach etwa einhundert Metern stieß ich auf zwei weitere Kettenhunde. Sie waren links und rechts vom Wegesrand auf einer Wiese festgemacht. Auch sie hatten nur einfache Hütten und keinen ausreichenden Witterungsschutz. Dicke Eisenketten engten ihren Bewegungsspielraum auf circa zwanzig Quadratmeter ein. Man sah an den Laufspuren auf dem Boden genau den Radius der Kette. Die Hunde waren immer wieder im Kreis gelaufen, hatten dabei die Länge der Kette ausgeschöpft. Alter Kot lag in dem Bereich herum.

Ich ging zuerst zu dem Hund zu meiner Rechten. Er bellte mich an, doch es war nur ein unsicheres, kein böses Bellen. Ich hockte mich zu ihm, und er schmiegte sich an mich. Er konnte gar nicht genug Streicheleinheiten bekommen. So ein lieber Kerl. Ich ging zu seiner Hütte und schaute sie mir genauer an. Es war eine zusammengezimmerte Holzkiste, die nicht isoliert war. Der Hund hatte ansonsten keinerlei Schatten. In seiner Reichweite gab es nicht mal einen Baum, unter den er sich legen konnte. Er war der brütenden Hitze auf dem Berghang fast schutzlos ausgesetzt. Und dann sah ich, dass er noch nicht mal Trinkwasser zur Verfügung hatte. Ich holte sofort meine Tasche und gab ihm etwas von meinem Wasser. Er schlabberte es gierig weg. Was für einen schrecklichen Durst musste er gehabt haben!

… und es gab kaum Witterungsschutz.

Ich gab dem durstigen Hund Wasser.

Dann ging ich zu dem gegenüberliegenden Hund. Er war jedoch sehr ängstlich, verkroch sich in seiner Holzhütte und bellte mich aus dieser heraus an. Auch er hatte kaum Schutz vor der Witterung. Nochmal fünfzig Meter weiter kam ich an ein Gelände, auf dem sich eine Halle befand. In dieser wurde vermutlich weiteres Geflügel gehalten. Auf dem Platz davor liefen Gänse frei umher. Sie hatten die Möglichkeit, auf eine Wiese oder über einen kleinen Bach auf einen Hügel zu gehen. Sie genossen hier ein freies Leben, bis sie geschlachtet wurden. Am anderen Ende des Vorplatzes bellte ein Hund in einem Zwinger. Ich ging zu ihm und wollte überprüfen, ob das Tier Wasser zur Verfügung hatte. Als ich mich näherte, sah ich, wie klein und verdreckt der Zwinger war. Darin wedelte mir eine Hündin freudig entgegen. Auch sie war sehr lieb und freute sich über die Abwechslung und meine Streicheleinheiten. Im Zwinger gab es nur eine Holzhütte. Weiche, isolierte Liegeflächen gab es auch für sie nicht. In einem dreckigen Wassernapf in dem Zwinger war nur eine kleine Pfütze. Auf dem Boden lagen Unmengen an Kot. Welch trostloses Leben das gefangene Tier hier führen musste! Ich schüttete den Rest aus meiner Wasserflasche in ihren Trinknapf und dokumentierte auch diese Missstände.

Dann schaute ich mich weiter um. Mehr Hunde schien es hier nicht zu geben. Ich ging den Wanderweg wieder zurück. Nun brauchte ich einen guten Plan. Ich musste nachweisen, dass diese Haltung und möglicherweise auch das Fehlen des lebensnotwendigen Trinkwassers ein Dauerzustand war. Ich plante, noch einmal nachts wiederzukommen. Waren die

Der Zwinger war voller Kot.

Hunde dann immer noch an den Ketten und in dem verdreckten Zwinger, so konnte sich der Hundehalter nicht herausreden und beispielsweise behaupten, er würde die Hunde abends abholen und mit auf seinen Hof nehmen. Ich habe mittlerweile schon genug Ausreden von Tierquälern gehört, um im Vorfeld zu wissen, wie ich diese gleich entkräften kann.

Ich überlegte außerdem, ob eine Videoüberwachung hier sinnvoll wäre. Allerdings wollte ich die Hunde nicht noch tagelang in dieser Hitze ohne Wasser ausharren lassen. Und die Haltungsbedingungen waren ohnehin illegal. Eine Anbindehaltung ist nur unter bestimmten Voraussetzungen erlaubt. Die Laufvorrichtung muss mindestens sechs Meter lang sein und frei gleiten können. Außerdem muss sie dem Hund einen seitlichen Bewegungsspielraum von mindestens fünf Metern bieten. Schwere Ketten als Laufleinen sind grundsätzlich verboten. Natürlich muss dem Hund auch in einer Anbindehaltung ständig frisches Trinkwasser und ein Witterungsschutz zur Verfügung stehen. Diese Vorgaben sind genau wie die zur Zwingerhaltung in der Tierschutz-Hundeverordnung festgelegt.

Es mangelte hier also an allem. Für mich sah es so aus, als wären die Hunde hier ständig angebunden. Das würde auch das ängstliche Verhalten des einen Hundes erklären. Wenn er sein Leben lang hier an der Kette gehalten wurde, wie sollte er dann etwas anderes kennen? Hatten diese Hunde jemals etwas Gutes erfahren? Noch hatte ich keine Vorstellung davon, wer der Halter der Tiere war. Und ich war schon sehr gespannt, wie er auf meine Vorwürfe reagieren würde und wie er diese illegale Haltung rechtfertigte. Ich ging davon aus, dass die Hunde das Geflügel schützen sollten. Doch angekettet und im Zwinger konnten sie wohl kaum Diebe davon abhalten, Tiere zu stehlen. Und Füchse hatten sicher schnell gemerkt, dass sie an die Enten herankamen, während die Hunde zwar bellten, sie aber nicht erreichen konnten.

Ich kam in der Nacht wieder, um zu sehen, ob die Hunde noch da waren und ob sie Futter und Wasser zur Verfügung hatten. Alles war noch genau so, wie ich es tagsüber gesehen hatte. Davon war ich ausgegangen. Ich hatte extra viel Trinkwasser mitgebracht, um die Hunde zu versorgen. Wer einmal Durst erlebt hat, der kennt das schreckliche Gefühl. Und auch nachts kühlte es sich zu der Zeit nicht sehr ab. Bei dem Wetter ohne Wasser war es ein Wunder, dass die Tiere nicht schon längst kollabiert waren. Der Hund auf der rechten Seite des Weges, der bereits tagsüber starken Durst gehabt hatte, freute sich über unser Wiedersehen. Ich füllte seinen Napf mit Wasser, das er sofort austrank. Ich kippte noch mal nach und ging den Weg weiter. Auch bei den anderen beiden Kettenhunden sowie bei der Hündin im Zwinger gab es keine Veränderungen. Ich fragte mich, ob zwischenzeitlich überhaupt jemand da gewesen war. Aber das Geflügel war jetzt eingesperrt. Es musste also jemand hier gewesen sein.

Nun konnte ich belegen, dass die Hunde dort tagsüber wie auch nachts illegal angekettet und teilweise ohne einen Tropfen Trinkwasser waren. Ich bereitete die Konfrontation vor und stellte meine Beweise zusammen. Außerdem wollte ich, für den Fall, dass der Hundehalter seine Tiere abgeben würde, Unterbringungsmöglichkeiten anbieten können. Da ich deutschlandweit gut vernetzt bin, sollte das das geringste Problem werden. Mehrere Tierheime sagten mir Hilfe zu.

Auch mein Kamerateam würde kommen und mich unterstützen. In der Nacht vor dem Dreh schaute ich noch einmal nach den Hunden. Alles war unverändert und genauso wie in der ersten Nacht, in der ich dokumentiert hatte, dass die Tiere auch dann hier angekettet waren. Ich traf mein Team am frühen Morgen auf dem Wanderweg. Zuerst gingen wir zu den Hunden. Die Gänse war noch in der Halle. Das heißt, es war an diesem Morgen noch niemand da gewesen, um sie rauszulassen. Und somit hatte wahrscheinlich auch noch keiner die Hunde versorgt. In ihren Näpfen war jedenfalls wieder trostlose Leere. Zeit zu handeln. Nachdem mein Kamerateam und ich weitere Beweisaufnahmen gemacht hatten, rief ich beim zuständigen Veterinäramt an. Ich wusste immer noch nicht, wer der Tierhalter war. So hatte ich keine Möglichkeit, mit ihm das Gespräch zu suchen. Die Amtsveterinärin zeigte sofort großes Interesse an meinen Schilderungen. Sie versprach mir, noch am selben Tag vorbeizukommen. Gefilmt werden wollten sie und ihre Kollegin allerdings nicht. Das ist häufig der Fall, und dafür habe ich auch Verständnis. Wir machen die Beamten dann unkenntlich, verpixeln sie. Ich bin froh, wenn ein Veterinäramt offen mit mir spricht und sofort ausrückt, wenn ich um Hilfe bitte. Das ist leider nicht immer der Fall. Aber immer häufiger. Daher müssen sich die Beamten auch darauf verlassen können, dass ich Wort halte. Ich denke, durch beiderseitiges Vertrauen und ein Miteinander bei der Aufdeckung von Tierquälerei und deren Abstellung können wir am meisten für die Tiere erreichen.

Während mein Team und ich auf die Mitarbeiter des Veterinäramts warteten, kam plötzlich ein kleiner Geländewagen angefahren. In hohem Tempo jagte er den Wanderweg hoch in Richtung der Hunde. Der Mann am Steuer sah noch jung aus. Das musste der Sohn des Halters sein, vermutete ich. Als er wieder zurückkam, hatte er einen der Hunde im Auto. Ich vermutete, dass das Veterinäramt sich mit dem Tierhalter in Verbindung gesetzt hatte, um eine Kontrolle anzukündigen. Und nun wollte er schnell Hunde von hier wegbringen und somit Beweise verschwinden lassen. Hatte ich es doch geahnt! Wieder mal wurde klar, wie wichtig es ist, dass ich Beweise sichere und vor Ort die Reaktion der Tierhalter und Behörden beobachte. Der junge Mann im Auto wollte offenbar schnell mit dem Hund verschwinden, doch als er fast bei mir war, gab ich ihm ein Zeichen anzuhalten. Das tat er auch. Ich erklärte, wer ich bin und dass ich das Veterinäramt gerufen hätte, da hier Hunde illegal gehalten würden. Ich fragte ihn direkt, ob er vom Amt informiert worden sei und jetzt die Tiere verschwinden lassen wolle, worauf er keine Antwort gab. Vermutlich hatte ich ihn genau dabei ertappt. Ich sagte, ich hätte dokumentiert, dass die Hunde hier über einen gewissen Zeitraum angekettet und unversorgt seien. Das Veterinäramt werde gleich herkommen, und ich würde den Beamten meine Beweise vorlegen. Er könne jetzt nicht mehr vertuschen, dass hier Hunde gesetzeswidrig gehalten würden. Er blieb freundlich, fuhr aber erst mal mit dem Hund weg. Kurz darauf kamen die zwei Amtstierärztinnen an. Ich begrüßte sie und bot an, ihnen die Hunde zu zeigen. Da es sich um einen öffentlichen Wanderweg handelte, von dem aus man die Tiere sehen konnte, sollte dies kein Problem darstellen. Die Veterinärinnen wollten sich aber lieber allein ein Bild der Lage machen, dokumentierten und notierten die Verstöße. Sie bestätigten meine Vorwürfe, dass die Kettenhaltung so illegal sei und die Hunde nicht genügend Schutz vor Witterungseinflüssen hätten. Der Zwinger entspreche den Vorschriften, sei jedoch zu unhygienisch. Ein großes Problem sei bei allen vier Hunden das fehlende Trinkwasser. Dann kam plötzlich der Senior-Tierhalter mit seinem Geländewagen den Weg hochgefahren. Er war wie sein Sohn zuvor freundlich zu mir, fragte aber bestimmt, was hier eigentlich los sei, wer ich sei und was ich wolle. Ich berichtete auch ihm freundlich, aber ebenso bestimmt, dass ich Tierschützerin sei und auf seine illegale Hundehaltung aufmerksam gemacht worden sei. Ich erläuterte ihm, was genau gesetzeswidrig daran war. Überaschenderweise zeigte er sich einsichtig und sagte, dass er den Hunden dann eben ein Gehege bauen und neue Hütten besorgen werde. Das war einfach, dachte ich. Doch zufrieden war ich noch nicht. Ich versuchte, ihn davon zu überzeugen, mir die Hunde zu überlassen. Ich könne ein gutes Zuhause für sie finden, wo sie eine Familie bekämen und nicht allein im Freien leben müssten. Er sagte, er könne die Hunde nicht abgeben. Sie müssten sein Geflügel vor Füchsen schützen. Einige der Hunde würden ihm beim Zusammentreiben seiner Rinderherden helfen, die hier auf den hügeligen Weiden lebten. Er habe die Hunde auch bei sich auf dem Hof und nicht nur hier. Ob ich denn meinte, dass ein Border Collie aufs Sofa gehöre. Ich erwiderte, dass diese Rasse natürlich genug Beschäftigung brauche, aber auch eine Familie. Und dass diese anspruchsvollen, agilen Hunde hier an der Kette erst recht nicht ausgelastet seien und litten. Auf weitere Diskussionen ließ er sich nicht mehr ein und fuhr weiter zu der Halle mit den Gänsen und dem Zwingerhund. Ich folgte ihm und wollte noch nicht lockerlassen. Ich zeigte ihm die Mängel an der Zwingerhaltung und versuchte an sein Herz zu appellieren, die Hündin nicht allein dort drin gefangen zu halten. Er sagte, man gehe regelmäßig mit ihr spazieren. Ich solle es gut sein lassen. Auf mehr ließ er sich einfach nicht ein, das war jetzt klar. Während ich mit dem Mann und seinem hinzugekommenen Sohn redete, kamen auch die Amtsveterinärinnen zu uns. Der Hundehalter hatte keine Einwände, dass ich bei dem Gespräch dabei war. Die Frauen erklärten ihm, so wie ich zuvor, was an der Hundehaltung gesetzeswidrig war. Sie erteilten Auflagen, die er innerhalb einer Frist umsetzen musste. Er hörte sich alles genau an und versprach, alles so zu ändern, wie sie wünschten. Dass die Hunde kein Wasser gehabt hätten, habe nur daran gelegen, dass das Familienmitglied, dass sich darum kümmere, gerade krank sei. Das war eine der üblichen Ausreden, die ich aber nicht gelten lasse.

Ich war nicht zufrieden mit dem Ergebnis meiner Recherche, aber immerhin: Ich hatte erreicht, dass die Hunde zukünftig gesetzeskonform gehalten würden. Und der Besitzer würde jetzt mehr darauf achtgeben, dass sie genug Trinkwasser hatten. Vielleicht würde er sie tatsächlich auch öfter mit zu seinem Hof nehmen. Ich konnte jetzt nur hoffen, dass das Veterinäramt dranblieb und den Halter zeitnah und häufiger kontrollierte. Ich würde jedenfalls auch noch einmal wiederkommen.

Mein Job war hier erst mal erledigt. Das Kamerateam und ich fuhren zurück nach Nordrhein-Westfalen. Das Veterinäramt bestätigte mir bald, dass eine erneute Kontrolle stattgefunden und der Hundehalter die Auflagen erfüllt habe. Davon wollte ich mich selbst überzeugen. Also machte ich einen kleinen Wochenendausflug in den Thüringer Wald. Ich nahm meinen Hund Fierby mit, und wir wanderten den Weg an den ehemaligen Kettenhunden vorbei. Schon am Anfang des Weges sah ich, dass der schwarz-weiße Border Collie nun in dem Entengehege frei umherlaufen konnte. Die Kette war nicht mehr da. Der Hund lag im Schatten des Geflügelstalls. Diesen hätte er zuvor niemals erreichen können. Vorher schmorte er in der Wellblech-Hütte. Jetzt konnte er sich frei bewegen. Ich ging weiter. Der Hund, der auf dem Hang zur Rechten des Weges angekettet war, war weg. Und mit ihm auch die Hütte und die Anbindevorrichtung. Die Halter hatten ihn tatsächlich mit auf ihren Hof genommen. Auf der linken Seite des Weges war jetzt ein großer Bereich eingezäunt. In diesem lief der ängstliche Hund nun frei herum. Er kam sogar bis an den Zaun, um meine Fierby zu beschnüffeln. Die Hütte war allerdings noch die gleiche. Ich ging weiter bis zu der Hündin im Zwinger. Ich hoffte so sehr, dass sie auch zu der Familie auf den Hof geholt worden war. Doch als ich mich dem Gelände näherte, hörte ich sie schon bellen. Ich ging zu ihr und streichelte sie durch die Gitterstäbe. Es war so traurig. Dieser tolle Hund war gefangen in diesem Zwinger. Allein. Auf dem Boden war wieder älterer Kot zu sehen. Ich würde dies noch mal dem Veterinäramt mitteilen. Ich hätte das arme Tier so gerne hier herausgeholt. Für Tierschützer wie mich ist eine Zwingerhaltung grundsätzlich nicht hundegerecht. Aber da die Haltungsbedingungen nun gesetzeskonform waren und der Halter versicherte, er hole die Hündin regelmäßig aus dem Zwinger heraus, gab es keine Chance für sie auf ein schöneres Leben. Auch die anderen Hunde wurden jetzt gemäß der Hundeverordnung gehalten. Immerhin konnten sie sich nun frei bewegen. Und ich hoffte, dass meine Aktion mehr Bewusstsein für die Bedürfnisse der Tiere bei ihren Besitzern geweckt hatte. Im Winter sollten die Hunde auf den Hof der Halter kommen, daher seien die Hütten ausreichend, teilte mir das Amt noch mit. Ich würde dies auf jeden Fall noch mal kontrollieren.

Natürlich hätte ich mir für alle Hunde ein schönes Zuhause gewünscht. Dennoch war die Recherche wichtig. Wenn sich auch nur geringfügig etwas für die Tiere verbessert, ist schon ein Anfang gemacht. Und es ist wichtig, darauf zu drängen, dass die ohnehin schon lasche Gesetzgebung eingehalten wird. Denn sonst bräuchte es ja keine Gesetze mehr.

3. Halb tote Ponys in Ostfriesland

Ich fuhr am frühen Morgen auf der A31 nach Ostfriesland. Es war dämmrig und nebelig. Die Straßen waren leer gefegt. Knorrige verfaulte Baumstümpfe ragten schwarz aus den dunklen Moortümpeln neben der Autobahn empor. Ich liebe Norddeutschland und bin diese Strecke schon häufiger aus dem Ruhrgebiet hochgefahren. Trotzdem wirkt die Umgebung jedes Mal irgendwie surreal auf mich, wie eine gruselige Kulisse, die kein Happy End erahnen lässt. Ich hoffte an dem Morgen, dass dieser trübe Nebel über dem Sumpf kein schlechtes Omen für meinen Einsatz war. Denn ich war auf dem Weg zu einem kleinen Hof, auf dem drei kranke Ponys unter schrecklichen Bedingungen gehalten werden sollten. Ein Tier sollte so krank sein, dass es nicht mehr aufstehen konnte. Auf dem Foto, das mir ein junger Mann am Vortag geschickt hatte, war nur sehr unscharf ein liegendes Pony vor einem Strohballen zu sehen. Doch er und seine Freundin versicherten mir, dass das Tier dort schon seit mehreren Tagen liege und nicht mehr aufstehen könne. Wenn das stimmte, musste dem Pony sofort geholfen werden. Das junge Paar klang wirklich verzweifelt. Und die Strecke war überschaubar. Also verzichtete ich auf die mir sonst wichtigen ersten Aufnahmen der Missstände und machte mich gleich auf den

Die Stute stöhnte vor Schmerzen.

Weg. Üblicherweise bitte ich besorgte Zeugen schon vor meinem Einsatz um ein paar Bilder. Zum einen, um vorab einschätzen zu können, ob tatsächlich ein Gesetzesverstoß vorliegt, und zum anderen, um entscheiden zu können, welcher Fall Priorität hat und ob dem Tier nicht anderweitig zu helfen ist. Manchmal kann vielleicht doch ein Anruf beim zuständigen Veterinäramt oder ein Gespräch mit dem Tierhalter das Problem schon lösen. Es ist von Fall zu Fall verschieden. Dem Ponyhalter Hilfe anzubieten hatten meine Informanten jedenfalls bereits erfolglos probiert.

Ich traf das Paar in der Nähe des Hofes, auf dem die drei Ponys seit Monaten, vielleicht Jahren, litten. Sie hatten die Tiere rein zufällig in der heruntergekommenen Scheune entdeckt. Der Gesundheitszustand des einen Ponys, das nicht aufstehen könnte, schien äußerst schlecht zu sein. Der Halter habe kein Einsehen gehabt und auf ihre Vorwürfe erwidert, dass das Veterinäramt seine Tiere kenne. Alles sei in Ordnung. Auf ein Hilfsangebot sei er nicht eingegangen. Die jungen Leute hofften nun, dass ich die Ponys dort herausholen würde; ohne Umwege, die das Veterinäramt vielleicht gehen müsste. Ich versprach, mein Bestes zu tun, wollte mir die Tiere aber nun erst mal selbst ansehen.

Das Paar begleitete mich zu dem Hof. Der Tierhalter, ein Mann mittleren Alters, sollte dort allein leben. Er war anscheinend nicht da. Schon von der Straße aus konnte ich die Scheune sehen, in der sich die Ponys befanden. Sie wirkte ziemlich heruntergekommen und war zu einer Seite hin offen. Ein Gitter diente als Abgrenzung, damit die Tiere nicht weglaufen konnten. Im vorderen Bereich des Stalls, direkt hinter dem Gitter, stand eine dunkelbraune Stute und rupfte Heu aus einem riesigen Ballen, den sie sich mit einem hellbraunen Shetland-Pony-Hengst teilte. Der Hengst stand hinter einem weiteren Gitter, das ihn von der Stute trennte. In seinem Stallbereich lag Müll zwischen Stroh und altem Kot herum. Das Dach der Scheune wirkte von innen schon fast baufällig. Ich wunderte mich, wo das dritte Pony war. Ihm sollte es doch am schlechtesten gehen. War ich etwa zu spät gekommen und das Tier schon tot? Dann hörte ich ein leises Schnauben aus dem hinteren Teil des Stalls. Ich quetschte mich durch das Gitter und ging an der braunen Stute vorbei. Sie war sehr lieb und schaute mich neugierig an. Hinter ihr war eine dunkle Öffnung in der Wand, mehr ein großes schwarzes Loch. Durch dieses gelangte ich in einen weiteren, angeschlossenen Stallbereich, der komplett dunkel war.

Ich schaltete meine Kameralampe an. Und dann sah ich sie. Die kleine Ponystute lag stöhnend vor Schmerzen in ihrem eigenen Kot. Der Boden war schwarz davon. Er war komplett bedeckt mit altem, teils schimmeligem, teils frischem Pferdemist. Sogar in der Wandtränke war Kot. Die Stute schaute mich mit schmerzerfülltem Blick an. Ich sprach ihr beruhigend zu; erzählte ihr, dass ich gekommen sei, um zu helfen. Sie brauche keine Angst zu haben. Dann leuchtete ich sie mit dem Lichtstrahl meiner Lampe vorsichtig ab. Ihre Hufe waren viel zu lang und deformiert. Sie hatte sicherlich große Schmerzen.

Die kleine Stute litt offenbar an ernährungsbedingter Hufrehe, also Futterrehe. Dazu passte ihr guter Ernährungszustand, das satte Angebot an Heu in dem Stall und die

Wie lange vegetierte sie dort so?

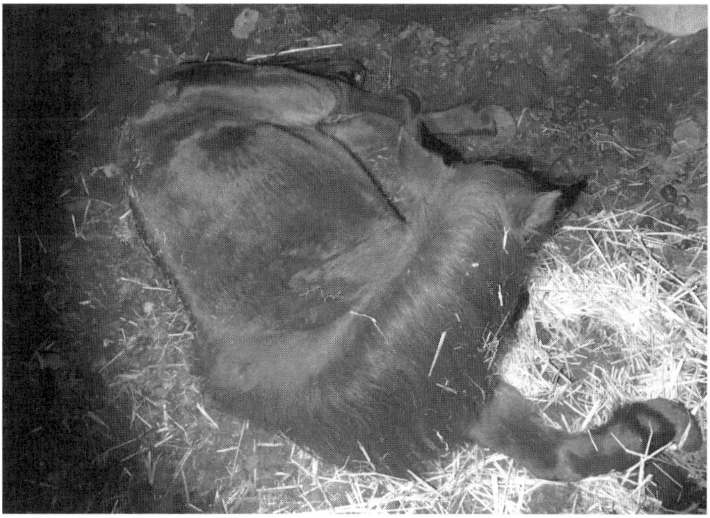

fehlenden Bewegungsmöglichkeiten. Es gab zwar eine kleine Wiese auf dem Hof, aber die sah unbenutzt aus.

Futterrehe ist quasi eine Wohlstandserkrankung und entsteht häufig durch Unwissenheit der Pferdehalter. Pferde sind ursprünglich Steppentiere. Sie wandern täglich kilometerweit auf der Suche nach Nahrung, die in ihrer natürlichen Umgebung aus nährstoffarmen Gräsern besteht. Ein zu reiches Futterangebot sowie Bewegungsmangel können zu Futterrehe führen. Eine Erkrankung, die schwerwiegende Folgen für das Pferd haben kann: Die Huflederhaut entzündet sich, und die feste Verbindung zwischen dem Hufbein, also dem Knochen, und der Hornkapsel kann sich ablösen. Im schlimmsten Fall kommt es zum Ausschuhen, was bedeutet, dass sich die Hornkapsel vom Hufbein trennt. Möglich ist auch eine Rotation des Hufbeins und ein Durchbruch des Knochens durch die Sohle. Dies ist, wie man sich vorstellen kann, mit enormen Schmerzen verbunden und lebensbedrohlich. Durch die Veränderungen im Huf entsteht außerdem ein permanenter Druckschmerz. Mein Hufschmied Matthias Tambor erklärte mir mal, ich müsse mir den Schmerz so vorstellen, als würde mir jemand ganz langsam und stetig die Fingernägel abziehen. Die betroffenen Pferde legen sich irgendwann hin, weil sie auf den schmerzenden Füßen nicht mehr stehen können. So auch die kleine dunkle Ponystute, die vor meinen Augen in dem verdreckten Stall lag. Ihr Zustand war Beweis genug dafür, dass der Halter nicht in der Lage war, die Tiere angemessen zu versorgen.

Die Stute so zu sehen war schrecklich. Was musste in dem Tierhalter vor sich gehen? Warum half er dem Pony nicht? Ich versprach der Stute, dass ich sie aus diesem dunklen Loch herausholen würde. Ich musste für alle Fälle Beweise sichern und filmte ihre Hufe, die schlechten Haltungsbedingungen in der dreckigen, baufälligen Scheune sowie die beiden anderen Ponys. Ihr Gesundheitszustand war zwar besser, doch auch die größere Stute schien Probleme zu haben. Bei einer Konfrontation mit dem Tierhalter oder zur Vorlage bei den Behörden würde ich diese Aufnahmen vielleicht benötigen.

Als ich die Zustände dokumentiert hatte, kletterte ich wieder aus dem Gebäude heraus und ging zu meinen Informanten, die am Straßenrand auf mich warteten. Sie hatten die Situation richtig erkannt. Es musste sofort etwas für die Ponys getan werden. Hier ging es nicht nur um ein Pony, das kurzfristig erkrankt war. Diese Tiere litten schon über einen längeren Zeitraum – ein klarer Verstoß gegen das Tierschutzgesetz. Außerdem entsprach diese Haltung in keiner Weise den vom Bundesministerium für Landwirtschaft und Ernährung herausgegebenen »Leitlinien zur Beurteilung von Pferdehaltungen unter Tierschutzgesichtspunkten«[6]. Diese dienen als Orientierungshilfe für Pferdehalter und für Veterinärämter bei der Beurteilung von Pferdehaltungen. In den Leitlinien werden beispielsweise die tiergerechte Betreuung und Bewegung eines Pferdes sowie die Beschaffenheit eines Stalls unter Tierschutzgesichtspunkten erläutert. An den Haltungsbedingungen dieser drei Ponys war eigentlich alles falsch. Die Scheune war marode. Überall lag verschimmelter alter Kot. Der Ponyhalter hatte sicher schon seit Monaten nicht mehr sauber gemacht. Er hatte an manchen Stellen nur ein bisschen Stroh über den Mist gestreut. Im Stall gab es zahlreiche Verletzungsgefahren, z. B. Gitter, in denen sich die Ponys die Beine hätten brechen können, hätten sie sich darin verfangen. Die Tiere kamen nicht raus, hatten keine Bewegung, und die Fütterung war offenbar suboptimal. Eine tierärztliche Versorgung gab es offensichtlich auch nicht.

Ich bedankte mich bei meinen Informanten und verabschiedete mich. Jeder von uns wollte sich nach einer Unterbringungsmöglichkeit für die Tiere umhören. Es war klar, dass sie hier schnellstmöglich rausmussten. Aber konnte die kleine Stute mit den schlimmen Hufen überhaupt transportiert werden? Ich schickte ihre Fotos an meinen befreundeten Hufschmied Matthias Tambor vom Hagel Hof e. V. Matthias kennt sich auch mit besonders gravierenden Huffehlstellungen aus. Außerdem hat er einen Transporter. Ich wusste, dass der Hagel Hof, wie viele andere Lebenshöfe auch, eigentlich keine Kapazitäten mehr hatte, um weitere Tiere aufzunehmen. Trotzdem fragte ich mit schlechtem Gewissen an, ob sie die Ponys vorübergehend aufnehmen könnten. Bei Matthias wäre die kleine Stute, deren Hufe sicherlich längerfristig weiter behandelt werden mussten, schließlich sehr gut aufgehoben. Da das Pony dringend Hilfe benötigte, sagte Matthias mir zu. Er werde mit seinem Transporter kommen und die Stute vor Ort behandeln, sodass sie transportfähig sei. Der Hagel Hof könne allerdings momentan nur zwei der Ponys aufnehmen.

Es wäre zwar schön gewesen, wenn die drei Tiere zusammengeblieben wären, doch der Hengst hätte ohnehin zunächst kastriert werden müssen, bevor er zu den Stuten gelassen werden konnte. Und das war kurzfristig nicht machbar. Momentan war er durch das gefährliche Gitter von den beiden weiblichen Tieren getrennt. Der Hagel Hof würde ihn aufwendig in einem extra Stall unterbringen müssen. Und auch die schwer kranke Stute würde in der Obhut von Matthias bleiben. Dank des Vereins Vier Hufe & Co. fand ich aber schnell auch für das dritte Pony einen liebevollen Pflegeplatz.

Nun musste ich also nur noch den Tierhalter davon überzeugen, mir die Ponys zu überlassen. Leicht gesagt, doch das würde wohl die größte Herausforderung in diesem Fall werden. Das junge Paar hatte es schon probiert. Was, wenn es auch mir nicht gelänge, ihn zur Einsicht zu bringen? Dann müsste ich das Veterinäramt einschalten und hoffen, dass die Beamten schnell reagierten. Aber ich hatte große Angst, dass der Halter oder die Behörde die kleine Stute einschläfern lassen und für die anderen beiden nur die Haltung vor Ort verbessern würde. Für mich war klar, dass die Tiere dort rausmussten. Entweder hatte der Besitzer keine Lust, sich um die Ponys zu kümmern, oder er hatte keine Ahnung von Pferden.

Alles war organisiert, und die Aktion konnte beginnen. Die Pflegestellen für die Ponys waren eingerichtet, und die Tiere wurden freudig erwartet. Matthias, der Hufschmied, würde mit dem Transporter ein paar Straßen entfernt warten, bis ich grünes Licht gab. Ich musste den Ponyhalter ja erst einmal davon überzeugen, mir die Tiere mitzugeben. Ich wollte ihn nicht verschrecken und hatte Bedenken, dass er abblocken und gar nicht erst mit mir reden würde, wenn ich ihn zu sehr überrumpelte. Das konnte passieren, wenn der Pferdetransporter und das Kamerateam direkt vor dem Hof auftauchten, ohne dass er wusste, worum es überhaupt ging. Also traf ich mich zunächst in ausreichender Entfernung wieder mit den beiden Informanten und meinem Kamerateam. Ich erklärte allen, wie ich vorgehen wollte und wo das Team und die beiden Zeugen sich am besten aufhalten sollten. Dann ging es los. Ich hatte mir fest vorgenommen, den Hof nicht ohne die Ponys zu verlassen.

Das Team platzierte sich am Straßenrand, bereit, sofort einzuschreiten, wenn etwas passierte. Ich wollte schnell noch einmal nach den Ponys sehen. Nachschauen, wie es ihnen ging, bevor ich den Halter zur Rede stellte. Ein Blick in den Stall bestätigte, dass sich nichts geändert hatte. Außer, dass die schwer kranke Stute jetzt ganz vorne am Stalleingang bei der größeren Stute lag. Sie hatte sich offenbar die zwanzig Meter dorthin geschleppt und lag fast schon im Freien. Ihr schmerzverzerrter Gesichtsausdruck sagte alles. Das Tier war verzweifelt. Es versuchte dem Schmerz zu entkommen und schaffte es nicht.

Ich gab dem Team ein Zeichen, ging zur Tür des kleinen Bauernhofes und klingelte mehrfach. Doch niemand machte

Der Anblick war grauenvoll.

auf. Also kehrte ich wieder zu den Ponys zurück und überlegte meine nächsten Schritte. Sollte ich auf den Halter warten oder direkt das Veterinäramt informieren? Just in dem Moment kam der Tierhalter auf seinen Hof geradelt. Dieser Moment des Aufeinanderprallens mit dem mutmaßlichen Tierquäler ist immer aufregend. Was für einem Menschen würde ich gegenüberstehen? Würde er aggressiv werden und mich vom Hof jagen? Oder wäre er gesprächsbereit? Ich hockte noch im Stall vor dem Pony, als der Mann mit seinem Fahrrad direkt auf mich zufuhr. Ich sprach ihn sofort an und versuchte freundlich zu bleiben. Das war nicht leicht bei dem Anblick der leidenden Stute direkt neben mir. Das Kamerateam hatte er noch nicht gesehen. Erst im Laufe des Gesprächs würden meine Kollegen sowie das Informanten-Paar näher kommen. Ich fragte den Tierhalter, ob das seine Ponys seien. Der Mann stand jetzt genau vor mir, auf der anderen Seite des Gitters, hinter dem ich bei der Stute hockte. »Ja, wieso?«, antwortete er. Ich fragte, was mit der Stute los sei, warum er das Tier so leiden lasse. Er fragte mich ernsthaft: »Was kann man denn da machen?« Ich antwortete – nun doch etwas aufgebrachter: »Na, einen Tierarzt und Hufschmied rufen! Auf jeden Fall nicht das Pony hier so leiden lassen!« – »Na dann muss sie geschlachtet werden«, entgegnete er. Ich hatte geahnt, dass so etwas kommen würde. Ich sprang auf und stellte mich vor ihn. Mit flehendem Blick machte ich ihm mein Angebot: »Ich schlage Ihnen vor, Sie geben mir alle drei Ponys mit, und ich verspreche Ihnen, dass ich mich um die tierärztliche Versorgung und Behandlung durch einen Hufschmied kümmern werde. Die drei werden ein wunderschönes Leben haben. Sie müssen keine Kosten tragen. Sie müssen mir nur die drei übergeben.« Der Mann wusste offenbar nicht, was er antworten sollte. Er blieb freundlich und schien zu überlegen. Das junge Paar war jetzt dazugekommen. Auch sie legten ihm nahe, den Tieren ein schönes Zuhause zu gönnen. Dass sie dieses durch mich bekämen, da könne er sich sicher sein, bestätigten sie.

Um ihm vor Augen zu führen, dass diese Situation nicht nur schlimm für die Tiere war, sondern er auch gegen Gesetze verstieß, sagte ich, dass wir auch das Veterinäramt alarmieren könnten. Die Behörde würde aber die Tiere möglicherweise beschlagnahmen und er müsste dann die Kosten tragen. Schlimmstenfalls würde die Stute eingeschläfert. Ich erzählte ihm, dass mein Hufschmied mit einem Transporter in der Nähe wartete und wir das Tierleid auf seinem Hof sofort beenden könnten. Da er ja offensichtlich keine Lust oder Zeit habe, sich um die Ponys zu kümmern, wäre es für ihn doch vermutlich auch nicht verkehrt, wenn die Ponys in ein gutes Zuhause kämen. Der Tierhalter meinte, er müsse darüber mit seiner Lebensgefährtin sprechen, und rief sie an. Diese war sehr aufgeregt, wie ich mitbekam. Sie wollte mit mir sprechen und sagte, wir könnten die Ponys mitnehmen – aber nur, wenn darüber nicht berichtet würde. Aha, so weht hier also der ostfriesische Wind, dachte ich. Ich sagte ihr, dass im Falle der Berichterstattung weder Namen genannt noch Gesichter gezeigt würden. Sie würden also anonym bleiben. Das konnte ich ihr ehrlich versprechen. Ich erklärte auch ihr noch mal, welche Gesetzesverstöße hier vorlagen, und fügte hinzu, es sei verwunderlich, dass sie noch niemand wegen Tierquälerei angezeigt habe. Ich fragte sie, warum sie die Ponys nicht einfach abgeben würde, wenn sich doch niemand um sie kümmere. Und ich versprach ihr, dass die drei ein wunderbares Leben führen würden, wenn ich sie jetzt mitnehmen könnte. Nach einigem Zögern willigte die Frau endlich ein. Wie so oft waren die Ponys wohl einst für die Kinder angeschafft worden, die irgendwann die Lust an den Tieren verloren hatten. Das Paar hatte sich später getrennt, und der Mann war mit der Pflege wahrscheinlich überfordert oder hatte schlichtweg keine Ahnung davon, wie man Pferde richtig hält. Wie auch immer, ich war einfach nur glücklich, dass wir den drei Ponys helfen durften.

Ich rief Matthias an, der kurz darauf um die Ecke bog. Ich zeigte ihm die Tiere, und nun mussten wir die kleine Stute trotz ihrer Schmerzen und deformierten Hufe zum Aufstehen bewegen. Würde sie überhaupt hochkommen? Oder kam unsere Hilfe vielleicht zu spät? Doch der Wille in ihren Augen sagte: »Ich will leben! Bitte nehmt mir die Schmerzen, aber lasst mich nicht zurück!« Also schoben und drückten wir die Stute hoch und führten sie langsam aus dem Stall auf festen Untergrund. Hier begann Matthias mit der Bearbeitung ihrer Hufe. Er ist ein erfahrener Profi, dem ich vollkommen vertraue. Die Hufe kamen Stück für Stück in Form. Man sah es der Stute an, dass eine Last von ihr abfiel. Der Druck in den Hufen verringerte sich. Als die Notversorgung beendet war, führte ich die kleine Mandy in den Transporter. Mandy und Mona – so hießen die beiden Stuten, verriet uns der Besitzer, der sich das Geschehen nun wohlwollend ansah. Ich glaube, er war froh, einerseits die Verantwortung für die Tiere abgeben zu können, und auch, dass ihnen jetzt ein besseres Leben bevorstand.

Was für ein Erfolg! Noch eben lag die arme Stute in dem verdreckten Stall und konnte sich vor Schmerz nicht bewegen.

Und nun stakste sie neben mir in ihr neues Leben. Ich war überwältigt vor Glück. Dass alles so glatt laufen würde, hatte ich nicht zu träumen gewagt. Die Hufe der beiden anderen Ponys ließen ebenfalls beginnende Hufrehe erkennen, waren aber in besserem Zustand. Ihre Behandlung konnte noch warten, und die Tiere waren sofort transportfähig. Also führten wir die zweite Stute Mona und den Shetty-Hengst Merlin aus dem Stall. Auch sie starteten mithilfe von Matthias' Transporter nun in ein neues Leben.

Ich bedankte mich bei dem Ponyhalter dafür, dass er diese Entscheidung zum Wohl der Tiere getroffen hatte. Auch dazu, einzusehen, dass man etwas grundlegend falsch gemacht hat, gehört Mut. Ich bin davon überzeugt, dass er die Tiere nicht absichtlich gequält hatte. Ich versprach ihm, dass es den dreien ab jetzt gut gehen würde. Und nun wollte ich die Ponys schnellstmöglich in ihre neuen Unterkünfte bringen und einem Tierarzt vorstellen.

Die größere Stute Mona wurde schon sehnsüchtig von den Menschen, die sie zur Pflege aufnahmen, erwartet. Erna und ihre Familie wohnen auf einem süßen ostfriesischen Hof und halten selbst mehrere Pferde. Sie würden Mona aufpäppeln, bis ich eine Endstelle für sie zusammen mit der kleinen Mandy gefunden hatte. Erna hatte eine Box vorbereitet, in die wir Mona führten. Der Abschied war erst einmal schwer, doch Mona und ihre Freundin würden sich bald wiedersehen. Nachdem wir die Stute gut untergebracht wussten, fuhren wir weiter zum Hagel Hof. Hier sollte Mandy zunächst mit anderen Rehe-Ponys auf einem Paddock, also auf einem Sandplatz, stehen. Es musste verhindert werden, dass sie einen weiteren Rehe-Schub bekam, welcher durch die Aufnahme von zu viel Gras auf einer

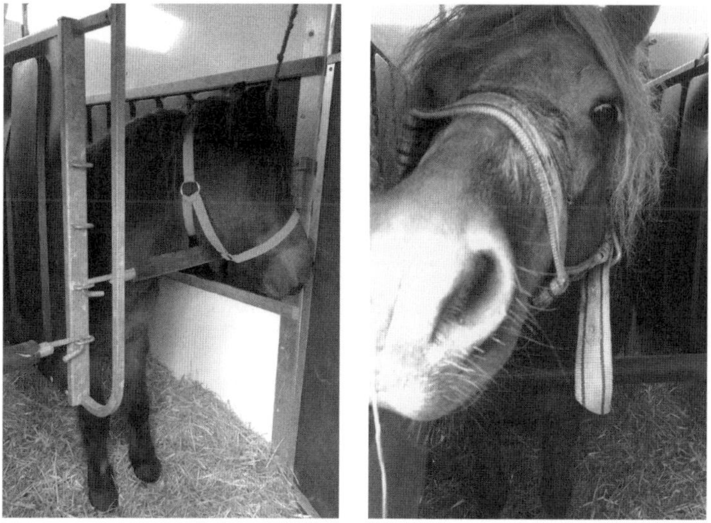

Abfahrt: die kleine Mandy und der Ponyhengst im Transporter.

fetten Weide ausgelöst werden könnte. Die Zusammenführung mit den anderen Ponys funktionierte problemlos. Hengst Merlin musste zunächst in eine Einzelbox, doch ich war froh, dass ich auch ihn vorübergehend auf dem Hagel Hof unterbringen konnte. Auf die Schnelle einen guten Platz für einen verwahrlosten Hengst zu finden ist gar nicht so einfach.

Als alle Ponys versorgt waren, war es bereits dunkel geworden. Ich war erschöpft, aber sehr glücklich. Nun lag es an den Tierärzten, Hufschmieden und den Pflegestellen, die drei wieder richtig gesund zu bekommen. Ich kümmerte mich derweilen um die Suche nach einer Endstelle für die Ponys sowie um Transportmöglichkeiten.

Nach etwa zwei Wochen hatte ich, wieder mithilfe des Vereins Vier Hufe & Co., einen tollen Platz für den

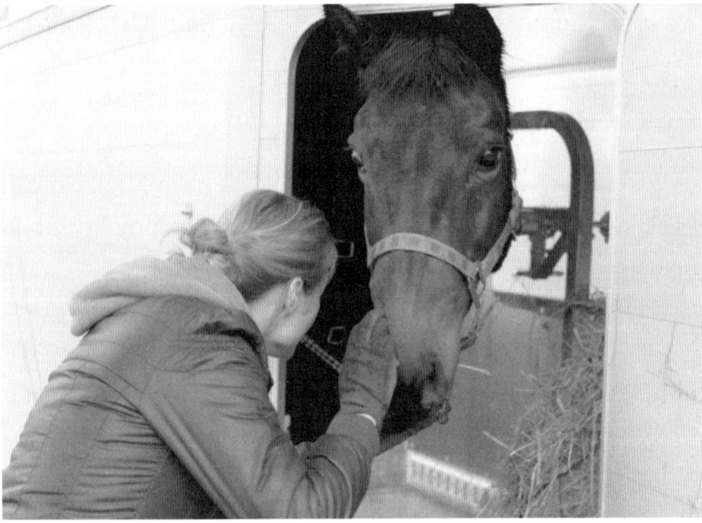

Letzter Check vor der Abfahrt bei Mona.

Shetland-Ponyhengst gefunden. Eine junge Frau suchte für ihren Wallach, der ebenfalls Hufrehe-anfällig war, ein Beistellpony. Alles schien perfekt zu passen. Also beschlossen wir, dass Merlin zu einem neuen Freund umziehen würde. Auf dem Hagel Hof würde dann ein Platz für Mona frei, um sie endlich wieder mit Mandy zu vereinen.

Mona war dank der guten Pflege von Erna und ihrer Familie sowie entsprechendem Futter mit mineralischen Zusätzen gut aufgepäppelt worden. Ein Tierarzt hatte die Stute gleich am Tag nach der Rettung untersucht. Es wurde ein Husten festgestellt, der sich durch die Behandlung glücklicherweise rasch besserte. Der Gesundheitszustand der kleinen Mandy dagegen war, wie erwartet, besorgniserregend. Mandy benötigte nicht nur eine fortwährende Hufbehandlung, sondern weitere Therapien, beispielsweise bei einem Osteopathen. Ob sie jemals wieder richtig laufen können würde, war zunächst ungewiss. Auf dem Hagel Hof bekam Mandy jedenfalls alles, was sie benötigte, um wieder gesund zu werden. Und Hufschmied Matthias hatte sie täglich im Blick. So ging es Mandy von Tag zu Tag besser. Das große Happy End sollte bald folgen.

Endlich war alles organisiert. Meine Freundin Kerstin war bereit, mit mir zusammen einen Tag Fahrerei im Auto mit Pferdeanhänger in Kauf zu nehmen, um die Ponys in ihr neues Zuhause zu bringen. Das bedeutete, dass wir sehr früh morgens aufbrachen und zu Erna nach Ostfriesland fuhren. Dort holten wir die Stute Mona ab und fuhren zum Hagel Hof.

Mona würde nach zweiwöchiger Trennung endlich ihre kleine Freundin Mandy wiedersehen. Als wir Mona abluden, stand Mandy gerade draußen auf dem Paddock. Wir führten Mona um die Ecke, und die beiden Ponys erkannten sich schon von Weitem. Sie wieherten sich so freudig zu, dass uns die Tränen kamen. Wir waren so glücklich! Die beiden Stuten hatten zusammen gelitten, waren getrennt aufgepäppelt worden und konnten jetzt gemeinsam ihr Leben genießen.

Nachdem wir Mandy und Mona eine Weile zugeschaut hatten, luden wir den Hengst in den Pferdeanhänger meiner Freundin. Nun mussten wir von Niedersachsen noch etwa 300 Kilometer ins Herz Nordrhein-Westfalens fahren, um das Shetland-Pony in sein neues Zuhause zu bringen. Nach einer problemlosen Fahrt kamen wir am Ziel an. Merlin, der später in Milagro umgetauft wurde, und der Wallach lernten sich ohne viel Aufregung kennen und wurden schnell Freunde.

Natürlich hielten mich sowohl Milagros neue Halterin als auch der Hagel Hof auf dem Laufenden. Der kleine Hengst wurde nach einiger Zeit der Eingewöhnung kastriert und fühlte sich richtig wohl in seinem neuen Zuhause. Und Hufschmied Matthias war mittlerweile so in die kleine Mandy vernarrt, dass er sie nicht wieder hergeben wollte. Eigentlich sollten die beiden Stuten später weitervermittelt werden, um Platz für neue Notfälle auf dem Lebenshof zu schaffen. Doch schnell war klar, dass Mandy und Mona jetzt hier zu Hause waren und für immer auf dem Hagel Hof bleiben durften. Und es dauerte nicht allzu lange, da trabte Mandy zwar etwas holprig, aber glücklich neben ihrer großen Freundin Mona über den Hof.

Ich bin sehr dankbar, dass ich großartige Menschen kennenlernen durfte, die Lebenshöfe (früher sagte man

Mandy und Mona wieder vereint auf dem Hagelhof.

Ponyhengst Milagros erstes Treffen der Wallachherde.

»Gnadenhöfe«) für Tiere gegründet haben. Ich habe ein großes Netzwerk, in dem man sich gegenseitig hilft, so gut man kann. Der eine rettet, der andere nimmt auf, der nächste bezahlt den Tierarzt, und wieder ein anderer vermittelt weiter. Im Vordergrund steht immer das Tier. Ich bin froh und dankbar, wenn jemand ein gerettetes Lebewesen von mir aufnimmt. Doch ich habe immer auch ein schlechtes Gewissen, wenn ich nach einem Platz frage. Viele Lebenshöfe haben keine oder kaum noch Aufnahmekapazitäten und bekommen trotzdem täglich Anfragen. Immer mehr Menschen können Tierleid nicht mit ansehen und wollen handeln. Das ist großartig! Ein Tier zu retten ist wichtig und macht glücklich. Die weitere jahrelange Pflege aber kostet viel Kraft und Geld. Viele Lebenshofbetreiber haben stets die Frage im

Hinterkopf, ob sie auch zukünftig genug Geld für die Tiere aufbringen können. Die meisten sind daher an einen Verein gekoppelt, um Spendengelder akquirieren zu können. Neben den Geldsorgen mangelt es aber auch häufig an zuverlässigem Personal. Von einer romantisierten Vorstellung vom Leben auf einem Tierschutzhof bleibt in der Realität nicht viel übrig. Denn der Job bedeutet harte Arbeit. Jeden Tag müssen Ställe ausgemistet, Hundehaufen weggeräumt und Tiernahrung verteilt werden. Und so verlassen nicht selten die neu gewonnenen Mitarbeiter frustriert den Hof, und der Betreiber steht allein mit der ganzen Arbeit da. Ich versuche daher stets für meine geretteten Tiere Paten zu finden oder trage selbst einen Teil der Unterbringungskosten. Um die Versorgung meiner geretteten Tiere auf Lebenshöfen auch zukünftig gewährleisten zu können, habe ich 2017 den Verein Die Tierschutzdetektivin e. V gegründet, über den ich auch Tierpatenschaften vermittle.

4. Katzenpilz im Preis inbegriffen

Ein junges Paar kaufte im Internet zwei Katzenbabys bei einer Züchterin in Niederbayern. Das Inserat klang nach Liebhaberzucht, und die Züchterin war sehr freundlich, als das Paar die Katzenkinder dort abholte. Zu Hause angekommen, bemerkten die beiden jedoch, dass die Tiere Durchfall und Hautprobleme hatten. Sie brachten ihre neuen Samtpfoten zum Tierarzt. Die Untersuchung ergab, dass die jungen Katzen Ohrmilben und Giardien hatten. Giardien sind Darmparasiten, die zu blutigem Durchfall führen können. Zudem zeigte eine Laboranalyse, dass die Tiere mit Microsporum canis infiziert waren. Dieser Pilz, auch Katzenpilz genannt, ist hochgradig ansteckend. Er befällt Tiere sowie auch Menschen, ist also eine Zoonose. Er ist von Mensch zu Mensch, von Tier zu Tier sowie auch von Mensch zu Tier und umgekehrt übertragbar. Die Behandlung ist langwierig und kompliziert.

Das junge Paar richtete einen Quarantäneraum in seiner Wohnung ein und behandelte die Katzen mit Schutzhandschuhen. Doch die Pilzsporen waren bereits überall verteilt: in den Sofas, den Teppichen und in sonstigem nicht waschbarem Haushaltsinventar. Es dauerte nicht lange, und auf den Armen meiner Informantin zeigten sich kreisrunde rote

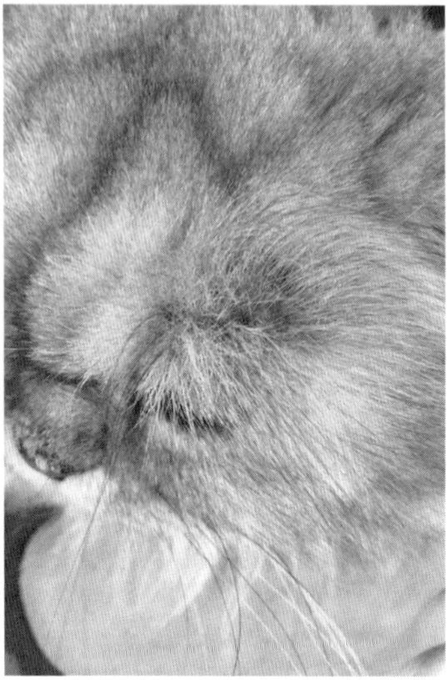

Mit Microsporum canis infizierte
Katze der Informantin

Hautstellen. Auch sie war von dem Pilz befallen worden. Genauso wie die schon im Haushalt vorhandene Katze. Sie hatte sich in kurzer Zeit bei den Katzenbabys angesteckt und bekam plötzlich haarlose, schuppige Stellen. Selbst Besucher des Paares und mit ihnen ein Kleinkind waren infiziert worden. Was für ein Horror.

Die Katzenhalter probierten alles, um den Pilz zu bekämpfen und die Sporen aus der Wohnung zu beseitigen. Sie putzten mit scharfen Mitteln, entsorgten Inventar, nahmen selbst Medikamente und waren regelmäßig mit ihren Samtpfoten beim Tierarzt. Die Behandlung der beiden Katzen zeigte zunächst Wirkung. Der Pilz schien besiegt. Doch nach einigen Wochen bekamen die Tiere wieder auffällige Hautstellen, und alles begann von vorn.

Das Paar meldete den Fall beim Veterinäramt. Sie hofften, dass die Behörde die Züchterin umgehend stoppen würde, sodass sich nicht noch mehr Menschen bei den kranken Katzen ansteckten. Doch einige Monate später inserierte die Züchterin wieder. Anscheinend war seitens des Veterinäramtes nicht genug passiert, um den Verkauf der infektiösen Tiere aufzuhalten. Die inserierten Katzenbabys machten auf den Fotos jedenfalls keinen guten Eindruck. Als das Paar das

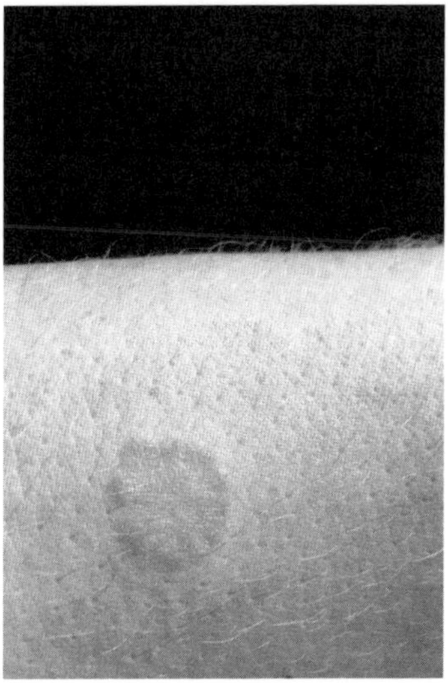

Microsporum canis am Arm
der Informantin

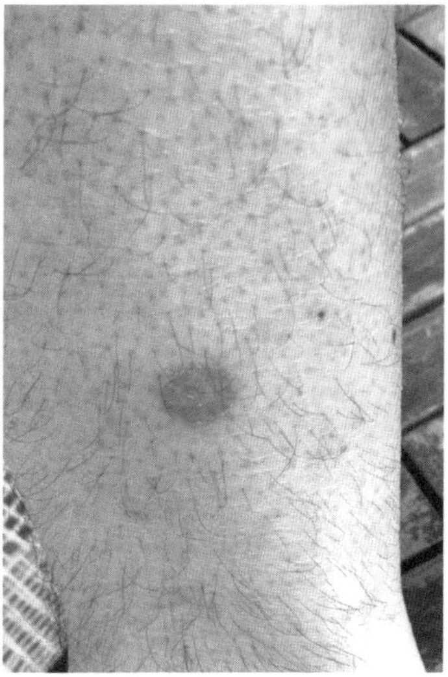

Microsporum canis am Bein
des Informanten

Inserat entdeckte, wandte es sich an mich. Ich wollte gerne helfen und mir die Situation vor Ort ansehen. Undercover meldete ich mich als Kaufinteressentin bei der Züchterin. Sie hatte Kitten aus verschiedenen Würfen abzugeben. Außerdem einen etwa zehn Wochen alten Kater. Für diesen interessierte ich mich. Schnell war ein Termin zur Abholung vereinbart, und ich machte mich auf den Weg von Nordrhein-Westfalen nach Niederbayern. Ein Helfer begleitete mich. Schon der erste Eindruck, als wir uns mit dem Auto dem Haus der Züchterin näherten, war kein guter. Der gelb angestrichene Bungalow wirkte ungepflegt. Vor dem Haus lagen Platten und Baumaterialien herum. Der Mann der Züchterin war gerade mit Arbeiten auf dem Außengelände beschäftigt. Wir stiegen aus und wurden am Eingangstor zum Vorgarten freundlich von der Züchterin begrüßt. Zwei Hunde liefen um uns herum und beschnüffelten uns aufgeregt. Wir folgten der Frau ins Haus. Schon an der Haustür kroch uns ein Katzenurin-Gestank in die Nase. Auch im Inneren sah es nicht gerade gepflegt aus. Eine Katze mit nur einem Auge schlich umher und beobachtete uns kritisch. Wir wurden vom Flur durch eine Tür auf der linken Seite in ein Zimmer geführt. In diesem befand sich der Kater, für den wir uns interessierten. Er lebte mit zwei Katzenmüttern und zwei etwa zehn Wochen alten Kitten zwischen schmutzigem Mobiliar und alten Teppichen. Die Katzenbabys waren in erbärmlichem Zustand. Ihr Fell war fransig, und sie hatten verdächtige Hautstellen. Auch den Muttertieren sah man an, dass etwas nicht mit ihnen stimmte. Eine Katze lag apathisch in der Ecke.

Mir war sofort klar, dass die Tiere hier krank waren. Ich war mir sicher, dass die struppigen Kitten an Pilz und Giardien litten. Ich fragte mich, warum Menschen hier überhaupt Tiere gekauft hatten, wenn gleich der erste Eindruck so schlecht war. War es der Preis? Oder Mitleid? War die Verkäuferin so überzeugend? Sie war mir und meinem Helfer gegenüber sehr freundlich, gab Tipps und Futter für den Anfang mit. Außerdem hatte sie, was mich wunderte, eine Gesundheitsbescheinigung ihres Tierarztes für den Kater. Ich fragte mich, ob diese gefälscht war oder ob hier ein Tierarzt am Verkauf der Katzen mitverdiente. Bei der Anzahl von Katzen wäre das wahrscheinlich ein lohnendes Geschäft. Die Züchterin erzählte mir, dass sie drei Kater und fünfundzwanzig Katzen habe. Mit diesen habe sie etwa zwanzig geplante Würfe im Jahr, zusätzlich weitere ungeplante. Daraus resultierten über

Die Katzen bei der Züchterin sahen verwahrlost aus.

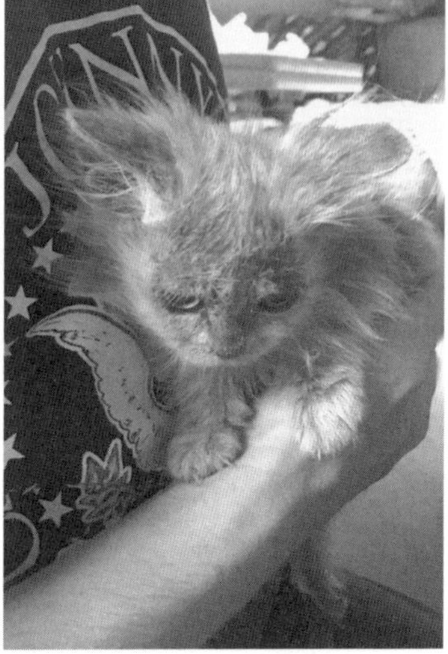

Das Kitten hatte auffällige Hautstellen.

hundert Katzenbabys im Jahr, die geimpft, entwurmt und für die Gesundheitszeugnisse ausgestellt werden mussten.

Die Frage, ob ich auch die anderen Katzen sehen dürfte, verneinte die Frau. Aktuell habe sie einen Wurf Neugeborener. Zu diesen könne sie uns nicht lassen, da sie Angst habe, dass wir Krankheiten einschleppen könnten.

Mein Helfer und ich machten mit unseren Handys Videoaufnahmen der Katzen und des Raumes, während wir uns die Tiere ansahen und mit den Kitten spielten. Die Frau hatte nichts dagegen. Anscheinend meinte sie, dass die Haltung und der Gesundheitszustand der Tiere so in Ordnung wären, und glaubte, zumindest in diesem Raum nichts verstecken zu müssen. Wie es dann wohl in den anderen Katzenzimmern aussah? Dass die Züchterin nichts von der Pilzerkrankung in ihrem Bestand wusste, konnte nicht sein. Die beiden Käufer hatten sowohl das Veterinäramt benachrichtigt als auch die Züchterin auf die Krankheiten ihrer Tiere angesprochen. Die Frau wusste also ganz genau, dass sie hochinfektiöse Katzen verkauft hatte. Sie musste sich doch darüber im Klaren sein, dass höchstwahrscheinlich auch andere Tiere infiziert waren. Um das zu überprüfen, war ich hier – undercover. Ich würde schon bald wissen, ob die Züchterin genug getan hatte, um den Pilz aus ihrem Tierbestand herauszubekommen. Und wenn nicht, was mir beim ersten Blick auf ihre Kitten eigentlich schon klar war, würde ich ihr dies nachweisen. Mein Plan war, Simba, so hieß der Kater, für den ich mich interessierte, umgehend zu einem Tierarzt zu bringen. Und zwar auf direktem Weg. Der Veterinär erwartete mich schon. Er würde Simba untersuchen und Proben entnehmen, um nachzuweisen, woran der Kater alles litt. Doch zunächst musste der Kauf abgeschlossen werden. Erstaunlicherweise hatte die Züchterin den Kater bereits vor unserem Eintreffen in eine Box gesperrt. Als Kaufinteressent hätte man das Tier ja eigentlich gerne erst mal kennengelernt und gesehen. So aber musste die Frau ihn nur schnell in unsere mitgebrachte Box umsetzen. Und das ging ruckzuck. Ich bekam Simba kaum zu Gesicht, ließ mir aber keinen Zweifel an der Vorgehensweise anmerken. Ich übergab das Geld, und wir verabschiedeten uns voneinander.

Nachdem mein Helfer und ich um die Ecke gebogen waren, hielten wir erst einmal an und desinfizierten uns, so gut es ging. Wohl war mir nicht bei dem Gedanken daran, in dem infizierten Haushalt gewesen zu sein. Ich wollte die Pilzsporen ungern weiterverbreiten und schon gar nicht meine eigenen Tiere damit infizieren. Aber wir waren vorbereitet, hatten neue Anziehsachen und starkes Desinfektionsmittel dabei. Nun ging es weiter nach Stuttgart, wo Tierarzt Klaus Senger schon auf uns wartete. Er wusste, dass ich ihm einen Kater bringen wollte, der sofort unter Quarantäne gestellt und auf Giardien und Katzenpilz getestet werden musste.

In der Praxis angekommen, nahmen wir Simba aus der Box und setzten ihn auf den Untersuchungstisch. Jetzt bemerkte ich, dass der Kater einen leicht deformierten Schwanz hatte. So, wie man es häufiger bei Katzen aus Inzucht sieht. Hatte die Frau Simba deshalb schon in die Box gesperrt? Damit uns sein angeblicher Makel nicht auffiel und wir nicht von einem Kauf absehen würden? Sie wusste ja nicht, dass ich Tierschützerin bin und mir eine Deformation egal ist.

Tierarzt Klaus Senger entnimmt dem Kater eine Hautprobe.

Bei der Untersuchung entdeckte der Tierarzt eine für Pilz typische Hautstelle und entnahm Proben. In einem Labor sollte genau analysiert werden, um welche Pilzart es sich handelte.

Ein Schnelltest zeigte zudem, dass Simba Giardien im Kot hatte. Diese sind ebenfalls auf den Menschen übertragbar, das Übertragungsrisiko ist jedoch geringer als bei der hochinfektiösen Microsporie, dem Katzenpilz.

Der Kater musste zunächst in der Praxis in Stuttgart in Quarantäne bleiben. Es tat mir schrecklich leid für den armen Kerl. Er hatte zwar ein großes Gehege mit Versteck- und Spielmöglichkeiten, doch der zehn Monate alte Kater hätte sicher lieber mit Artgenossen gespielt und die Welt erkundet. Nach fünf Tagen kam das Ergebnis der Laboranalyse: Simba litt tatsächlich an dem hochinfektiösen Microsporum canis. Genau wie die beiden Katzen, die meine Informanten bei der Züchterin gekauft hatten. Nun begann für den Kater die aufwendige Pilzbehandlung. Er musste – in Narkose – eine Waschung mit Pilzsporen abtötendem Mittel über sich ergehen lassen. Außerdem bekam er Tabletten, und die befallenen Hautstellen wurden eingesalbt.

Mich machte das Testergebnis sauer. Diese scheinheilige Vermehrerin musste wissen, dass sie hochinfektiöse Tiere im Bestand hatte. Sie hatte mir den Kater mit Gesundheitszeugnis verkauft, obwohl man die auffälligen Hautstellen bereits sehen konnte. Mir gegenüber hatte sie kein Wort über eine mögliche Infektion gesagt. Ganz im Gegenteil, sie hatte mir von anderen Käufern berichtet, die ebenfalls Katzen bei ihr erworben hätten und äußerst zufrieden seien. In wie viele Haushalte hatte sie bereits hochgradig ansteckende Tiere verkauft? Wie viele Menschen waren schon durch ihre Katzen mit dem Pilz infiziert, darunter möglicherweise kleine Kinder, die daraufhin starke Pilzmedikamente nehmen mussten?

Ein Befall mit Katzenpilz ist zwar nicht lebensgefährlich, dennoch ist die Ansteckungsgefahr und die Hartnäckigkeit dieses Hautpilzes ein großes Problem. Microsporie ist so ansteckend, dass schon Tierheime aufgrund eines Befalls vorübergehend schließen mussten. Was für Auswirkungen auf Menschen diese Pilzerkrankung haben kann, zeigt auch ein Fall im hessischen Mengsberg.[7] An einer dortigen Grundschule erkrankten zwei Viertklässler sowie eine Lehrkraft an dem hochinfektiösen Katzenpilz. Zunächst hatte nur ein Kind Symptome gezeigt. Es war behandelt worden und als gesund erklärt wieder in die Schule gegangen. Danach erkrankten eine Lehrerin und ein weiteres Kind. Die Schule wurde für einen Tag geschlossen und die Räumlichkeiten desinfiziert.

Ein großes Problem bei Microsporie ist auch, dass selbst Tiere, die keine Krankheitsanzeichen aufweisen, Überträger sein können. Die Pilzsporen sitzen auf dem Tier und können durch die Haare überall verteilt werden. Laut der Apotheken-Umschau[8] werden häufig Kinder, die im europäischen Ausland Straßenkatzen streicheln, angesteckt. Händewaschen hilft zwar, doch fassen gerade Kinder sich schnell in die Haare und an den Körper, noch bevor die hochinfektiösen Sporen abgewaschen wurden. Ich lasse jede Straßenkatze, die ich rette und zum Tierarzt bringe, routinemäßig darauf untersuchen. Mithilfe einer speziellen UV-Lampe kann der Pilz sichtbar gemacht werden. Erst eine Laboranalyse und das

Anlegen einer Pilzkultur kann jedoch genauen Aufschluss über die Art des Pilzbefalls geben.

Symptome der Erkrankung sind kreisrunde rote Hautveränderungen, die stark jucken. Befällt der Pilz behaarte Körperstellen, so können hier außerdem die Haare kurz vor der Hautoberfläche abbrechen, sodass kahle Flächen entstehen.

Der Erkrankte muss ein Antipilzmittel einnehmen und die betroffenen Stellen äußerlich mit pilztötenden Mitteln waschen und einsalben. Die Therapie kann sich über Monate hinziehen. Wird die Behandlung mangelhaft durchgeführt, kann die Infektion immer wieder ausbrechen. Außerdem kann es zu einem Ping-Pong-Effekt kommen, d. h., Mensch und Tier stecken sich gegenseitig immer wieder an, wenn nicht alle Betroffenen in die Behandlung einbezogen werden. Die Sporen müssen entfernt oder abgetötet werden. Kleidung und Bettwäsche sollte bei mindestens 60 Grad, besser noch mit einem pilztötenden Mittel aus der Apotheke gewaschen werden. Dieser Aufwand ist nicht nur ärgerlich, sondern auch teuer. Teppiche und Sofas sowie andere stoffliche nicht waschbare Utensilien müssen ausgetauscht werden, um sicherzugehen, dass auf ihnen keine Pilzsporen mehr haften.

Ich hatte durch den Kauf und der sofortigen tierärztlichen Untersuchung von Simba Beweise dafür, dass die Züchterin weiterhin kranke Katzen verkaufte. Nun wollte ich sie mit meinen Vorwürfen konfrontieren und machte mich mit meinem Kamerateam auf den Weg zu ihr. Ich war gespannt, wie sie reagieren würde. Würde sie zugeben, dass es Probleme in ihrem Bestand gab? Oder würde sie alles abwiegeln? Ich ging allein zum Tor ihres Bungalows und klingelte. Das Kamerateam blieb ungesehen im Hintergrund. Die Frau kam heraus. So wie ein wütender Käufer sich verhalten würde, warf ich ihr in zornigem Ton vor, dass sie mir eine kranke Katze verkauft habe. Ich sagte ihr, dass Simba Katzenpilz und Giardien habe, und wollte von ihr wissen, was sie dazu zu sagen habe. Sie bestritt, jemals davon gehört zu haben, dass eine ihrer Katzen Pilz gehabt hätte. Ich fragte noch einmal nach, denn ich wusste ja, dass meine Informanten es ihr klar und deutlich mitgeteilt hatten. Ich wollte wissen, ob sie mir ins Gesicht log. Sie blieb dabei. Sie hätte noch nichts davon gehört. Ich hätte ja außerdem ein Gesundheitszeugnis für Simba mitbekommen. Sie bot mir an, den Kater zurückzunehmen oder sich an den Behandlungskosten zu beteiligen. Selbstverständlich wollte ich nicht, dass Simba in das infizierte Haus zurückkam und an den nächstbesten Interessenten weiterverkauft würde. Auch das Angebot einer doch eher geringfügigen Beteiligung an den angefallenen Kosten lehnte ich ab. Mir war es vor allem wichtig gewesen zu wissen, ob die Frau leugnen würde, dass sie von dem Pilzbefall in ihrem Tierbestand wusste. Oder ob sie es zugeben und Hilfe annehmen würde. Obwohl sie sehr freundlich blieb, machte mich ihre Reaktion wütend. Sie wusste genau, was sie tat, und hatte kein Einsehen. Der Verkauf infektiöser Katzen wäre wahrscheinlich einfach weitergegangen, wenn ich nicht eingegriffen hätte. Zeit für mich, die Behörden einzuschalten. Ich fuhr zum zuständigen Veterinäramt und meldete den Missstand. Ich konnte kurz mit dem Amtsveterinär, der bereits in den Fall involviert war, sprechen. Er erinnerte sich gut an die Meldung meiner Informanten und hatte danach auch den Bestand kontrolliert. Genaueres würde mir die Pressestelle dazu sagen können, denn er müsse jetzt los zu einem wichtigen Termin, was ich ihm auch abnahm. Aus diesem Grund könne er auch nicht jetzt sofort die Zuchtstätte erneut kontrollieren. Er versprach mir aber, dass er dies, sobald es möglich war, machen würde, vielleicht schon am nächsten Tag.

Meine Unterlagen, wie den Tierarztbericht von Simbas Behandlung und das falsche Gesundheitszeugnis von der Züchterin sowie alle Informationen, die ich gesammelt hatte, nahm er gerne an. Ich drängte darauf, dass der Amtsveterinär auch den Tierarzt überprüfen sollte, der das Gesundheitszeugnis für den kranken Kater ausgestellt hatte. Und ich bat ihn noch mal inständig, sich schnellstmöglich die Katzenbabys bei der Züchterin anzusehen. Vor allem das graue, struppige Kitten ging mir nicht mehr aus dem Kopf. Es war so offensichtlich, dass es krank war und Hilfe brauchte. Sah die Züchterin dies nicht? Oder wollte sie es nicht sehen?

Auf Nachfrage teilte die Pressestelle des Landkreises meiner Redaktion mit, dass die Katzenhaltung dieser Züchterin routinemäßig mindestens zweimal im Jahr unangekündigt kontrolliert werde. Auch nach der Anzeige meiner Informanten sei das Veterinäramt vor Ort gewesen. Bei der Kontrolle seien jedoch klinisch keine Anzeichen einer Pilzinfektion festgestellt worden. Einige Tiere hätten dennoch auf Mikrosporie untersucht werden sollen. Ob dies passiert war, erfuhr ich nicht. Es beunruhigte mich, dass ich trotz der Aktivitäten des Veterinäramtes nur wenige Monate später ein infiziertes Tier gekauft und weitere offensichtlich kranke Katzen bei der Züchterin gesehen hatte.

Kater Simba war nach wochenlanger Behandlung beim Tierarzt endlich genesen und pilzfrei. Ich hatte in der Zwischenzeit eine Familie gefunden, die ihn adoptieren wollte. Das Paar hatte bereits zwei Katzen aus dem Tierschutz. Simbas Geschichte hatte sie sehr betroffen gemacht, und es wurde Zeit, dem lieben Kerl endlich ein schönes Leben zu bereiten. Daran wollten die beiden unbedingt teilhaben. Ich holte Simba morgens bei meinem Tierarzt ab und brachte ihn zu den beiden nach Hause. Mein Kamerateam begleitete mich. Natürlich wollten wir nach all diesen schrecklichen Informationen über kranke Katzen, hochinfektiösen Pilz und eine ignorante Züchterin auch das Happy End für den hübschen Kater zeigen. Simba war zunächst noch etwas verängstigt, als wir ihn in seiner neuen Heimat aus der Transportbox ließen. Doch schon bald erreichten mich Fotos von Simba, der in Ramon umgetauft worden war. Er hatte sich mit den beiden anderen Katzen im Haushalt angefreundet und kuschelte mit ihnen auf dem Bett. Es ist immer wieder schön, ein Tier so glücklich zu sehen.

Für mich war der Fall noch nicht erledigt. Meine Redaktion fragte wieder bei der Pressestelle des zuständigen Landkreises an, was nach meiner Meldung seitens des Veterinäramtes passiert war. Wir erfuhren, dass das Veterinäramt den Bestand zeitnah kontrolliert hatte. Teilweise waren bei der Kontrolle kranke Katzen gefunden worden, die tierärztlich behandelt wurden. Die Behörde hatte außerdem einen sofortigen Verkaufsstopp sowie ein Zuchtverbot verfügt. Die Züchterin musste dem Amt ein Sanierungskonzept vorlegen, in dem sie geplante Behandlungen, Impfungen und Hygienemaßnahmen auflistete. Mit diesem Plan sollte sie darlegen,

Ich bringe den Kater in seine neue Familie.

wie sie den Pilz aus dem Bestand bekommen und ihre Tiere dauerhaft gesund halten wollte.

Ich war zufrieden. Ich hatte erreicht, dass keine kranken Katzen mehr verkauft und mit ihnen die ansteckenden Pilzsporen in alle Regionen Deutschlands gestreut wurden. Die vorhandenen Tiere der Züchterin würden behandelt werden. Simba war gesund und hatte jetzt ein schönes Leben. Dem Veterinäramt hatte ich kräftig auf die Füße getreten. Und ich hoffte, dass die Behörde zukünftig genauer hinschauen würde, wenn sie eine Meldung über einen infizierten Zuchtbestand erhielt. Mein Informanten-Paar erstattete außerdem Strafanzeige gegen die Züchterin.

Doch meine Zufriedenheit sollte nicht lang währen: Nach Ausstrahlung des Falls bei *hundkatzemaus* erreichten mich leider Hinweise darauf, dass die Züchterin, nun über ein anderes Tierportal, weiterhin ihre Katzen verkaufen wollte. Ich informierte umgehend den Betreiber der Webseite sowie den zuständigen Amtsveterinär. Das Inserat wurde gelöscht. und der Amtsveterinär sagte mir zu, der Sache nachzugehen und sie entsprechend zu ahnden. Meiner Erfahrung nach wird bei einem derartigen Verstoß gegen die vom Amt erteilten Auflagen zunächst ein Bußgeld auferlegt. Um Tiere zu beschlagnahmen, müssen länger anhaltende oder sich wiederholende erhebliche Schmerzen beziehungsweise Leiden vorhanden sein. Und diese Umstände seien in diesem Fall noch nicht gegeben, teilte uns das Veterinäramt auf Anfrage abschließend mit.

Im Herbst 2018 haben wir den Fall der skrupellosen Katzenzüchterin für *hundkatzemaus* gedreht. Fast ein Jahr später, nach intensiven Therapien und aufwendigen Wohnungseinrichtungserneuerungen, haben meine Informanten den Katzenpilz besiegt. Die Strafanzeige gegen die Züchterin ist ins Leere gelaufen. Ob diese weiterhin inseriert, werden wir zukünftig im Auge behalten.

5. Eine Animal-Hoarderin mit 276 Kleintieren auf der Flucht

Bei einer Räumungsaktion im September 2014 entnahmen Mitglieder eines Kaninchenschutzvereines im Auftrag eines Veterinäramts aus Niedersachsen rund 350 Kleintiere – Kaninchen, Meerschweinchen und Degus – bei einer krankhaften Tiersammlerin. Viele der Vierbeiner waren verletzt, fast alle waren krank, manche schwanger. Einige waren tot. Die Kleintiere wurden auf Pflegestellen vermittelt. Im Vorfeld war die Animal-Hoarderin, deren Tierhaltung völlig außer Kontrolle geraten war, immer wieder aufgefordert worden, den Tierbestand zu reduzieren. Da sie den amtlichen Anweisungen nicht nachgekommen war, griff die Behörde durch und beschlagnahmte alle ihre Tiere.[9]

Rund zweieinhalb Jahre später bekam ich eine Nachricht von einer befreundeten Tierschützerin. Genau diese oben beschriebene Animal-Hoarderin sei nun in Sachsen-Anhalt aufgetaucht. Die Dame habe dort ein Haus mit Scheunen gekauft und sei im Begriff umzuziehen. Das Haus solle noch renoviert werden, aber die Tiere seien schon da. Die Frau verstecke sie in den Scheunen. Das Horten von Tieren ging also wieder von vorne los. Das war unglaublich! Die Animal-Hoarderin war, wahrscheinlich um sich den Kontrollen des

Veterinäramtes zu entziehen, in einen anderen Landkreis und sogar in ein anderes Bundesland gezogen. Geschickt von ihr – und für den Tierschutz problematisch. Denn jeder Landkreis hat ein eigenes Veterinäramt, das für Tierhaltungen in diesem Kreis zuständig ist. Zieht nun ein dem Amt bekannter Tierquäler in einen anderen Landkreis um, so wird das neu zuständige Veterinäramt nicht automatisch darüber informiert. Das Veterinäramt des neuen Landkreises kennt den Tierhalter also (noch) nicht und wird ihn daher nicht automatisch kontrollieren. Hier muss sich dringend etwas ändern. Möglicherweise wäre ein bundesweites Register für auffällig gewordene Tierhalter eine Lösung. Dank eines solchen Registers könnten Informationen zum Beispiel über einen Umzug des Tierquälers direkt an die zuständigen Behörden weitergeleitet werden.

Laut meiner Informantin sollte die besagte Dame an ihrem neuen Wohnort bereits wieder Hunderte von Kleintieren unter katastrophalen Bedingungen halten, Kaninchen und Meerschweinchen züchten und diese auf Tiermärkten verkaufen. Viele Tiere der Hoarderin seien krank und würden sterben. Ich kontaktierte den Kaninchenschutzverein, der damals bei der Beschlagnahmung aktiv gewesen war. Dieser bestätigte mir, von dem Fall zu wissen. Angeblich seien schon die Veterinärämter des vormals wie des neu zuständigen Kreises darüber informiert. Doch es scheine kompliziert zu sein, wegen des Umzugs in den neuen Landkreis.

Tage vergingen, ohne dass die Behörden aktiv wurden. Dann schickte mir meine Informantin ein Video. Es war in den Scheunen des neuen Standortes der Animal-Hoarderin aufgenommen worden. Darauf waren zahlreiche Meerschweinchen

Dreckige und dunkle Ställe

und Kaninchen zu sehen, die in dunklen Stallungen auf verdrecktem Stroh gehalten wurden. Die Frau verstieß also gegen das bundesweit gültige Tierhalteverbot, das ihr schon 2014 erteilt worden war. Ich konnte nicht länger nichts tun. In diesem Moment litten und starben dort Tiere. Und wer wusste, wie lange das Veterinäramt noch brauchen würde, um etwas zu unternehmen. Vielleicht konnte ich den Vorgang beschleunigen, indem ich dem zuständigen Veterinäramt Beweise für einen sofortigen Handlungsbedarf lieferte. Beweise, die eine Beschlagnahmung aller Tiere unaufschiebbar machte.

Also fuhr ich mit einem Helfer und zwei Freundinnen los in die Nacht. Auch wenn die Frau noch nicht dort wohnte, wollte ich nicht, dass mich Nachbarn bemerkten und die Tierhalterin warnten. Ich musste wie so oft zunächst Beweise sichern, die ich dem Veterinäramt vorlegen wollte. Wir fuhren mehrere Stunden von Nordrhein-Westfalen nach Sachsen-Anhalt durch die Dunkelheit und kamen in eine ländliche Region. Mitten in der Nacht kamen wir in dem kleinen Ort an. Auf den gepflasterten Straßen war zu dieser Stunde natürlich niemand unterwegs, aber ich platzierte dennoch meine beiden Freundinnen als Wachposten in der Nähe des

Hauses. Sie sollten die Umgebung im Auge behalten und uns warnen, falls doch jemand unverhofft hier auftauchen würde. Sicher ist sicher. Mein Helfer kam mit mir mit. Zu zweit gingen wir auf das unbewohnte Grundstück und direkt zur Scheune, die gegenüber dem Wohnhaus lag. Hier gab es mehrere Türen zu den innen liegenden Stallungen. Hinter fast jeder Tür sollten sich Kleintiere befinden. So hatte es meine Informantin beschrieben. Wir arbeiteten uns von Tür zu Tür vor. Hinter der ersten Tür befand sich nur Gerümpel. Dann landeten wir einen Treffer nach dem anderen. Insgesamt fanden wir in den Stallungen grob geschätzt mehr als zweihundert Kaninchen und Meerschweinchen. Die Tiere hatten teilweise kein Wasser zur Verfügung. Die Ställe waren dreckig und viel zu dunkel. Selbst bei Tageslicht konnte es

Totes Meerschweinchen

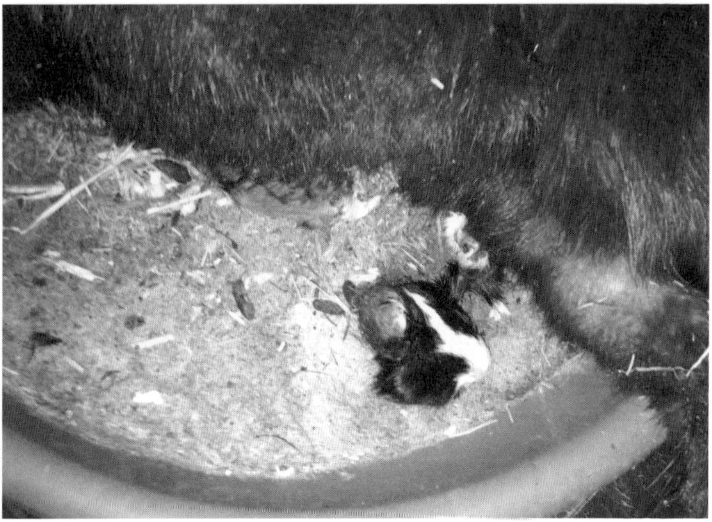

Abgebissener Meerschweinchenkopf neben totem Kaninchen

hier drin nicht ausreichend hell sein. Tote Tiere sowie angefressene Körperteile von Meerschweinchen lagen herum. Die kleinen Vierbeiner hatten unter diesen Haltungsbedingungen offenbar Kannibalismus entwickelt. Wir sahen kranke und verletzte Tiere. Wir fanden Kaninchenjunge, teils ohne Mutter. Eine der Stallbuchten war völlig überfüllt mit Meerschweinchen.

Tote Tiere, Körperteile, dunkle Stallungen, Dreck – es war wie in einem Horrorfilm. Für mich war klar: Ob die Dame ein Tierhalteverbot hatte, stand jetzt gar nicht mehr im Vordergrund. Den Tieren hier musste sofort geholfen werden. Und die Zucht musste gestoppt, die Tiersammlerin endlich aufgehalten werden. Hier hatte ich es offensichtlich mit einer krankhaften Tiersammelsucht und dem Hoarder-Typ

»Züchter und Ausbeuter« zu tun. Denn die Frau verkaufte ihre Kaninchen und Meerschweinchen auf dem Tiermarkt und wollte mit ihnen Geld verdienen. Das Wohlbefinden der Tiere stand nicht im Vordergrund. Es musste also dringend etwas passieren, um das Leid der Tiere zu beenden. Doch nachts würde sicher keine Beschlagnahmung stattfinden, und die Tierhalterin durfte auf keinen Fall vorgewarnt werden. Also durften wir auch auf dem Rückweg nicht auffallen. Wir hatten unsere Aufnahmen im Kasten und wollten gerade zurück zum Auto, da gaben unsere Wachposten plötzlich ein Alarmzeichen. Wir hörten ein Auto vorbeifahren und einen Hund bellen. Und zwar sehr nah. Sollte um diese Uhrzeit noch jemand Gassi gehen? Oder war die Tierhalterin mitten in der Nacht hergekommen? Mein Begleiter und ich versteckten uns hinter einer Mauer. Wir konnten nichts sehen und mussten auf unsere Helferinnen an der Straße vertrauen. Wir waren bereit, sofort loszusprinten, um ungesehen zu entkommen. Doch dann kam das erlösende Signal. Alles war o. k. Das Auto war vorbeigefahren, und der nächtliche Hundeausführer war wieder im Haus verschwunden. Ich hoffte, dass er wirklich nichts bemerkt hatte.

Zu Hause bereitete ich meine Beweisaufnahmen vor und alarmierte mein Kamerateam. In so einem Fall hatte ich für *hundkatzemaus* bisher noch nicht ermittelt: Es ging um die Flucht einer krankhaften Tiersammlerin über Bundesländergrenzen hinweg; um eine Animal-Hoarderin, die am Leid der Tiere Geld verdiente, obwohl sie weder Zucht noch Haltung unter Kontrolle hatte. Der Fall zeigte außerdem die Probleme auf, denen sich Behörden bei einer solchen Flucht durch die Bundesländer gegenübersahen.

Ein nahe gelegenes Tierheim half mit Transportboxen.

Mein Kamerateam und ich fuhren direkt zum zuständigen Veterinäramt in Sachsen-Anhalt. In der Behörde sprach ich mit einer Amtsveterinärin und legte ihr meine Aufnahmen vor. Die Bilder meiner Nachtrecherche zeigten das Grauen. Nun ging alles ganz schnell. Die Amtstierärztin sagte mir, dass die Behörde angesichts solcher Aufnahmen und aufgrund meiner Zeugenaussage und Anzeigenerstattung endlich handeln könne. Der Fall war bekannt. Es hatten jedoch bisher keine ausreichenden Beweise vorgelegen, um eine Hausdurchsuchung durchführen zu können. Das hatte sich mit meiner Recherche schlagartig geändert. Die Mitarbeiter des Veterinäramts organisierten eine sofortige Beschlagnahmung. Und wir durften mit. Ich war überglücklich und positiv überrascht, wie schnell die Behörde reagierte.

Kurz nachdem mein Kamerateam und ich uns in der Nähe des Grundstücks der Animal-Hoarderin platziert hatten, erreichten auch schon Mitarbeiterinnen eines Tierheims aus der Umgebung den Ort. Als Nächstes kam die Polizei, die ihnen Amtshilfe leisten würde, sollte die Tierhalterin auftauchen und Ärger machen. Wir wussten nicht, was passieren und ob die Dame herkommen würde. Aber mit den freundlichen Beamten der Polizei fühlten sich alle sicherer. Dann erreichte der Veterinäramtsleiter mit seinem Team den Hof. Ich bot an, ihnen zu zeigen, wo die Tiere waren. Man würde das Grundstück zwar sowieso gründlich durchsuchen, aber so ging es einfacher und schneller. Außerdem konnte ich die Amtstierärzte vorwarnen und ihnen zeigen, wo Tiere ohne Sicherung direkt hinter den Türen saßen. Es sollte uns keines

Wir entdeckten noch mehr tote Tiere.

Viele Tiere waren krank oder schwanger.

entwischen, denn wir wollten sie alle in Sicherheit bringen. Gesagt, getan. Während ich das Veterinäramtsteam durch die Stallungen führte, holten die Tierheimmitarbeiter zahlreiche Transportboxen aus ihren Autos und stellten sie vor die Scheune. Die Amtsveterinäre schauten sich Stall für Stall an, formulierten die Gesetzesverstöße und dokumentierten die Anzahl der Tiere, ihren gesundheitlichen Zustand und die Haltungsbedingungen. Ich filmte mit, führte Interviews und packte mit an. Die Tiere mussten eingefangen, in die Transportboxen gesetzt und diese zu den Autos getragen werden. Sogar die Polizisten halfen mit.

Wir waren sehr froh, dass alles so gut lief. Gleichzeitig war es erschreckend, noch einmal im Hellen zu sehen, wie die Tiere hier gehalten wurden. Ich sah noch mehr Leichenteile und tote Kaninchen, die nachts noch nicht dort gewesen waren; bemerkte noch mehr Dreck und noch mehr verwahrloste Tiere, die in den Stallbuchten regelrecht gesammelt wurden.

Dann entdeckten wir zwischen zahlreichen anderen Tieren ein junges Meerschweinchen ohne Augen. Das kleine Tierchen berührte sofort mein Herz. Eine Amtstierärztin untersuchte den süßen Kerl. Sie machte mir nicht viele Hoffnungen, dass er überleben würde. Die Augen waren ihm wahrscheinlich von den anderen Meerschweinchen ausgefressen worden. Wie grauenvoll! Doch man wollte alles probieren, um das Meerschweinchen zu retten. Und so wurde auch dieses Tier behutsam eingepackt.

Als alle Ställe leer waren, suchten die Beamten abschließend noch den gesamten Scheunen- und Außenbereich ab, um kein Tier zu übersehen. Ich ging natürlich mit. In einer Ecke fanden wir weitere leere Käfige und Holzkisten. Offenbar hatte die Frau geplant, ihre Zucht auszubauen und weitere Stallbereiche mit Tieren vollzustopfen.

Dann war die Aktion beendet. Die Tierhalterin war während der Beschlagnahmung nicht aufgetaucht. Alles war schnell und ohne Störungen abgelaufen. Mein Kamerateam und ich bedankten uns herzlich bei den Behördenmitarbeitern für ihr entschlossenes Handeln und ihr Engagement für die Tiere. Und natürlich auch dafür, dass wir dabei sein durften. Ich hoffte, dass die Behörden die Animal-Hoarderin von nun an im Auge behalten würden. Insgesamt hatte das Veterinäramt an diesem Tag 276 Kaninchen und Meerschweinchen beschlagnahmt. Diese wurden alle zunächst in einem nahe gelegenen Tierheim untergebracht, tierärztlich untersucht, aufgepäppelt und vermittelt.

6. Schlag gegen die Welpen-Mafia in Berlin

Schätzungsweise 46.000 Hunde werden laut dem Europaparlament jeden Monat zwischen den EU-Ländern gehandelt.[10] Da die meisten der Tiere nicht registriert werden, ist ihre Anzahl wahrscheinlich noch höher. Tausende illegal importierte Welpen landen auch auf dem deutschen Markt. Lokale Tierschützer vermuten, dass allein in Berlin etwa 300 bis 500 Welpen pro Woche illegal verkauft werden; auf der Straße, aus dem Kofferraum heraus und vor allem über Internetportale wie eBay oder Deine Tierwelt. Die Hunde stammen häufig aus dubiosen Massenzuchten aus Osteuropa, laut einer Studie des Deutschen Tierschutzbundes vor allem aus Rumänien, Bulgarien, Ungarn, Serbien, Tschechien und Polen.[11] Häufig werden die Hunde in diesen Ländern in Hinterhofzuchten unter tierschutzwidrigen Bedingungen möglichst kostengünstig vermehrt und an Zwischenhändler verkauft. Die grausamen Bilder von Hunden, die in dunklen Schuppen in kleinen Käfigen auf ihren eigenen Exkrementen vor sich hin vegetieren, sind bekannt. Die Elterntiere werden als Gebär- und Zuchtmaschinen missbraucht, die Welpen, meist viel zu früh von der Mutter getrennt und ohne Impfung, parasitäre Behandlung und häufig an fatalen Viruserkrankungen leidend, auf den Markt gebracht. Die Händler sind gut organisiert. Sie kaufen die Hunde in diesen Zuchtstätten oder auf Tiermärkten zu Ramschpreisen ein, bringen sie illegal über die Grenze und verkaufen sie für ein Vielfaches in Deutschland weiter. Abgeordnete des EU-Parlaments geben zu bedenken, dass, abgesehen von der Bedrohung der öffentlichen Gesundheit, des Tierschutzes und des Verbraucherschutzes, der illegale Handel mit Heimtieren auch zu einer großen Einnahmequelle für das organisierte internationale Verbrechen geworden ist.[12] Der Welpenhandel ist ein Millionengeschäft. Das Tier ist dabei nur eine Ware. Im Vordergrund steht der Profit. Die oft todkranken Hunde landen in Wuppertal, Hamburg, Frankfurt an der Oder und Frankfurt am Main, in München oder Berlin – einfach überall, bundesweit. Es gibt zudem natürlich auch in Deutschland Hinterhofzuchten von meistens Einzelpersonen, die kranke Tiere unter katastrophalen Bedingungen vermehren und verkaufen. Die Herkunft der Welpen verschleiern dubiose Vermehrer und Händler gegenüber den unwissenden Käufern. Diese bekommen die Elterntiere nie zu sehen, erhalten keinen Herkunftsnachweis oder, wenn überhaupt, einen gefälschten Pass. Wer trotzdem einen Welpen aus solchen Verhältnissen kauft, hat am Ende oft ein krankes, verhaltensgestörtes Tier zu Hause und hohe Tierarztrechnungen zu begleichen.

Manchmal landen die Käufer, die auf einen dubiosen Händler reingefallen sind, bei mir und bitten mich um Hilfe. Oft haben sie schon weitere Geschädigte ausfindig gemacht und wollen dem Züchter das Handwerk legen. Zudem werde ich von sensibilisierten Tierhaltern mehrmals wöchentlich auf zweifelhafte Online-Inserate aufmerksam gemacht. Der Markt boomt. Längst läuft das Geschäft nicht mehr nur mit

Interview mit Stefan vorm Bundestag

Hundewelpen. Auch Katzenbabys werden immer häufiger angeboten, über Inserate, die auf dubiose Händler schließen lassen. Nachdem sich im Jahr 2017 Hinweise auf einen kriminellen Welpenhändlerring aus Berlin verdichteten, begann ich ausführlich zu dem Thema zu recherchieren und begab mich auf die Fährte der Welpenmafia. Diese führte mich zunächst nach Berlin und später nach Polen.

In Berlin traf ich meinen Tierschutz-Kollegen Stefan Klippstein. Stefan recherchierte zu diesem Zeitpunkt schon seit mehr als zehn Jahren zum illegalen Welpenhandel und kennt die Masche der Händler genau. Er konnte mir viele wichtige Informationen geben.

Wir schauten uns gemeinsam die Angebote von Hundewelpen im Internet an. Die Anzeigen der entsprechenden Händler waren leicht auszumachen. Ihre Anzeigentexte ähnelten sich sehr. Sie wiesen zudem oft die gleichen grammatikalischen und Rechtschreibfehler auf. Typisch waren auch die Dumpingpreise. Die Hunde wurden regelrecht verramscht. Circa drei- bis vierhundert Euro kostete ein Mischling, siebenhundert bis über eintausend Euro ein Rassehund. Preise, die bei seriösen Züchtern, die wenige Würfe haben, ihre Welpen in der heimischen Stube aufziehen, auf

Impfungen und Wurmkuren achten, ihre Kunden kennenlernen und auch später mit ihnen in Kontakt bleiben wollen, mindestens doppelt oder dreifach so hoch wären. Die Welpen in den dubiosen Inseraten wurden als verspielt und lieb zu Kindern wie auch zu Artgenossen angepriesen. Häufig wurden Fake-Fotos süßer Hundewelpen benutzt, die manchmal sogar nicht einmal die beschriebene Rasse darstellten. Das Alter der Hunde wurde stets mit älter als acht Wochen angegeben.

Welpen dürfen nach der Tierschutz-Hundeverordnung erst im Alter von acht Wochen von der Mutter getrennt werden. Werden die Hunde aus dem Ausland importiert, gelten weitere Bestimmungen: Die Tiere benötigen einen Pass, eine Kennzeichnung mit einem Mikrochip und Impfungen. Da die Tollwut-Impfung frühestens im Alter von zwölf Wochen gemacht werden darf und danach eine Quarantänezeit von drei Wochen eingehalten werden muss, können aus tierseuchenrechtlichen Bestimmungen legal aus dem europäischen Ausland importierte Hunde nicht jünger als fünfzehn Wochen sein.[13] Für Hunde aus Nicht-EU-Staaten gelten noch strengere Vorschriften. Das wissen auch die Händler. Deshalb werden Pässe und Impfdaten gefälscht oder dem Käufer einfach keine Papiere mitgegeben.

Da die Welpen aus dubioser Herkunft weder geimpft noch gegen Parasiten behandelt wurden, sind sie oft todkrank, voller Flöhe und Würmer. Wurden sie zu jung von der Mutter getrennt, sind sie unzureichend sozialisiert und können Verhaltensstörungen entwickeln. Für die Händler gilt: Je günstiger die Haltungsbedingungen, quasi die »Herstellung« der Ware Welpe, desto höher die Gewinnspanne. Das einzelne

Tier und seine Gesundheit spielen keine Rolle. Der Welpe muss nur »durchhalten«, bis er seinen Endabnehmer erreicht hat. Viruserkrankungen wie Parvovirose oder Staupe, die die Welpen oft mitbringen, brechen erst nach einer gewissen Zeit aus, was den Verbrechern in die Hände spielt.

Stefan Klippstein ist es schon mehrfach gelungen, gemeinsam mit der Polizei illegale Welpenhändler in Berlin zu überführen – kein ungefährlicher Einsatz. Er wird deshalb häufig von den Händlern bedroht und sogar tätlich angegriffen. Einmal wurde er bei einem Einsatz fast von einem Auto angefahren. Laut Stefans Recherchen sind die Berliner Hundehändler in aller Regel Mitglieder arabischer Großfamilien, welche auch in anderen kriminellen Bereichen wie beispielsweise Drogen- und Waffenhandel tätig sind. Diese Banden organisieren den Handel und lassen die Tiere in Polen abholen. Für den Verkauf auf Berlins Straßen werden dann häufig junge Menschen angeheuert, die pro Welpe 20 bis 30 Euro Provision erhalten. Der Einsatz von Boten, die die Welpen an die Endkunden übergeben, macht es so schwierig, an die Hintermänner zu kommen. Bei Razzien erwischen die Behörden meistens nur diese Überbringer der Welpen. Beim Inserieren der Hunde nutzen die Händler wechselnde und nicht registrierte Handykarten, falsche Namen und gehen ausgesprochen organisiert vor. Man hat es hier mit mafiösen Strukturen zu tun.

Durch Stefans langjährigen Einsatz gegen die Welpenmafia gibt es mittlerweile ein Problem: Sein Gesicht ist bei den Händlern bekannt. Als Kaufinteressent kann er sich nicht mehr gefahrlos ausgeben. Bei seinem letzten Undercover-Einsatz sei er aufgeflogen, erzählte mir Stefan, als wir uns in einem Berliner Park trafen. Der Verkäufer habe Lunte gerochen, als er ihn gesehen habe, habe ihm den Welpen entgegengeschleudert und sei weggerannt. Für den jungen Hund ging es glücklicherweise glimpflich aus. Doch es war klar, dass die Einsätze für Stefan immer schwieriger würden. Ein Lockvogel musste her. Da diese Einsätze nicht ungefährlich sind, ist es schwierig, jemanden zu finden, der diese Rolle übernimmt. Zu dem Zeitpunkt meines Treffens mit Stefan waren aktuelle Inserate eines Händlers online, der bereits bei den Behörden auffällig geworden war. Für mich war klar, dass ich den Lockvogel spielen würde, um diesen Händler und bestenfalls auch endlich die Hintermänner zu überführen. Ich hatte zwar zunächst ein ungutes Gefühl bei der Sache und stellte mir vor, wie der Mann, wenn ich auffliegen würde, ein Messer zückte. Mafiöse Strukturen – das könnte gefährlich werden. Doch der Einsatz war gut geplant. Der Bezirksamtsleiter von Berlin-Reinickendorf, in dessen Bereich die Übergabe des Welpen stattfinden sollte, sowie ein Team der Polizei hatten schon mehrfach mit Stefan zusammengearbeitet. So war es auch für diesen Tag geplant. Einen Lockvogel gab es ja nun: mich. Stefan und ich suchten ein Inserat des auffälligen Händlers bei eBay-Kleinanzeigen heraus. Es war leicht zu finden.

An diesem Tag bot er süße Chihuahua-Welpen für 350 Euro an. Ein typischer Preis. Der Händler hatte den Welpen wahrscheinlich kurz zuvor für 30 Euro in Polen gekauft. Ich meldete mich telefonisch auf das Inserat und mimte die naive Kaufinteressentin: »Ja hallo, einen süßen kleinen Hund möchte ich gerne haben; einen, den ich auch mit mir herumtragen kann. Die Farbe ist mir eigentlich egal.« Der Händler fragte mich, ob wir uns noch am selben Tag treffen könnten, und wir verabredeten Ort und Zeit. Er nannte mir eine Adresse. Klingeln solle ich dort aber nicht, denn sein Kind schlafe. Es werde jemand zu der vereinbarten Uhrzeit herunterkommen. Ich solle einfach an der angegebenen Adresse warten. Wieder typisch. Die Adresse war willkürlich ausgesucht. Hier würde der Händler garantiert nicht wohnen. Alles war gefakt. Ich bestätigte ihm, dass ich da sein würde. Wir legten auf. Die Verabredung stand, und ich wurde langsam aufgeregt.

Für die Einsatzbesprechung fuhren Stefan, mein Kamerateam und ich ins Bezirksamt Reinickendorf. Das Einsatzteam der Polizei war auch schon da. Die Kamera musste ausgeschaltet bleiben. Weder die verdeckten Ermittler noch unsere strategischen Planungen durften gefilmt werden. Der Plan lautete: Meine Redakteurin und ich würden, ausgestattet mit versteckten Kameras, gemeinsam zum vereinbarten Treffpunkt mit dem Händler gehen. Mehr als eine Handvoll verdeckter Ermittler würden den Bereich sichern. Mir war schon etwas mulmig zumute, und ich fragte in die Runde: »Kann ich mich bei dem Einsatz sicher fühlen?« Jemand antwortete prompt: »Nein. Sie machen auf eigene Verantwortung bei dieser Aktion mit. Wir sind nicht verantwortlich, wenn etwas schiefgeht.« Ups, das war direkt. Aber gut, sollte der Händler ein Messer zücken, würde sich ja ohnehin niemand so schnell dazwischenwerfen können, dachte ich. Es durfte einfach nichts schiefgehen. Die Ermittler und ich vereinbarten ein Zeichen. Meine Begleiterin und ich nahmen eine Hundetragetasche mit zu dem Treffen. Sobald wir diese auf den Boden stellten, sollte der Zugriff durch die Beamten erfolgen. Bis dahin musste ich dem Händler möglichst viele

Informationen entlockt haben. Wie alt war der Welpe? War er geimpft und entwurmt? Woher stammte er? Gab es noch weitere Hunde, möglicherweise Geschwister, zu erwerben? Die Antworten darauf konnten möglicherweise Beweise dafür liefern, dass der Handel illegal war. Gab es weitere Hunde, könnte eventuell ein Durchsuchungsbeschluss erwirkt werden.

Der Zeitpunkt für das vereinbarte Treffen rückte näher. Die Ermittler fuhren schon mal los. Sie wollten die Gegend bereits im Vorfeld sondieren und sich positionieren. Wir richteten unsere Kameras ein. Sie durften auf keinen Fall verrutschen und auffallen. Versteckte Kameras in Taschen oder Brillen würden die Händler schon von Weitem erkennen und dann gar nicht zum Treffen erscheinen, erzählte uns Stefan. Die Gefahr aufzufliegen war hoch. Daher würde er genau wie mein Kamerateam vorerst im Auto im Hintergrund bleiben.

Dann war es so weit, wir mussten los. Meine Redakteurin und ich wurden in der Nähe einer U-Bahn-Station ein paar Ecken vom Treffpunkt entfernt abgesetzt. Den Rest gingen wir zu Fuß. Von nun an waren wir auf uns allein gestellt. Stefan hatte uns vorgewarnt, dass wir bereits ausspioniert würden, sobald wir in die Nähe des Treffpunktes kämen. Ein dummer Zufall konnte die ganze Aktion auffliegen lassen und unsere Sicherheit gefährden. Wir schlenderten unschuldig die Straße entlang. Auf dem Weg sah ich einen der verdeckten Ermittler. Ich fühlte mich etwas sicherer und wusste, auch die Polizisten waren da und hatten uns im Blick. Doch sie waren nicht die Einzigen, die uns beobachteten. Als wir in die Zielstraße einbogen, klingelte schon mein Handy. »Wer ist die Person da bei dir?«, fragte mich der Händler, mit dem ich den Termin ausgemacht hatte, in scharfem Ton. »Meine Freundin«, sagte ich freundlich. »Sie möchte vielleicht auch einen Hund haben. Ist doch o. k., oder?« Ich säuselte mit zarter Stimme, als wäre ich das naivste Mädchen Berlins. Stefan hatte uns gewarnt. Wenn diesen Männern irgendetwas komisch vorkam, würden sie den Deal platzen lassen. Das durfte nicht passieren! Zum Glück sagte die Stimme nach einigem Zögern: »Ja, ist o. k.« Das war noch mal gut gegangen. Er witterte keinen Verdacht. Dann standen wir vor der vereinbarten Hausnummer. Würden uns die Polizisten hier sehen können, wenn wir das Zeichen für den Zugriff gaben? Wir versuchten nahe der Straße zu bleiben, gut sichtbar für die Ermittler. Wir scherzten, damit es so aussah, als würden wir uns einfach nur auf den süßen Welpen freuen, den ich gleich kaufen würde. Dann sah ich den Überbringer des Welpen. In etwa fünfzig Meter Entfernung kam ein junger Mann aus einem Seitenweg heraus auf uns zu. Er hielt die Hände nach vorne gestreckt. Erst als er bei uns war, erkannten wir den winzigen Hundewelpen darin. Er wurde in der bloßen Hand getragen. Der junge Mann bat uns zu einem von der Straße aus nicht gut einsehbaren Hauseingang. Wir hatten Sorge, dass die Polizisten uns und das vereinbarte Zeichen dort schlecht sehen konnten. Vor dem Eingang des schäbigen Mehrfamilienhauses übergab er dann den Welpen an mich. Er war offensichtlich froh, als ich ihm das Tier abnahm. So als ekele er sich davor, dass der Hund ihn dreckig machen könnte. Den Hund hatte ich damit schon mal gesichert. Der Welpe hatte überhaupt keine Ähnlichkeit mit dem Foto im Inserat, auf das ich mich gemeldet hatte. Aber ich ließ mir nicht anmerken, dass ich wusste, dass dies kein Chihuahua war, sondern ein anderer Mischling, in dem ich alles, nur keinen Chihuahua sah. Ich zeigte mich glücklich, dass ich einen so süßen Hund günstig kaufen konnte, und stellte unauffällig meine Fragen. Der Mann sagte, er wisse nichts über den Hund. Er sei nur der Überbringer, weil sein Bruder plötzlich keine Zeit gehabt habe. Es war alles so typisch, die Vorgehensweise, die Ausreden, die ganze Masche war so vorhersehbar. Da klingelte plötzlich das Handy des Boten. Er gab es mir. Am Telefon war der Mann, mit dem ich das Treffen abgemacht hatte. Er fragte, ob alles in Ordnung sei. Ich antwortete: »Ja, klar. Der Hund ist so süß. Ich bin so froh, ihn zu bekommen.« Ich versuchte, ihm noch weitere Informationen zu dem Tier zu entlocken, und stellte erneut meine Fragen. Da klingelte plötzlich mein Handy. Ich hatte den Händler zuvor nicht mit unterdrückter Nummer angerufen, damit dieser nicht misstrauisch würde. Merkwürdigerweise wollte der Anrufer auf meinem Handy nun den Überbringer des Welpen sprechen. Ich hielt nun zwei Handys am Ohr, was eine sehr merkwürdige Situation war. Was war das für ein Spielchen? Mein Handy würde ich sicher nicht aus der Hand geben. Ich reichte es meiner Begleiterin, damit sie es dem Welpen-Boten ans Ohr halten konnte. Dieser sagte dem Mann an meinem Handy, dass alles in Ordnung sei. Ich fragte den Händler, den ich wiederum noch am Telefon des Boten hatte, wer das gewesen sei und was diese Anruferei solle. Er sagte, er habe nur wissen wollen, ob alles o. k. sei. Er sei jetzt beruhigt. Wir verabschiedeten uns und legten auf. Der Bote wartete, dass ich ihm das Geld übergab. Der kleine Hund auf meinem Arm zitterte. Er war garantiert jünger als acht Wochen. Außerdem sah er krank aus. Wir hatten genug gehört und gesehen. Jetzt

Der zu junge beschlagnahmte Welpe

musste nur noch der Zugriff der Polizei glattgehen. Ich atmete tief durch und nickte meiner Begleiterin unauffällig zu. Diese stellte die Hundetragetasche auf den Boden – das verabredete Zeichen für die Polizei. Es dauert keine zehn Sekunden, und ich sah aus dem Augenwinkel einen der Ermittler mit Riesenschritten geradezu heranfliegen. Er packte den Boten am Schlafittchen und rief gleichzeitig lautstark, sodass ich ziemlich erschrak: »Stopp, Polizei!« Obwohl ich wusste, dass der Zugriff erfolgen würde, zitterte ich am ganzen Leib. Das Adrenalin rauschte durch meinen Körper. Schnell gingen meine Kollegin und ich mit dem Welpen zur Seite und ließen die Ordnungshüter ihren Job machen. Sie nahmen die Personalien des Boten auf und verfolgten die Fährte einer weiteren Person, mit der der Bote in Verbindung stand. Später fand noch eine Wohnungsdurchsuchung statt, um mögliche weitere Welpen zu sichern.

Mit dem Kamerateam, das sich jetzt offen zeigen konnte, kam auch eine Amtsveterinärin zum Tatort. Sie untersuchte den Welpen, wollte aus Angst vor der Welpenmafia aber unerkannt bleiben. Sie bestätigte, dass der Welpe erst etwa vier Wochen alt war. Sein Zustand war kritisch. Er war erschöpft und dehydriert und musste dringend tierärztlich versorgt werden. Die Amtstierärztin brachte ihn in eine Tierklinik. Von dort sollte er, wenn er gesund genug wäre, zur Vermittlung ins Berliner Tierheim gebracht werden. Ich hoffte, dass der kleine Kerl überleben würde.

Der Schlag gegen die Welpenmafia in Berlin schien zunächst gelungen. Es wurde Anzeige erstattet. Polizei und Veterinäramt hatten neue Beweise und Erkenntnisse über die Täterkreise und ihre Gewohnheiten gewonnen. Leider konnten die Hintermänner jedoch auch bei dieser Aktion nicht überführt werden. Bei der Wohnungsdurchsuchung wurden keine weiteren Welpen gefunden. Wieder mal war klar, wie gut organisiert die Täter sind. Dennoch verzeichneten Polizei und Bezirksamtsleitung den Einsatz als Erfolg. Wir hatten den Händlerring gestört und den Tierquälern gezeigt, dass ihre illegalen Machenschaften beobachtet und geahndet wurden. Und natürlich hatten wir den kranken, viel zu jungen Welpen gerettet.

Ich wollte sehen, wo die illegal gehandelten Welpen herkamen, und fuhr mit meinem Kamerateam nach Polen. Wahrscheinlich war auch der in Berlin beschlagnahmte Welpe in einer der vielen Hinterhofzuchten unter tierschutzwidrigen Bedingungen geboren, zu früh von der Mutter getrennt und dann von Zwischenhändlern weiterverkauft worden. Hauptumschlagplatz für den illegalen Welpenhandel in Berlin ist der Markt im polnischen Słubice. Der bekannte Krammarkt befindet sich kurz hinter der deutschen Grenze, etwa anderthalb Stunden von Berlin entfernt. Neben Zigaretten und allerlei billigem Krimskrams werden jeden Samstag und Sonntag an die einhundert Welpen und Katzenbabys aus Kartons,

Welpenverkauf aus dem Kofferraum in Słubice

Körben, sogar aus Plastiktüten oder direkt aus dem Kofferraum heraus verkauft. Zu Ramschpreisen und mit Mengenrabatt.

Wie Stefan mir erzählt hatte, kaufen deutsche Händler und Zwischenhändler die Welpen schon unter der Woche im großen Stil auf. Sie holen die Hunde entweder direkt von Bauernhöfen, wo sich die Tiere wahllos vermehren, oder von den ihnen bekannten Hinterhofzuchten. Manchmal werden auch Treffen auf den Parkplätzen abseits des Marktes in Słubice vereinbart. Die Hunde, die bis zum Wochenende keine Abnehmer finden, werden samstags und sonntags auf dem Markt angeboten. Die Käufer bringen die Welpen dann nach Deutschland. Der Import der Tiere ist illegal, denn sie sind fast immer zu jung, haben keinen Pass, keine Impfungen. In

Deutschland werden die Hunde für mehr als das Zehnfache weiterverkauft. Kein Wunder also, dass der Handel mit den Welpen besonders in Berlin boomt. Was mit den Welpen passiert, die keinen Abnehmer finden, möchte ich mir lieber nicht vorstellen. Stefan erzählte mir, dass sie schlimmstenfalls in den Müll geworfen würden. Einen solchen Welpen habe er schon einmal retten können.

Ich wollte wissen, unter welchen Bedingungen die Hunde auf dem Markt in Słubice verkauft wurden. Auffallen durften bei der Recherche weder ich noch mein Kamerateam. Hier hatten wir keinen Polizeischutz, und die Händler sollten sehr aggressiv auf Tierschützer und Fernsehteams reagieren, hatte mir Stefan erzählt. Wir fühlten uns schon beobachtet, als wir auf den Parkplatz vor dem Markt fuhren. Das Kamerateam

Katzenbabys in Käfigen in Tüten in Słubice

blieb sicherheitshalber im Auto. Ich ging erneut mit meiner Redakteurin und unseren versteckten Kameras über den Markt. Wir kauften Bonbons und schlenderten wie zufällig an den Welpenverkäufern vorbei. Diese standen nur wenige Meter neben einem Schild, auf dem stand, dass der Welpenhandel hier verboten sei. Was für eine Farce! Mehrere Männer und Frauen boten verschiedene Hundewelpen in Kartons und Körben an. Die Tiere waren nach Größe sortiert. Wie Eier: M, L, XL. Die Rassen waren nicht bei allen Hunden zu erkennen. Viele waren Mischlinge. Einige sahen dem angeblichen Chihuahua aus Berlin sehr ähnlich. Ich pirschte mich an die Händler heran und gab Interesse vor. Im Verkaufsgespräch wollte ich unauffällig versuchen, Informationen zu bekommen. Wie funktionierte der Handel? Was kosteten die Tiere hier, und wie hoch war der Gewinn für die Zwischenhändler? Wie leicht hatten es hier Käufer und Verkäufer und vor allem, wie ging es den Hunden? Als wäre ich gerade erst auf die süßen Tiere aufmerksam geworden, blieb ich entzückt vor den Kartons mit den Welpen stehen. Ein Händler, der keine Angst zu haben schien, dass sein illegales Geschäft unterbunden werden könnte, redete sofort auf mich ein, als er mein Interesse an den Tieren bemerkte. Ich solle doch gleich zwei kleine Hunde nehmen. Einer koste 50 Euro, zwei nur jeweils 45 Euro. Sie wären acht Wochen alt. Ich sah massenweise Flöhe auf den Hunden herumkrabbeln. Die Welpen lagen dicht an dicht in den Pappkartons. Einige Golden-Retriever-Welpen sahen lethargisch aus, andere versuchten herauszukrabbeln. Ich wollte wissen, ob ich einen Impfpass bekäme, was verneint wurde. Ob ich denn die Hunde ohne Weiteres mit nach Deutschland nehmen könnte, fragte ich. Das sei überhaupt kein Problem, versicherte mir der Händler. Es kämen häufig Käufer, die zehn Hunde mitnehmen würden. Hier würden sie 30 Euro pro Hund bezahlen und in Berlin jeden für 300 Euro verkaufen. Es sei ein super Geschäft, pries er mir an. Ich war verblüfft, dass hier so offen über den illegalen Handel mit den Tieren gesprochen wurde, ließ mir aber natürlich nichts anmerken. Ich scherzte, dass ich ja auch Welpen in großem Stil verkaufen könnte, wenn sich das so sehr lohne. Er nickte und lachte. Eine Händlerin hinter mir schaute schon kritisch herüber. Ich war mir nicht sicher, ob sie ihrem Nachbarn das vermeintliche Geschäft mit mir missgönnte oder ob ich ihr schlicht zu viele Fragen stellte. Um nicht aufzufallen und weil ich wissen wollte, in welchem gesundheitlichen Zustand die Welpen hier waren, kaufte ich zwei Mischlinge. Es sollten angeblich Shi-Tzu-Mixe sein. Ich bekam Rabatt, zahlte 90 statt 100 Euro für die zwei Seelchen. Die Tiere waren eben nur eine Ware. Man bekam sie mit Rabatt und ohne Umtauschgarantie. Defekte oder unverkäufliche Ware landete im Müll.

Ich brachte die Welpen zum Auto in Sicherheit. Dann ging mein Kameramann los und versuchte unauffällig mit dem Handy weitere Bilder der Hunde in den Körben und der Händler zu machen. Doch er wurde sofort bemerkt. Es rotteten sich vier bis fünf Männer bedrohlich zusammen. Ihre bösen Blicke besagten, dass wir lieber schleunigst verschwinden sollten.

Wie die Käufe auf dem Markt abgewickelt wurden und dass meine Informationen stimmten, wusste ich jetzt. Oberste Priorität hatte nun die Rettung meiner beiden Welpen. Sie wirkten lethargisch. Ich gab ihnen erst mal etwas zu trinken. Essen wollten sie nichts. Das war kein gutes Zeichen.

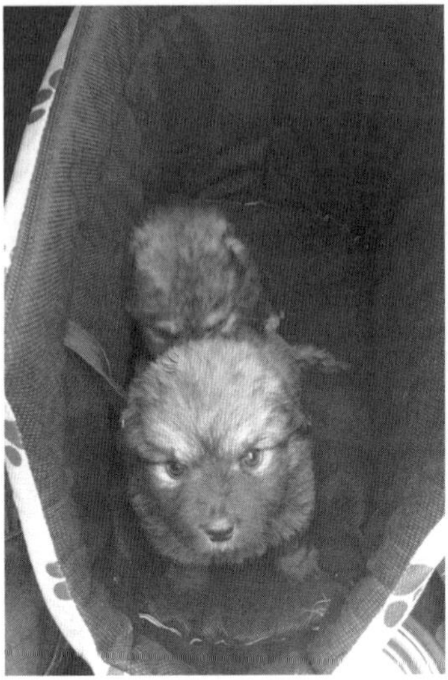

Die Mischlinge waren noch so jung.

Die Welpen ohne Impfung und Pass über die Grenze zu bringen wäre ja illegal gewesen. Also alarmierte ich eine befreundete Tierärztin, die in Polen praktiziert. Wir fuhren eine knappe Stunde die Grenze entlang in Richtung Süden. Die polnische Tierärztin erwartete uns schon. Sie begann sofort mit der Untersuchung der beiden Hunde. Sie vermutete, dass diese maximal sieben Wochen alt waren – zu jung, um von der Mutter getrennt zu werden. Sie bekamen Spezialfutter, was sie gierig verschlangen. Ich schaute ihnen zu und dachte: Noch vor Kurzem wurden sie von ihrer Mutter gesäugt. Wo diese wohl gerade ist? Ich wünschte, ich hätte sie auch befreien können, aus dem Leben als Gebärmaschine. Vermutlich musste sie in irgendeinem dreckigen Hinterhof so lange und so oft wie möglich Welpen gebären, bis sie ausgelaugt war und weggeworfen wurde. Ein grauenvoller Gedanke.

Meine Welpen wurden entwurmt, entfloht und bei der Tierärztin aufgepäppelt. Mit zwölf Wochen würden sie erstmals gegen Tollwut geimpft werden und müssten dann noch 21 Tage in Quarantäne bleiben, bevor ich sie nach Deutschland würde holen können. Für den Import benötigten sie außerdem einen Microchip und einen blauen EU-Impfausweis, in den die Impfungen eingetragen werden. Meine Tierärztin wollte sich um alles kümmern. Ich würde die beiden Welpen nach der Quarantäne-Zeit abholen. Die beiden machten jetzt nach ihrer Stärkung einen guten Eindruck. Doch das sagte noch lange nichts über ihren wirklichen gesundheitlichen Zustand aus. Noch konnte man ihnen nicht ansehen, welches Virus in ihnen schlummerte.

Die Viruserkrankung Parvovirose bricht häufig erst ein bis zwei Wochen nach Erwerb des Welpen aus, berichtete mir die Tierärztin. Also dann, wenn das Tier längst im neuen Zuhause angekommen ist. Das ist gut für die Verkäufer: Sie bringen vermeintlich gesunde Hunde an den Mann, und der Käufer wundert sich, warum der Welpe nach ein paar Tagen plötzlich nicht mehr frisst oder Durchfall bekommt. Wer nicht damit rechnet, dass ein lebensbedrohlicher Virus dahinterstecken kann, und den Hund vielleicht erst gegen einen leichten Magen-Darm-Infekt behandelt, hat meist schon verloren. Der Zustand des Hundes verschlechtert sich oft rapide. Für eine erfolgreiche tierärztliche Behandlung kann es dann zu spät sein. Viele illegal importierte Welpen sterben an Parvovirose oder Staupe. Beides sind hochgradig ansteckende Viruserkrankungen. Und der Käufer, der dachte, er macht ein Schnäppchen, gibt am Ende viel Geld für den Tierarzt aus.

Von der Tierärztin aus Polen bekam ich regelmäßig Fotos meiner beiden Welpen. Sie wuchsen und waren lebensfroh. Doch dann der Schock: Exakt zwei Wochen nachdem ich sie von dem Markt in Polen gerettet hatte, zeigten sie Symptome der Parvovirose. Ein Schnelltest bestätigte: Die beiden Hunde litten unter dem gefürchteten Virus. Sie aßen nicht mehr und

Den Welpen ging es wieder besser.

bekamen Durchfall. Die Behandlung sei teuer, sagte mir die Tierärztin. Ich bat sie, alles zu versuchen, was in ihrer Macht stand, um die Welpen zu retten. Ich bangte zwei Tage um ihr Leben. Dann die Erlösung: Die Behandlung schlug an. Die Hunde würden das Virus besiegen, die sofortige Behandlung hatte ihr Leben gerettet.

Die beiden Hundekinder konnten bald geimpft werden, und nach Ablauf der Quarantänezeit holte ich sie in Polen ab. Mit ihren nun etwa 15 Wochen wollten sie endlich die Welt entdecken.

Die beiden Kerlchen waren mir in Słubice als Shi-Tzu-Mischlinge verkauft worden. Mittlerweile sahen sie eher aus wie eine Mischung aus zu klein geratenem Wolf und Cocker Spaniel. Wer weiß, welche Hunderassen in den beiden steckten. Mir war es völlig egal. Es ist Teil der Masche der Welpenhändler, die Tiere als beliebte Moderasse anzubieten. Bei meinem angeblichen Chihuahua in Berlin war es das Gleiche. Die Hunde lassen sich eben besser verkaufen, wenn man sie als Rassehund anpreist und nicht als polnischen Hinterhofmix. Für mich waren die Mischlinge mindestens genau solche Herzensbrecher, wie es auch jeder Rassehund hätte sein können.

Nach allem, was meine beiden Welpen durchgemacht hatten, entschied ich, dass die Brüder unbedingt gemeinsam in ein neues Zuhause vermittelt werden sollten. Durch einen befreundeten Tierschutzverein fand ich eine Interessentin, deren Vierbeiner vor Kurzem gestorben war. Sie hatte seit zwanzig Jahren Hunde gehabt und wollte die beiden gerne adoptieren. Sie hatte die Welpen auf der Internetseite meiner Tierschutz-Freunde gesehen und sich sofort in die beiden verliebt. Alles klang traumhaft für mich. Nach einer Vorkontrolle durch eine Freundin brachte ich meine beiden Welpen zu der Frau nach Hause. Mein Kamerateam begleitete uns natürlich.

Die Hundekinder waren mir ans Herz gewachsen.

Die Frau erwartete uns schon sehnsüchtig und schloss die Hundekinder sofort in ihre Arme. Die drei passten auf Anhieb zusammen. Es war wohl Schicksal. Sterbenskrank hatte ich die beiden während meiner Recherche bekommen. Nur weil die Tierärztin auf die Erkrankung der beiden vorbereitet war, konnten wir ihr Leben retten. Nach Wochen in Quarantäne reisten die beiden von Polen nach Nordrhein-Westfalen. Und nun waren sie endlich zu Hause angekommen.

Inzwischen haben Max und Moritz, wie sie jetzt heißen, sogar eine wichtige Aufgabe. Sie dürfen mit zur Arbeitsstelle ihres Frauchens. In dem Pflegeheim sind sie als ehrenamtliche Therapiehunde tätig und bringen ihrem Frauchen sowie vielen anderen Menschen nichts als Glück und Freude. Was für ein Happy End! Ich bekomme bis heute regelmäßig Fotos der beiden und Berichte darüber, wie unsagbar glücklich sie ihr Frauchen und ihr Umfeld machen.

Doch wieso floriert der illegale Welpenhandel so, wenn es doch Gesetze gibt und viele Käufer mittlerweile durch Medienberichte über die grauenvolle Herkunft der Tiere aufgeklärt sein sollten? Meinen Recherchen zufolge gibt es dafür mehrere Gründe.

Zum einen ist es, wie ich gesehen habe, für die Händler ein Leichtes, die Welpen beispielsweise in Polen zu kaufen. Der Kontakt zu den Vermehrern und Zwischenhändlern ist

Happy End für Max und Moritz

schnell hergestellt. Mir selbst wollte der Markthändler in Słubice ja schmackhaft machen, Welpen im großen Stil bei ihm zu kaufen und in Deutschland zu verkaufen. Und das Verbringen der Welpen nach Deutschland ist aufgrund mangelnder Grenzkontrollen meist kein Problem. Verschärfte Kontrollen (auch außerhalb von Pandemie-Zeiten) sowie eine Zusammenarbeit der Behörden im In- und Ausland könnten den Handel und illegalen Import der Welpen erschweren.

Sind die Welpen erst mal in Deutschland angekommen, so ist zum Zweiten ihr Verkauf via Internet einfach und anonym durchführbar. Auf den bekannten Internetportalen können die Händler Fake-Namen und falsche Adressen sowie ständig wechselnde, nicht registrierte Handynummern benutzen. Die Plattformbetreiber müssten daher in die Pflicht genommen werden, den illegalen Handel mit Tieren zu unterbinden. Die Identität der Händler müsste geprüft, Angebote personalisiert werden. Auffällige Inserate müssten sofort von den Plattformen gelöscht werden, was manche Betreiber auch schon machen, wenn ihnen diese gemeldet werden. Was den illegalen Handel aber vor allem erschweren würde, wäre, wenn nur noch Hunde, die einen Microchip haben und registriert sind, verkauft werden dürften. So ließe sich zurückverfolgen, woher die Tiere stammen. Für ein verpflichtendes EU-System zur Identifizierung und Registrierung von Katzen und Hunden hat sich auch das Europaparlament im Februar 2020 ausgesprochen. In einer mit großer Mehrheit verabschiedeten Resolution verlangten die Abgeordneten außerdem schärfere Strafen für diejenigen, die sich an illegalen Methoden beteiligen, also auch Tierärzte, Behörden, Züchter und Händler.[14]

Schärfere Gesetze wären nötig, um den Gewinn der Händler so zu schmälern, dass sich der Handel nicht mehr lohnt. Gegen die Händler oder vielmehr die Überbringer der Welpen wird, wenn überhaupt, meist nur ein Ordnungswidrigkeitenverfahren eingeleitet. Die damit verbundenen Geldbußen sind für die Händler leicht zu verschmerzen. Wäre der illegale Welpenhandel ein Straftatbestand, sähe das womöglich anders aus. Dann hätten die Behörden mehr Aktionsmöglichkeiten, und die Strafen wären höher. Die Bußgelder müssten so hoch sein, dass der Tierhandel nicht mehr rentabel ist.

Und zum Dritten sind auch unaufgeklärte Welpenkäufer und Schnäppchenjäger Teil des Problems. Ich frage mich, wie häufig Tierschützer noch davor warnen müssen, Tiere aus dubiosen Inseraten, aus dem Kofferraum oder sogar von der Straße zu kaufen. Die Nachfrage bestimmt das Angebot. Darüber muss sich jeder Käufer im Klaren sein. Wer einen billigen Welpen von einem unseriösen Anbieter kauft, trägt mit Schuld daran, dass in irgendeinem dreckigen Hinterhof eine Hündin unter tierschutzwidrigen Bedingungen als Gebärmaschine missbraucht wird, um Nachschub zu produzieren.

Jeder kann mithelfen, es illegalen Händlern so schwer wie möglich zu machen. Wer dubiose Inserate auf Internetportalen entdeckt, sollte nicht zögern, den Seitenbetreiber anzuschreiben, damit das Inserat gelöscht wird. Weiterhin sollten das Veterinäramt und die Polizei über unseriöse Vermehrer und Händler informiert werden.

Und wer ein tierisches Familienmitglied sucht, der sollte als Erstes in ein Tierheim gehen. Hier warten Hunde, Katzen und viele weitere Vierbeiner, Vögel sowie Reptilien auf ein neues Zuhause. Mischlinge und Rassehunde, Tiere, die schon Schlimmes erlebt haben, aber auch süße Welpen. Die Tierheimmitarbeiter kennen ihre Bewohner, ihre Bedürfnisse und Charaktereigenschaften und können gut beraten, welches Tier zu wem passt.

7. *hundkatzemaus* hilft: Vom Katzen-Messie-Haus zum Traumheim

Es war schon früher Abend, als mein Handy klingelte. Eine Bekannte aus dem Tierschutz rief mich an. Sie war völlig aufgelöst und sagte, ich müsse unbedingt so schnell wie möglich nach Hamm kommen. Ein Mann mittleren Alters und zahlreiche Katzen bräuchten dringend Hilfe. So etwas hätte ich garantiert noch nicht gesehen. Der Mann sei freundlich, aber die Tiere würden extrem leiden. Ich packte meine Kamera ein und machte mich sofort auf den Weg. Das Haus des Mannes war etwa eine Stunde Fahrzeit von mir entfernt. Ich war gespannt, was mich dort erwartete.

Ich traf mich zuerst mit meiner Bekannten. Sie war in Begleitung einer ehemaligen Schulfreundin des Katzenhalters. Die Frau hatte mitbekommen, was bei diesem zu Hause los war, und Alarm geschlagen. Wir besprachen uns kurz und gingen dann gemeinsam zum »Tatort«.

Dirk, so hieß der alleinstehende Katzenhalter, lebte in einem kleinen Häuschen in einem für diesen Ortsteil nordöstlich des Ruhrgebiets typischen Straßenzug. Es gab Nachbarn, man war freundlich zueinander, aber niemand mischte sich in die Angelegenheiten der anderen ein. Dirks graues Zechenhäuschen wirkte schon von außen ungepflegt. Aber

Dirk lebte mit seinen Katzen im Dreck.

nicht so schlimm, als dass man hätte ahnen können, welch großes Elend sich im Inneren abspielte.

Wir klingelten, und Dirk machte uns auf. Ich wurde ihm als eine Freundin vorgestellt, die eventuell helfen und einige Katzen übernehmen könne. Ich wollte mich erst einmal in Ruhe umsehen und mir ein Bild der Lage machen. Dirk war sehr nett und ließ uns herein. Dann der Schock: Schon im Eingangsbereich stank es ungeheuerlich nach Ammoniak, und je weiter wir ins Innere des Hauses vordrangen, umso unangenehmer wurde das Atmen. Der gesamte Boden war vollgeschmiert mit Katzenkot. Katzentoiletten hatten die Tiere nicht zur Verfügung beziehungsweise wären diese unter den Kotbergen auch nicht mehr als solche zu identifizieren gewesen. Die Tiere machten überall hin und verteilten mit ihren Pfoten die

Der Boden war voller Kot.

Exkremente im ganzen Haus. Auf vielen Stühlen, Tischen und Arbeitsflächen sowie auf manchen Bereichen des Bodens waren blaue Plastikfolien ausgelegt. Sie zeugten von Dirks vergeblichen Versuchen, den Dreck und das Chaos irgendwie in den Griff zu bekommen. In der Spüle einer kaputten Küchenzeile stapelte sich dreckiges Geschirr. Die Tapeten an den Wänden waren abgewetzt und zeigten überall Kratzspuren der Katzen.

Dirk schämte sich offensichtlich, aber er zeigte mir das gesamte Haus bereitwillig. Im Erd- wie auch im Obergeschoss gab es einige Zimmer, die er schon seit Längerem nur betreten hatte, um dort Futter für die Katzen reinzustellen. Die Räume waren offenbar mal Schlafzimmer gewesen. Betten, Schränke und Wäsche befanden sich noch darin. Doch das Inventar war völlig unbrauchbar. Auf dem Boden, auf den Betten, einfach überall waren Katzen und Katzenfäkalien. Dazwischen standen Schüsseln mit Futter. Die Samtpfoten schliefen auf den Matratzen, hatten Nester in den Kommoden gebaut und dort Junge bekommen. Sie versteckten sich hinter Schränken, hatten Stuhlbezüge zerfetzt. Die Tiere vegetierten zum Teil seit anderthalb Jahren in diesen Räumen bei verschlossenen Fenstern und Türen. Für die reinlichen

Samtpfoten bedeutete dies großes Leid. Ihr Gesundheitszustand sah auf den ersten Blick allerdings nicht schlecht aus. Erstaunlich, wo diese unhygienischen Zustände doch ein idealer Nährboden für Krankheitskeime waren. Viele Katzen waren jedoch klein oder hatten kurze Beine, was vermutlich aus Inzucht resultierte. Einige der Tiere waren zahm und hatten Namen. Andere waren komplett scheu. Ich schätzte, dass sich zwischen dreißig und vierzig Tiere im Haus befanden. Das größte Problem war: Sie waren alle weder geimpft noch gegen Parasiten behandelt oder kastriert. Und so wurde die Situation immer schlimmer.

Dirk hatte im Wohnzimmer im Erdgeschoss sein Lager errichtet. Inmitten dieses Chaos stand ein Sofa mit einer Decke drauf. Hier schlief er. Dieses Sofa war wohl im ganzen Haus

Ein ehemaliges Schlafzimmer

Dirk hatte irgendwann aufgegeben.

der einzig saubere Ort; der einzige Fleck, der nicht mit Katzenkot beschmiert war. So etwas hatte ich tatsächlich selten gesehen. Das Haus war eigentlich unbewohnbar.

Für mich war klar, dass ich hier etwas unternehmen musste. Doch auf einen Schlag so viele Katzen unterzubringen würde kein leichtes Unterfangen werden. Und damit war es ja nicht getan. Ich konnte auch den Mann nicht in diesem Elend sitzen lassen. Er war mit Sicherheit kein böswilliger Tierquäler. Er war allein und überfordert. Ich hatte es hier mit einer typischen Form von Animal-Hoarding zu tun.

Ich wollte mit Dirk sprechen und herausfinden, wie es zu dieser Situation gekommen war. Dirk sprach ganz offen mit mir. Es tat ihm anscheinend sogar gut, sich jemandem anzuvertrauen. Er sagte, dass er mit dieser Situation natürlich nicht glücklich sei, und gab zu, dass ihm alles über den Kopf gewachsen wäre. Nach und nach erzählte er die ganze Geschichte: Früher hatte er nur wenige Katzen gehabt. Seine Ex Freundin hatte dann einige unkastrierte Tiere dazu geholt. Die Frau war irgendwann gegangen, hatte sich getrennt und die Katzen zurückgelassen. Es folgten falsche Freunde und der Verlust des Jobs, als die Zeche dichtmachte. Dirks letzter

Halt war seine schwer kranke Mutter, die er in diesem Haus pflegte. Als sie starb, fiel er in ein tiefes Loch. Die Trauer machte ihm schwer zu schaffen. Er blockierte innerlich und verlor völlig die Kontrolle. Zunächst über den Katzenbestand, dann über die hygienischen Zustände und die gesamte Ordnung im Haus. Dirk sagte mir, er habe gar nicht mehr richtig realisiert, in welchen Zuständen er lebte. Dass Dirk so offen mit mir sprach, fand ich mutig. Wenn es erst einmal so weit gekommen ist, fällt es dem Betroffenen sicher nicht leicht, die Tür zu öffnen und Veränderungen zuzulassen. Viele Animal-Hoarder verschanzen sich, weshalb man auch nur schlecht an sie herankommt oder überhaupt erst auf ihre Lebensumstände aufmerksam wird. Umso glücklicher war ich darüber, dass Dirk es geschafft hatte, Hilfe zuzulassen. Und er hatte gute Freunde, die diese Hilfe überhaupt erst möglich gemacht hatten. Seine ehemalige Schulfreundin bedauerte es sehr, dass sie nicht eher herausgefunden hatte, wie es bei Dirk zu Hause aussah.

Bei allem Verständnis für Dirk vergaß ich nicht, dass diese Haltung für die Katzen immenses Leid bedeutete. Sie lebten ohne tierärztliche Versorgung in ihren eigenen Exkrementen. Einige vegetierten seit Jahren in einem Zimmer, in das nur Futter hineingestellt wurde, bevor sich die Tür wieder schloss. Möglicherweise waren sie krank, hatten Schmerzen. Dirk war nicht mehr in der Lage, etwas gegen diese Zustände zu unternehmen. Und mit jeder Geburt neuer Katzenbabys verschlimmerte sich die Situation.

Für mich war klar, dass hier so schnell wie möglich etwas passieren musste – für Mensch und Tier. Die Katzen sollten tierärztlich versorgt, kastriert und in ein gutes Zuhause vermittelt werden. Bei so vielen Tieren war das aber kein leichtes Unterfangen. Der Fall war ohnehin knifflig. Dirk war überfordert, und man musste aufpassen, dass er nicht wieder abrutschte. Ich konnte ihm nicht alle Tiere wegnehmen und ihn dann allein in diesem verwahrlosten Haus, das mehr einem Katzenklo als einer menschlichen Behausung glich, sitzen lassen. Auch er benötigte Unterstützung. Wie auch in Dirks Fall hat Animal-Hoarding meistens psychische Ursachen. Ich musste sichergehen, dass sich jemand um Dirk kümmerte, wenn die Tiere weg waren. Vielleicht konnten seine Freunde ihn dazu bringen, eine professionelle psychologische Beratung anzunehmen. Seine alte Schulfreundin sicherte mir jedenfalls ihre volle Unterstützung zu und wollte gemeinsam mit ihrem Ehemann und anderen Freunden für Dirk da sein.

Ich sprach mit meiner Redaktion und bekam grünes Licht. Natürlich wollten wir nicht nur den Katzen, sondern auch Dirk helfen, sein Leben wieder in den Griff zu bekommen. Die Voraussetzungen, dass er es schaffen könnte, waren gegeben: Er hatte den Willen, etwas zu ändern, und er hatte gute Freunde, die ihm halfen. Aber plötzlich sagte er mir, er wäre nicht bereit, alle Katzen abzugeben. Das war eigentlich meine Bedingung, um die Hilfsaktion zu starten, denn ich wollte unbedingt verhindern, dass das Elend von vorne losging. Doch ich durfte nicht zu fordernd sein und riskieren, dass Dirk einen Rückzieher machen würde. Für ihn war es wichtig, wenigstens einige seiner Lieblinge zu behalten. Dafür hatte ich volles Verständnis, und es wäre auch aus psychologischer Sicht von Nutzen, wenn er seine Lieblingskatzen behalten würde. Würde er sich allein fühlen und seine

Samtpfoten vermissen, bestünde die Gefahr, dass er sich wieder neue, möglicherweise unkastrierte Tiere zulegt. Ich würde noch mit Dirk verhandeln müssen, wie viele seiner Lieblinge bei ihm bleiben könnten. Denn viele durften es nicht sein, damit er nicht gleich wieder mit ihrer Pflege überfordert sein würde. Doch zunächst, das war klar, müssten wir die Tiere einfangen.

Nachdem Dirks Freunde und ich alles organisiert hatten, konnte die einmalige Rettungsaktion beginnen. Wir, das waren Dirks Freunde und Helfer sowie das Kamerateam und ich, trafen uns bei Dirk. Auch meine Bekannte von der Katzenkindernothilfe Hamm, die mich alarmiert hatte, sowie Helferinnen vom Tierheim Ahlen waren vor Ort. Sie würden die Katzen einfangen und die meisten von ihnen übernehmen und vermitteln. Fünf Samtpfoten durfte ich außerdem dem Tierheim in Münster bringen. Wie viele Katzen sich tatsächlich in dem Haus befanden, wussten wir noch nicht genau. Und auch nicht, in welchem gesundheitlichen Zustand sie waren. Ungewiss war außerdem, ob wir unter den alten Klamotten, in den Kommoden oder hinter den Schränken Katzenbabys oder deren Skelette finden würden.

Ich verteilte Schutzanzüge an mein Team. Dann reihten wir die von den Tierschützern mitgebrachten Transportboxen vor dem Hauseingang auf. Dirk führte uns durch das Haus. Wir fingen zuerst die zahmen Katzen im Wohnzimmer ein. Hier kamen wir zügig voran. Sie ließen sich per Hand problemlos in die Boxen setzen. Man sah genau, zu welchen Tieren Dirk eine Beziehung hatte. Und dann begann, was ich befürchtet hatte: Dirk konnte sich nur schwer von den Katzen trennen. Diese liege ihm so am Herzen und jene habe er schon von klein auf bei sich, beklagte er. Insgesamt wollte er unbedingt fünf Tiere behalten. Ich konnte ihn gut verstehen. Ein Lebewesen abzugeben, an dem man hängt, ist schwer. Doch in meinen Augen war das Risiko der Überforderung bei fünf Tieren einfach zu groß, selbst wenn die Katzen kastriert würden. Jede Katze benötigt eine eigene Toilette. Man rechnet mindestens noch eine weitere dazu. Das hieße, bei fünf Katzen müsste er täglich mehrfach sechs oder sieben Katzentoiletten säubern. Er müsste Einstreu und Futter kaufen, Tierarztrechnungen bezahlen. Ich sprach mit Dirk darüber und bat ihn, mir zu sagen, welche drei Katzen seine größten Lieblinge wären. Dirk war einsichtig, aber es fiel ihm sichtlich schwer, drei auszuwählen. Nach reiflicher Überlegung schaffte er es und zeigte mir seine drei Herzenstiere. Jetzt musste

Drei seiner Lieblingskatzen durfte Dirk behalten, kastriert.

ich ihm nur noch beibringen, dass ich auch diese drei erst einmal mitnehmen würde. Er schaute mich hilflos an. Ich versprach ihm, die Katzen zurückzubringen, sobald sie in der Tierklinik durchgecheckt und kastriert worden wären. Dirk willigte ein. Er vertraute mir, uns allen. Natürlich würden wir ihn nicht enttäuschen.

Die anderen Katzen kamen ins Tierheim und zu Pflegestellen.

Dirks zahme Katzen einzufangen war einfach gewesen. Doch die scheuen Tiere in den anderen Zimmern versteckten sich hinter Schränken, Sofas und in Bettkästen. Andere sprangen panisch von einer Ecke in die andere, als wir den Raum betraten. Sie hatten schließlich nie engen Kontakt zu Menschen gehabt und in den Zimmern ein Eigenleben geführt. Doch für die routinierten Katzenschützerinnen war dies dennoch fast kein Problem. Mithilfe von Fangnetzen konnte auch die letzte von insgesamt einunddreißig Samtpfoten in eine Transportkiste gesetzt werden. Ausgerechnet von der letzten Katze wurde meine Bekannte leider in die Hand gebissen und blutete stark. Wenige Stunden später schwoll ihre Hand an, war gerötet und warm. Sie musste zum Arzt und Antibiotika nehmen, denn so ein Katzenbiss hat es in sich. Die Bakterien, die die Tiere im Mund haben, können unter anderem zu lebensbedrohlichen Blutvergiftungen führen. Durch die spitzen Zähne werden die Keime tief in das Gewebe hineingedrückt und vermehren sich dort rasant. So kann es schon wenige Stunden nach dem Biss gefährlich werden. Nach einem Katzenbiss ist ein sofortiger Arztbesuch also unbedingt zu empfehlen.[15]

Nachdem alle Katzen eingefangen waren, gingen wir noch einmal durch das ganze Haus, um wirklich kein Tier zu übersehen. Dirk stand mit trauriger Miene mitten in dem Chaos. Das Haus war völlig ruiniert. Der Ammoniak aus dem Katzenurin war tief in Boden und Wände eingezogen. Mit dem Austausch eines Teppichs und einem Wandanstrich würde man den Gestank nicht wegbekommen. Dirk hatte nicht mal eine Heizung, nur einen Kohleofen. Einen Gasanschluss an das städtische Versorgungssystem gab es nicht. Die Bäder waren kaum funktionstüchtig, die Küche ein einziges Schlachtfeld. Fast die gesamte Einrichtung war zerstört. Dirk tat mir leid. Dann platzte einer von Dirks Helfern mit einer Überraschung heraus. Er war Handwerker und hatte mit einigen ortsansässigen Firmen gesprochen. Gemeinsam habe man beschlossen, Dirks Haus kostenlos zu sanieren. Das war der absolute Wahnsinn und ein unglaublich großes Projekt! Insgesamt dreißig Handwerksbetriebe aus Hamm würden Mitarbeiter und Material stellen, um Dirk wieder ein normales Leben zu ermöglichen. Sogar der Bürgermeister wurde angeschrieben, ob es möglich wäre, Dirks Haus an die Gasversorgung anzuschließen. So viel Engagement für einen Menschen in Not – das ging mir echt ans Herz.

Während die Planungen für den Umbau begannen und der größte Teil der Katzen in den Tierheimen untergebracht war, fuhr ich mit den drei Lieblingskatzen von Dirk zur Kleintierklinik Lüdinghausen, mit der ich schon öfter zusammengearbeitet hatte. Diese befand sich etwa 30 Minuten von Dirks Haus entfernt. Bei der tierärztlichen Untersuchung stellte sich heraus, dass die Katzen typische Anzeichen von Verwahrlosung hatten. Einem Kater ging es besonders schlecht. Er hatte eine Zahnfleischentzündung und starke Schmerzen. Außerdem litt er an massiver Verstopfung. Auf dem Röntgenbild ließ sich gut erkennen, dass sein Darm voll von altem Kot war. Das Tier hatte offenbar Probleme gehabt, sich unter den unhygienischen Zuständen zu entleeren. Sein Bauch war dick und verhärtet. Auch dies musste sehr schmerzhaft sein. Ein Einlauf sollte Abhilfe schaffen. Alle drei Katzen blieben ein paar Tage in der Klink. Sie bekamen die nötigen Medikamente, wurden gegen Parasiten behandelt, kastriert, geimpft und gechipt. Dann konnte ich sie wieder abholen und brachte die Samtpfoten zu einer Pflegestelle. In Dirks Haus konnten sie noch nicht zurück, denn dieses würde ja erst mal komplett umgebaut werden.

Einen großen Kraftakt hatten wir schon geschafft: Die Katzen waren gut untergebracht. Doch nun ging der Wirbel im Haus erst richtig los. Meine Redaktion teilte mir mit, dass sie die Kosten für die Müllentsorgung tragen werde. Also bestellten wir einen Container, den die fleißigen Helfer mit dem alten verschmutzten Inventar von Dirk befüllten. Das Haus wurde in wochenlanger Arbeit kernsaniert. Dirk bekam neue Böden, Möbel, ein funktionierendes Bad, ein Schlafzimmer. Seine alte Schulfreundin organisierte günstige Küchenmöbel und Geschirr. Die Stadt Hamm machte es sogar möglich, dass Dirk an das Gasnetz angeschlossen wurde. Eine Heizung wurde installiert. Dirk hatte vorher nicht mal warmes Wasser gehabt. Während sein Haus von einer Kloake in ein Zuhause verwandelt wurde, schlief Dirk bei einem Freund. Er hatte uns versprochen, nicht auf der Baustelle vorbeizukommen. Denn beim großen Happy End wollten wir alle dabei sein und Dirks Gesichtsausdruck sehen, wenn er sein Haus zum ersten Mal nach der Sanierung betreten würde.

Die Handwerker-Teams hatten ganze Arbeit geleistet und Vollgas gegeben. Nur sechs Wochen später war der große Tag da. Das Haus war bezugsfertig. Dirk hatte Wort gehalten und war der Baustelle ferngeblieben. Natürlich wollten wir mit der Kamera dabei sein, wenn er die ersten Schritte in sein neues Leben gehen würde. Bevor Dirk den Schlüssel überreicht bekam, hatte ich die drei Katzen von der Pflegestelle abgeholt und noch eine kleine Überraschung mitgebracht. Dann war es so weit. Dirk durfte das Haus betreten und sah sich um. Er konnte seinen Augen kaum trauen und war völlig sprachlos. Dann sagte er plötzlich: »So, jetzt will ich aber die Katzen sehen!« Wir mussten lachen. Er hatte die Tiere so sehr vermisst. Ich brachte die drei in sein neues Wohnzimmer. Außerdem übergab ich Dirk Katzenklos, Einstreu, einen Kratzbaum, Spielzeug und Futter für die Tiere. Als ich ihm die Impfpässe seiner drei Lieblinge übergab, erzählte ich ihm von dem Besuch beim Tierarzt und wie schlecht der Gesundheitszustand der Katzen gewesen war. Ich ermahnte ihn, dass er zukünftig mehr auf seine Tiere achten müsse und die Klos sauber halten solle. Dirk tat es sehr leid, dass seine Katzen so gelitten hatten. Aber nun war es Zeit für einen Neuanfang. Nachdem wir den Kratzbaum und die Toiletten aufgestellt hatten, ließen wir die Katzen aus den Transportboxen. Sie sahen sich erst verdutzt um, fingen aber schnell an zu spielen und fühlten sich wohl. Dirk sah ihnen zu und war glücklich. Für mich und mein Kamerateam gab es hier nichts mehr zu tun, und wir verabschiedeten uns herzlich.

Das war im Frühjahr 2015. Auch wenn ich in den vergangenen Jahren ähnliche Hilfsaktionen begleiten durfte, war diese jedoch einzigartig für mich. Sämtliche involvierte Menschen haben von Herzen geholfen, um Gutes zu bewirken. Dirk hatte kurze Zeit nach der Aktion einen neuen Job gefunden. Er war in seinem neuen Leben angekommen. Und auch den Katzen ging es bestens.

8. Horror-Pferdehaltung in Sachsen-Anhalt

Jasmin, die Freundin einer Bekannten, kontaktierte mich im November 2019, da sie in einem Stall neben einem alten Bauernhaus in einem kleinen Ort in Sachsen-Anhalt verwahrloste Pferde entdeckt hatte. Sie hatte in der Nähe ein Auto gekauft und für dieses eine kurzfristige Unterstellmöglichkeit gesucht. Rein zufällig war sie an dieser Adresse vorbeigekommen. Auf dem Gelände schien es Platz für ihr Auto zu geben. Also klingelte sie bei der Familie. Ein junger Mann öffnete ihr die Tür. Er war sehr freundlich und wollte mit seiner Familie sprechen, ob Jasmin das Auto bringen könnte. Sie sollte sich noch mal telefonisch melden. Während des Gesprächs hörte Jasmin plötzlich ein Wiehern aus dem direkt an das alte Backsteinhaus angrenzenden Stall. Da sie selbst Pferdehalterin ist, fragte sie interessiert: »Oh, Sie haben Pferde? Darf ich die mal sehen? Ich habe selbst auch Ponys.« Gleichzeitig ging sie ein paar Schritte auf den Stall zu. Dieser war nur wenige Meter von der Haustür entfernt. Der Mann versuchte jedoch, sie aufzuhalten, und sagte, man könne nicht in den Stall, die Pferde seien krank. Außerdem gehörten die Tiere einem anderen Familienmitglied und nicht ihm. Jasmin hatte in der kurzen Zeit trotzdem einen Blick durch ein Stallfenster auf zwei Pferde erhaschen können. Ihr fiel direkt auf, dass

Die Hufe waren überlang.

etwas mit den beiden Tieren nicht stimmte. Ein Pferd lag auf der Seite, ein anderes stand merkwürdig steif in der Box. Es wieherte sie an. Aus dem Stroh ragten merkwürdige braune Kringel. Jasmin bedankte sich bei dem jungen Mann und fuhr mit ihrem Auto weg. Doch die Pferde ließen ihr keine Ruhe. Waren das etwa die Hufe gewesen, die da aus dem Stroh ragten? Sie drehte um und kehrte zu dem Hof zurück. Es war schon dunkel. Mutig schlich sich Jasmin heimlich an die Stallungen heran. Durch das Fenster blickte sie ins Innere. Licht war an, Radiomusik dudelte, und die Boxen der beiden Pferde waren mit frischem Stroh eingestreut. In der Stallgasse stand ein Sack mit Möhren. Auf den ersten Blick sah alles idyllisch aus. Jasmins Verdacht, dass etwas nicht stimmte, bestätigte sich jedoch. Die merkwürdigen Kringel, die sie an den Hufen

Ein weiteres Pferd lag in der Box.

des stehenden Pferdes aus dem Stroh hatte ragen sehen, waren tatsächlich die überlangen Hufe selbst. Und auch das liegende Pferd hatte völlig deformierte Hufe. Diese wuchsen merkwürdig in die falsche Richtung, so schien es. Mit Sicherheit hatten die beiden Tiere große Schmerzen.

Schockiert verließ Jasmin das Grundstück und überlegte, was sie tun konnte, um den Pferden schnellstmöglich zu helfen. Sollte sie den Besitzern Hilfe anbieten? Sollte sie das Veterinäramt informieren? Es war schon bald Nacht. Die Behörde war nicht mehr erreichbar. Also informierte Jasmin eine Bekannte aus dem Pferdeschutz, die den Kontakt zu mir herstellte. Jasmin schickte mir die von ihr auf die Schnelle gemachten Handyfotos. Auf diesen konnte man zwar sehen, dass die Hufe irgendwie verformt waren, aber das wahre Ausmaß der Schnabelhufe ließ sich anhand der Bilder noch nicht erfassen.

Ich musste mir unbedingt selbst ein Bild der Situation machen und, wenn nötig, die Rettung der Tiere in die Wege leiten. Gleich am nächsten Tag fuhr ich die vier Stunden von Nordrhein-Westfalen nach Sachsen-Anhalt und traf mich mit Jasmin. Wir besprachen uns kurz und fuhren mit dem Auto an dem frei stehenden, heruntergekommenen Bauernhaus

Eines der drei konnte noch stehen, wenn auch unter Schmerzen.

vorbei. Im Dach der Scheune klaffte ein großes Loch. Der kleine an das Wohnhaus angeschlossene Stall wirkte unfertig. Die Wände waren nur grob verputzt und hatten Risse. Die Besitzer waren scheinbar da. Vor dem Haus standen mehrere Autos. Wir parkten in fünfhundert Meter Entfernung an einem unauffälligen Platz und gingen die Landstraße entlang zu dem Gebäude.

Ich hoffte, dass nicht gerade in diesem Augenblick jemand aus dem Fenster schaute, denn wir mussten direkt an den Fenstern des Wohnhauses vorbeigehen, um zu den Pferden zu gelangen. Bevor wir auffielen, wollte ich die Zustände dokumentieren, um die Behörden auf Trab zu bringen. Erfahrungsgemäß handelt das Veterinäramt schneller, wenn Beweismaterial vorliegt. Würden uns die Besitzer jetzt bemerken und uns wegschicken, würden unsere Chancen, noch einmal ungesehen an die Pferde heranzukommen, rapide sinken. Daher musste jetzt einfach alles funktionieren.

Jasmin und ich schlichen hinter das Wohnhaus. Es dämmerte schon. Im Haus brannte Licht. Und auch der Stall war beleuchtet. Ich schaute durch ein Stallfenster. In einer Pferdebox unter diesem Fenster lag ein Araber-Hengst, ein Apfelschimmel, direkt vor mir. Seine Hufe waren an die 30 Zentimeter lang. Das Tier hatte sicher starke Schmerzen. Solche Schnabelhufe hatte ich in Deutschland noch nicht gesehen. Das Tier musste seit Jahren in diesen Stallungen vegetieren und weder von einem Hufschmied noch von einem Tierarzt behandelt worden sein. Wahrscheinlich konnte es schon seit Längerem nicht mehr laufen. Schmerzfreies Stehen oder selbst Liegen war mit solchen Hufen sicher schon gar nicht mehr möglich. Durch derart ungepflegte, verwachsene Hufe bilden sich die Sehnen zurück, die Gelenke schwellen an. Die Tiere leiden immense Qualen. Als mich der Hengst bemerkte, hob er den Kopf, schaute mich direkt mit schmerzerfülltem Blick an und legte seinen Kopf dann stöhnend wieder ins Stroh. Den Anblick dieses leidenden Tieres werde ich nie vergessen. Der wunderschöne weiße Araber-Hengst machte den Eindruck, als hätte er sich aufgegeben. Als würde er nicht glauben, dass jemals Hilfe kommen und ihm die Schmerzen nehmen würde.

Auch Jasmin sah die wahren Ausmaße der überlangen Hufe erst jetzt und war wie ich total schockiert. Durch das Fenster sahen wir noch zwei weitere Pferde – ebenfalls weiße Araber – in dem hinteren Bereich des Stalls. Hineingehen wollten wir nicht. Der Besitzer der Pferde hätte jederzeit um die Ecke kommen können, und wir wussten nicht, wie er auf uns reagieren würde. Das zweite Pferd mit den langen Hufkringeln stand in der Box, so wie auch Jasmin es zuvor gesehen hatte. Es war eine Stute. Sie konnte zwar noch stehen, aber mit Sicherheit nicht mehr richtig laufen. Ihre Beine waren geschwollen, und auch sie hatte offensichtlich Schmerzen. Das dritte Pferd lag so in seiner Box, dass ich es kaum sehen konnte. Kein Wunder also, dass Jasmin das Tier an dem ersten Abend gar nicht bemerkt hatte. Da es zwar neugierig den Kopf zu uns umdrehte, aber nicht aufstand, vermutete ich, dass auch dieses Pferd Probleme mit den Hufen hatte. Außerdem hatte es blutige Wunden am Kopf. Was zur Hölle ging hier vor sich?

Die Kulisse war völlig skurril und unheimlich. Inmitten der sauberen Boxen lagen diese kranken Tiere mit völlig deformierten Hufen. Alle drei waren wunderschöne Apfelschimmel. Ein Hengst und zwei Stuten – ob der Halter sie mal günstig angeschafft hatte und mit ihnen züchten wollte? Was war das für ein Mensch, der die Tiere versorgte, aber dabei täglich ihrem Leiden zusah? Und das schon seit Jahren. Es war wie in einem Horrorfilm. Die Pferde waren eingesperrt hinter dicken Mauern, ohne Möglichkeit zu entkommen. Wie konnte es sein, dass niemand die Tiere und ihr Leid über Jahre hinweg bemerkt hatte? Die Familie schien doch freundlich und hilfsbereit zu sein.

Jasmin und ich hatten uns im Vorfeld überlegt, wie wir den Pferden am besten helfen konnten. Wir wollten den Pferdehaltern eigentlich zunächst Hilfe anbieten. Ich hätte die Tiere übernommen, behandeln lassen und auf einen Lebenshof vermittelt. Doch nachdem ich den Zustand der Tiere gesehen

Ich dokumentierte die Zustände …

hatte, war für mich klar, dass dies ein Fall für die Behörden war. Der Pferdehalter gehörte angezeigt. Er musste für diese jahrelange Tierquälerei zur Rechenschaft gezogen werden und ein Tierhalteverbot erhalten.

Mein Plan war, zuerst die Behörden zu informieren und weiterhin meine Hilfe anzubieten: Hilfe bei der Unterbringung und beim Transport sowie bei den Behandlungskosten der Tiere, sollte das Veterinäramt sie sofort beschlagnahmen, wovon ich zu dem Zeitpunkt stark ausging. Ich hoffte, dass, wenn alles schon parat stand, die Beschlagnahmung der Pferde ein wenig schneller passieren würde. Wieder zu Hause telefonierte ich mit einer Pferdeklinik in der Nähe der drei Araber. Ich wollte sichergehen, dass die Tiere umgehend behandelt werden konnten. Das sei kein Problem. Für Notfälle stehe man immer bereit. Das Veterinäramt oder der Pferdehalter selbst müsse nur um Hilfe bitten, sagte mir einer der Fachtierärzte.

Am Montagabend hatte ich die Tiere zum ersten Mal gesehen. Am Dienstag organisierte ich alles, um den Pferden sofort helfen zu können: Pferdeklinik, Transporter und Pflegestelle standen auf Abruf bereit. Am Mittwochmorgen stand ich mit meinem Kamerateam, das ebenfalls vier Stunden aus Nordrhein-Westfalen angereist war, vor dem zuständigen Veterinäramt. Jasmin begleitete uns. Ich hatte die Fotos der Pferde griffbereit. Trotz meiner Erfahrung auch mit unmotivierten Amtsveterinären war für mich völlig klar, dass die Mitarbeiter beim Anblick meiner Bilder sofort ausrücken und die Pferde beschlagnahmen würden.

… und redete den Pferden gut zu.

Das Kamerateam wartete vor dem Veterinäramt, während ich den Fall einem Amtstierarzt und der Veterinäramtsleiterin schilderte. Diese zeigten sich schockiert, als ich ihnen das Foto des auf dem Boden liegenden Hengstes zeigte. So einen schlimmen Fall hätten sie bisher nicht erlebt, sagten sie. Natürlich herrsche hier sofortiger Handlungsbedarf. Die Amtstierärzte würden kommen. Noch an diesem Tag.

Der Grund, warum Jasmin zuerst mich und nicht das Veterinäramt informiert hatte, war zum einen, dass es schon Nacht war, als sie die Pferde entdeckte. Zum anderen hatte sie Angst davor, dass die Behörde die Tiere möglicherweise vorschnell einschläfern lassen würde, um Kosten zu sparen. Für die Unterbringung und veterinärmedizinische Behandlung beschlagnahmter Tiere kommt zunächst der zuständige Landkreis auf. Er muss sich das Geld von dem Tierhalter wiederholen. Doch wenn nichts zu holen ist, bleibt der Landkreis auf den Kosten sitzen. Natürlich dürfen aus Kostengründen offiziell keine gesunden Tiere getötet werden. Das wäre gesetzeswidrig.

Jasmin setzte alle Hoffnungen in mich. Sie wusste, dass ich eine schnelle und gute Lösung für die Tiere finden würde, sofern Behörden oder Tierhalter dies zuließen. Außerdem waren mein Kamerateam und ich als Journalistin gleichzeitig als Beobachter vor Ort, und wir dokumentierten die Entscheidungen der Behörden, was diese vielleicht von vorschnellen Entschlüssen abhielt.

Nachdem ich den Fall im Veterinäramt vorgetragen hatte, fuhren mein Team und ich wieder zum Hof der Pferdehalter und warteten dort auf das Einschreiten der Behörde. Ich wollte sehen, was passierte – oder ob überhaupt etwas passierte. Auch wollte ich ja weiterhin meine Hilfe anbieten.

Bevor die Amtsveterinäre eintrafen, schaute ich noch mal nach den Pferden. Ihre leidenden Blicke und ihr verzweifeltes Wiehern ließen mich nicht los. Es wäre so einfach gewesen, die Qualen dieser wunderbaren Tiere zu verhindern. Ein Hilferuf der Tierhalter oder eine Meldung eines Mitwissers hätte genügt. Mit einem Anruf bei einem Tierschutzverein oder einer Behörde wäre den Pferden schnell geholfen worden. Waren den Besitzern die Tiere egal? Oder waren sie einfach überfordert? Waren sie krank oder gar Sadisten? Ich hatte keine Ahnung, mit wem ich es zu tun bekommen würde. Doch das sollte sich schnell ändern.

Ich stand am Fenster der Stallungen und redete den Pferden gut zu, versprach ihnen, dass bald Hilfe kommen würde. Da fuhr plötzlich ein blank gewienertes rotes Auto auf den Hof. Aus diesem stiegen ein Mann um die siebzig sowie eine etwa sechzig Jahre alte Frau. Ich erschrak nicht mal, denn ich war einfach nur empört von so viel Leid direkt vor meinen Augen. Und diese Menschen waren dafür verantwortlich. Ich ging auf den Mann zu und stellte ihn zur Rede. Ich fragte ihn, ob das seine Pferde seien und was mit den Hufen los sei. Er sagte, die Tiere seien krank. Auf meine Vorwürfe, dass die Pferde nicht krank, sondern vernachlässigt seien und dringend einen Tierarzt und Hufschmied bräuchten, reagierte er forsch. Er wollte wissen, wer ich überhaupt sei, und verwies mich des Grundstücks. Ich könne ihn ja anzeigen, raunzte er mich an. Glücklicherweise sah ich im Hintergrund schon die Amtsveterinäre aus dem Auto steigen. Sie waren zum richtigen Zeitpunkt gekommen. Ich sagte dem Ehepaar, dass ich die Behörden bereits alarmiert hätte. Dann musste ich das Gelände leider verlassen. Ich konnte jedoch von der Grundstücksgrenze aus wenigen Meter Entfernung das Gespräch zwischen den Amtstierärzten und dem Pferdehalter mithören. Wie üblich in solchen Fällen versuchte sich der Mann herauszureden. Zuerst sagte er, der Hufschmied hätte ihn mehrmals versetzt. Dann habe ihn ein Schicksalsschlag ereilt. Er sei im Rollstuhl gelandet und seine Frau sei blind. Später, ja, später habe man sich eben auch geschämt. Dass erst Ausreden gesucht werden und dann die Mitleidsmasche abgespult wird, das kenne ich aus anderen Fällen. Doch auch wenn mich der Schicksalsschlag der Familie natürlich betroffen machte, ließ ich diesen nicht als Ausrede gelten. Ein Anruf hätte genügt, um den Tieren zu helfen! Und auch andere Mitbewohner des Hauses, vielleicht sogar Nachbarn, hätten Hilfe organisieren können. Eins steht jedenfalls fest: Man lässt Tiere nicht dermaßen leiden und schaut diesem Leid täglich zu.

Die Veterinäramtsleiterin und der Amtstierarzt ließen sich die Pferde von dem Mann zeigen und dokumentierten die Zustände mit einer Fotokamera. Ich beobachtete das Geschehen und war davon überzeugt, dass die Behörde die Pferde noch am selben Tag beschlagnahmen würde. Ich ging davon aus, dass gleich ein Hufschmied und ein Tierarzt mit mobilem Röntgengerät kommen und die drei Pferde untersuchen, notversorgen und sie zur weiteren Behandlung in die nahe gelegene Pferdeklinik bringen würden. Einem Hufspezialisten der Klinik hatte ich schon das Foto des am Boden liegenden Hengstes geschickt, und auch er zeigte sich schockiert über das Ausmaß der Schnabelhufe. Ohne Auftrag des

Amtes oder des Pferdebesitzers waren ihm aber die Hände gebunden.

Meine Erwartungen wurden leider nicht erfüllt. An diesem Tag passierte bis auf die Begehung des Stalls durch die beiden Veterinäramtsmitarbeiter nichts. Die Amtsleiterin ließ aber durchblicken, dass für den nächsten Tag etwas geplant war. Ich dachte, nun gut, die Behörde benötigt eben noch Zeit, um alles vorzubereiten. Früh am nächsten Morgen wartete ich mit meinem Kameramann in Sichtweite des Hofes auf das Amt – im Blick den Stall, in dem die drei Araberpferde immer noch litten. Dass ich in diesem Moment nicht mehr für die Tiere tun konnte, machte mich regelrecht fertig. Ich hatte alles im Hintergrund organisiert. Die Pferde hätten abgeholt und zur Klinik gebracht werden können. Ich hatte jemanden, der die Kosten sowie später auch die Pferde übernommen hätte. Doch ohne Einwilligung des Amtes oder des Pferdebesitzers war ich wie gelähmt. Denn beschlagnahmen darf nur die Behörde. Mir dauerte das alles zu lange. Ich rief den Tierschutz-Beauftragten des Landes Sachsen-Anhalt an und schilderte ihm den Fall. Ich bot noch einmal Hilfe in ganzem Umfang an, damit den Pferden endlich das Leid genommen würde. Man sagte mir, es würde auf jeden Fall heute noch etwas passieren. Also wartete ich weiter ungeduldig.

Am Nachmittag kam dann endlich die Veterinäramtsleiterin gemeinsam mit einer auf Huforthopädie spezialisierten Tierärztin auf den Hof. Der Besitzer empfing sie freundlich. Ich kam schnell hinzu. Doch weder die Amtsleiterin noch der Pferdehalter erteilten meinem Kamerateam und mir die Erlaubnis, bei der Untersuchung dabei zu sein. Wir mussten also vor der Grundstücksgrenze bleiben.

Der Pferdehalter führte der Amtsleiterin und der Hufspezialistin bereitwillig seine Tiere vor. Ich wollte natürlich wissen, was jetzt passieren würde, und lugte über den Zaun. Die Tierärztin untersuchte die Zähne der Pferde, ihren Allgemeinzustand und natürlich die schrecklich verwachsenen Hufe. Der Mann half mit und beruhigte seine Tiere. Während die ältere Schimmelstute aus der hinteren Box untersucht wurde, sah ich zum ersten Mal, in welch grauenvollem Zustand sie war. Zuvor hatte ich sie nur liegen gesehen. Jetzt stand sie. Ihr Kopf war mit Wunden übersäht. Sie war völlig aufgebracht und schaukelte mit ihrem Kopf hin und her. Dieses sogenannte »Weben« mit dem Kopf war vermutlich eine Verhaltensstörung, die offenbar daraus resultierte, dass sie schon lange nicht mehr aus der Box herausgekommen war. Auch Zootiere zeigen diese Stereotypien, wenn sie in Käfigen und kleinen Gehegen gefangen gehalten werden und ihr artgerechtes Verhalten nicht ausleben können.

Ich war geschockt. Dass es so schlimm um diese Stute stand, hatte ich zuvor nicht gesehen. Das zierliche Tier so leiden zu sehen machte mich wütend. Als der Pferdehalter aus dem Stall kam, ging ich noch einmal auf ihn zu und fragte ihn, wie er sich das Leid der Tiere täglich habe ansehen können. Ich sagte, ich müsse bei dem bloßen Anblick der Tiere schon heulen und er schaue einfach zu. Und das seit Jahren. Auf meine Vorwürfe sagte er nur: »Heul doch!«

Oft werde ich gefragt, wie ich beim Anblick von so viel Tierquälerei und der Konfrontation mit den für das Tierleid verantwortlichen Personen so ruhig bleiben kann. Nun, ich denke, dass weder hitzige Diskussionen noch aggressives Angehen der Personen etwas bringt. Weder führt es zur Einsicht bei den Leuten, noch ändert es etwas für die Tiere. Da ich das weiß, beherrsche ich mich also und probiere, wenn es Sinn macht, lieber in einem ruhigen Moment noch einmal auf die Leute zuzugehen und Hilfe anzubieten.

Ich schluckte also meinen Zorn hinunter, ging zum Ende des Grundstücks und wartete dort auf die behandelnde Tierärztin. Als sie mit den Untersuchungen fertig war und aus dem Stall kam, fragte ich sie nach ihrer Einschätzung. Sie gab mir sogar ein Interview. Das war nicht selbstverständlich. Manche Ämter und Tierärzte hüllen sich leider in Schweigen. In Fällen von schwerer Tierquälerei gibt es allerdings ein öffentliches Interesse. Und wenn ein solcher Fall bekannt wird, wollen die Menschen auch wissen, ob und wie den Tieren nun geholfen wird. Wenn Tiere leiden, lässt das die wenigsten kalt. Die Hufspezialistin berichtete mir, dass ihre erste allgemeine Untersuchung Folgendes ergeben habe: Die jüngere Stute sowie der Hengst seien in einem guten Ernährungs- und Pflegezustand. Bis auf die enorm deformierten Hufe. Solche Schnabelhufe seien das Ergebnis unterlassener regelmäßiger Hufpflege. Durch diese extreme Verformung komme es zu Fehlstellungen und letztendlich zu Deformationen der Hufgelenke. Ein Bein der jüngeren Stute sei stark geschwollen. Die ältere, etwa siebzehn Jahre alte Stute sei in einem sehr schlechten Ernährungszustand und habe eine ausgeprägte Einschränkung der Fesselgelenksfunktion. Außerdem habe sie zahlreiche Dekubitusstellen, also durch das viele Liegen verursachte Druckgeschwüre, an Kopf und Körper. Ihre blutigen Wunden kämen offensichtlich daher, dass sie oft hinfalle und mit dem Kopf gegen die Boxenwände stoße. Meine Frage danach, ob auch dieses Pferd noch zu retten sei, ließ die Tierärztin offen. Die Vorstellung, wie das arme Tier, unfähig zu stehen, gegen die Wände knallte und sich dabei blutige Wunden zuzog, war einfach schrecklich. Ich wünschte, Jasmin hätte die Pferde eher entdeckt.

Ich bedankte mich bei der Tierärztin für ihre Bereitschaft, mit mir zu sprechen. Vorerst konnte ich nichts mehr tun. Der Halter würde für die Kosten der Behandlung aufkommen müssen. Wahrscheinlich würden mehrere Tausend Euro auf ihn zukommen. Jasmins Bedenken kamen mir wieder in den Sinn. Würden alle drei Tiere gerettet werden? Oder kamen wir vielleicht zu spät, und die Ärztin konnte nichts mehr tun, um den dreien ein schmerzfreies Leben zu ermöglichen? Als die Tierärztinnen weg waren, wollte ich noch mal einen Versuch wagen und in Ruhe mit dem Mann sprechen. Ich ging zum Stall, in dem er noch war, und fragte ihn ruhig, ob ich ihm helfen könne. Es würden ja jetzt eine Menge Kosten auf ihn zukommen. Er sagte: »Wer im Leben etwas verbockt, der muss auch dafür geradestehen.« Aber ich solle jetzt bitte gehen. Zeigte er am Ende vielleicht sogar Einsicht? Mir schien, als sei er sogar erleichtert, dass den Pferden endlich geholfen wurde. Ich glaube, dass er den Tieren nicht aus Boshaftigkeit Leid bereitet hat.

Ich fuhr nach Hause. Ich musste mich darauf verlassen, dass die Amtsveterinäre alles tun würden, um die drei Tiere zu retten. Doch ich würde das Geschehen weiter beobachten. Einige Tage später kam vom Veterinäramt die schriftliche Stellungnahme zu dem Fall. Die Behörde bestätigte, dass die Haltungsbedingungen der Pferde an sich nicht zu beanstanden seien. Die Größe der Boxen, die frische Einstreu, alles entspreche den gesetzlichen Vorgaben. Doch die extremen

Schnabelhufe und die damit verbundenen Schmerzen sowie erhebliche Einschränkungen des natürlichen Bewegungsbedürfnisses verstießen gegen das Tierschutzgesetz. Des Weiteren teilte mir die Behörde mit, dass es zwei Pferden schon besser gehe.

Die Behandlung zeigte Erfolg. Einen Tag nach meiner Recherche hatte die Tierärztin die Hufe zur Vorbereitung für die huforthopädische Korrektur geröntgt. Einen weiteren Tag später behandelte sie den Hengst sowie die jüngere Stute unter Vollnarkose. Die ältere Stute hatte es leider nicht geschafft. Sie wurde eingeschläfert und ihr Körper pathologisch untersucht. Der Tierärztin zufolge wäre ein schmerzfreies Leben für sie nicht mehr möglich gewesen. Ihre Hufgelenksdeformation sei zu stark und der Allgemeinzustand zu schlecht gewesen. Die Stute habe außerdem an verschiedenen Erkrankungen gelitten, unter anderem an Karzinomen an der Schilddrüse.

Dies machte mich sehr traurig. Das wunderschöne Tier hatte so lange leiden müssen. Ich hätte es der Stute so sehr gewünscht, ein schönes, pferdegerechtes Leben zu erfahren. Die drei waren so wundervolle Tiere, die eigentlich vor Lebenslust hätten sprühen sollen. Doch als ich sie angeschaut hatte, hatte ich nur Angst und Schmerz in ihren Augen gesehen.

Die beiden überlebenden Pferde sollten für die Behandlungsdauer in ihrer gewohnten Umgebung bleiben und später, sobald sie gesund und transportfähig waren, gemeinsam in ein neues, liebevolles Zuhause kommen. Der Pferdehalter, so das Amt, war damit einverstanden, zeigte sich kooperativ und einsichtig. Dies war auch der Grund dafür, dass die Pferde nicht beschlagnahmt wurden. Den Mann erwartete

Die jüngere Stute hat es geschafft.

nun eine Strafanzeige durch das Veterinäramt. Er musste die Kosten für die tierärztliche Behandlung tragen und bekam ein Pferdehaltungsverbot.

Das Leid der Pferde wie auch die gesundheitlichen Probleme des Besitzers waren offenbar schon längere Zeit im Ort bekannt gewesen, erfuhr ich später. Hilfsangebote oder Hilfegesuche bei den Behörden oder Tierschützern hatte es jedoch anscheinend nicht gegeben. Für mich sind solche Mitwisser gleichzeitig auch Täter. Sie werden es mit ihrem eigenen Gewissen ausmachen müssen, dass sie Leid hätten verhindern können, durch ihr Schweigen aber zugelassen haben. Ob man Mitwisser von Tierquälerei wegen bewusster Unterlassung notwendiger Hilfeleistung juristisch belangen könnte, müsste im Einzelfall geprüft werden. Glücklicherweise gibt es aber auch Menschen wie Jasmin. Sie hat nicht weggesehen. Sie war sogar so mutig, noch mal im Dunkeln zu den Stallungen zu gehen, um ein Beweisfoto zu machen. Ganz so mutig muss nicht jeder sein. Im Zweifel sollte aber jeder, der einen begründeten Verdacht hat, dass ein Lebewesen leidet, die Behörden alarmieren.

Circa zwei Monate nachdem ich den Fall aufgedeckt hatte, fuhr ich wieder zu dem Stall. Ich wollte sehen, wie es den beiden Pferden ging. Ich klingelte bei der Familie, gefasst darauf, unfreundlich abgewiesen zu werden. Die Frau des Pferdehalters öffnete die Tür. Sie war sehr nett zu mir. Ich fragte, ob ich mir kurz die Pferde ansehen dürfte, da mich interessiere, wie es ihnen ging. Sie sagte, ich könne kurz durch das Fenster in den Stall schauen, aber auf ihren Mann sollte ich besser nicht treffen. Ich bedankte mich und ging schnell zu den Tieren. Ihr Zustand hatte sich tatsächlich verbessert. Sie wirkten lebensfreudig, auch wenn sie immer noch Probleme beim Laufen hatten. Wahrscheinlich würden sie ihr Leben lang medizinische Hilfe benötigen. Die Pferde aufzupäppeln, bis sie transportfähig waren, dauerte Monate, und der Hengst musste vor dem Umzug in sein neues Zuhause noch kastriert werden. Die neue Eigentümerin der beiden Araber wurde die behandelnde Tierärztin, die bereits zuvor Pferde aus dem Tierschutz bei sich aufgenommen hat.

9. Kupierte Dobermänner

Einen unglaublichen Fall von illegalem Hundehandel deckte ich im Februar 2019 mit Unterstützung von PETA auf. Eine Züchterin aus Sachsen-Anhalt verkaufte kupierte Dobermann-Welpen. Nach dem deutschen Tierschutzgesetz ist es bis auf wenige Ausnahmen verboten, Hunden die Ohren und Ruten abzuschneiden bzw. (auch teilweise) zu amputieren. Die dreiste Hundehändlerin präsentierte dennoch kupierte Elterntiere sowie eine vier Monate alte kupierte Hündin in einem Inserat eines Internetportals. Die Ohren der jungen Hündin waren wohl frisch abgeschnitten worden und mit Tape hochgebunden, damit sie später hochstehen würden. So sollte das früher leider beliebte und verbreitete Erscheinungsbild des Dobermanns mit spitzen Stehohren entstehen.

Um die Züchterin zu überführen, mussten wir zunächst die Hintergründe recherchieren und mit ihr in Kontakt treten. Dabei durfte sie auf keinen Fall misstrauisch werden. Wir mussten sehr vorsichtig sein. Jana von PETA kontaktierte die Frau per Telefon. Wir gaben vor, uns für einen ihrer Hunde zu interessieren. Die Züchterin biss an und wollte uns einen Welpen verkaufen. Wenn wir wollten, würde er kurz vor der Abholung kupiert werden. Und zwar bei ihr zu Hause. Darüber sprach die Frau am Telefon ganz offen. Wir konnten kaum glauben, wie leichtsinnig sie von ihren illegalen

Machenschaften berichtete. Schnell war ein Besichtigungstermin ausgemacht. Wir sollten 500 Euro Anzahlung mitbringen. Bei Übergabe des Welpen wären dann weitere 1000 Euro fällig.

Schon bald besuchten wir die Züchterin, um unseren Welpen anzuschauen. Sie empfing uns herzlich. In ihrem Haushalt befanden sich drei erwachsene Dobermann-Hündinnen mit verstümmelten Ohren und Ruten sowie zwei kleine, ungepflegt wirkende Pudel. Nach einem kurzen Gespräch in der Küche wurden wir zu den Welpen in den Keller geführt. Dabei war mir schon etwas mulmig zumute. Ich war mit Brille und Mütze verkleidet, aber was, wenn sie mich doch erkannt hatte? Wir hatten zwar ein Notfall-Back-up. Also einen Helfer, der sich abrufbereit hielt und im Fall der Fälle sofort eingreifen und uns da rausholen würde, bevor wir zu Hundefutter verarbeitet würden. Allerdings hatten wir im Keller wahrscheinlich keinen Handyempfang und würden ihn gar nicht erreichen können. Doch als wir die Treppe hinuntergingen und die Welpen sahen, waren unsere Sorgen schon wieder verflogen. Nun ging alles um die Tiere. Die zehn schwarzen und braunen Dobermann-Welpen waren in dem Keller ohne Tageslicht hinter einer Holzabsperrung untergebracht. Sie waren von der Mutter getrennt, obwohl sie erst vier Wochen alt waren. Durch das Leben im fensterlosen Keller und die Abwesenheit der Mutter fehlten den Welpen wichtige Erfahrungen in der Prägephase. Außerdem waren die Bettlaken, die in der Wurfkiste ausgelegt waren, dreckig, und es stank entsetzlich.

Lockvogel Jana bei den Welpen im fensterlosen Keller.

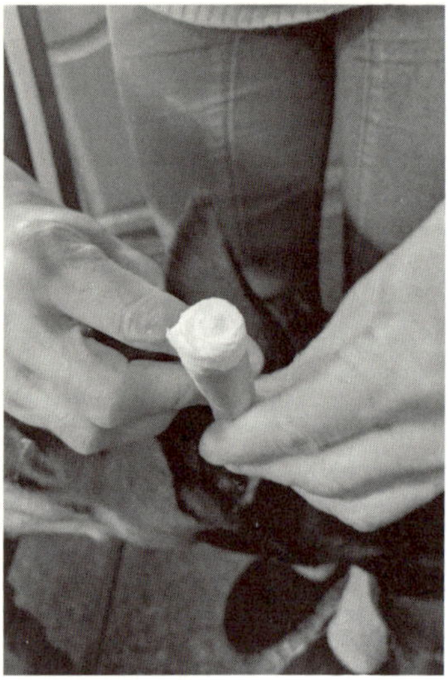

Die amputierten Ohren wurden mit Tape hochgebunden.

Fast alle Welpen hatten bereits amputierte Schwänze. Nur zwei der zehn Hundebabys waren ohne kupierte Ohren und Ruten bestellt und wurden nicht verstümmelt. Die Züchterin erzählte uns, dass ihr Bekannter die Ruten der Welpen schon im Alter von drei Tagen abgetrennt habe. Der Mann habe zu DDR-Zeiten eine »Kupierlizenz« gehabt. Bei manchen der Welpen sei es aber nicht ordentlich verwachsen und die Schwänze müssten eventuell noch mal nachgeschnitten werden. Die Ohren der Hunde sollten, wie sie Jana schon am Telefon erzählt hatte, erst kurz vor der Übergabe an die Käufer kupiert werden. Dafür würde eine Freundin aus Serbien anreisen. Diese würde noch weitere bereits kupierte Welpen oder Junghunde mitbringen, die hier verkauft werden sollten. Die Einfuhr sei illegal, daher würde die Serbin zusätzlich gefälschte Gesundheitszeugnisse und Impfpässe mitbringen. Es gab also noch weitere Mittäter: die Serbin sowie mindestens einen Tierarzt, der die Papiere ausstellte. Das alles erzählte uns die Züchterin völlig freimütig.

Nachdem wir unseren Welpen im Keller angeschaut hatten, ging es wieder hoch in die Küche. Hier wollte uns die Züchterin zeigen, wie wir später die frisch kupierten Ohren hochbinden müssten. Ein Dobermann mit Schlappohren, nein, wie sehe das denn aus! Wir taten so, als seien wir derselben Meinung. An einer ihrer Hündinnen demonstrierte die Frau dann ihre Hochbindetechnik. Wir durften sogar Handyaufnahmen davon machen.

Die Frau war freundlich zu uns, aber völlig skrupellos, wenn es um die Tiere ging. Wie viele Welpen hatte sie wohl schon derart verstümmelt? Sie erzählte uns, dass sie schon seit zwanzig Jahren Hunde züchte. Erst andere Rassen, aber jetzt mit ganzem Herzblut Dobermänner. Während sie die Ohren ihrer Hündin eintapte, kam sie ins Reden. Sie sagte, dass es höchst illegal sei, dass sie die Hunde kupiere. Sie als Züchterin würde richtig Ärger mit den Behörden bekommen, wenn das auffliegen würde. Sowieso müsse sie ihre Zucht vor den bösen Nachbarn verstecken. Die dürften nicht mitbekommen, dass sie Welpen habe. Eine Meldung beim Veterinäramt und das wäre es mit ihrer Zucht gewesen. Denn sie habe schon mal Ärger mit dem Veterinäramt gehabt. Wenn es klingele, sei sie deshalb nie da. Sie würde nie die Tür öffnen. Die Frau wusste also ganz genau, dass sie etwas Unrechtes tat. Und offensichtlich nicht zum ersten Mal.

Das Amputieren von Körperteilen bei Tieren ist in Deutschland nach § 6 Tierschutzgesetz[16] grundsätzlich verboten und nur in Einzelfällen zulässig. Es ist z. B. bei Hunden, die in der Jagd eingesetzt werden, oder aufgrund medizinischer Indikation erlaubt. Für die Tiere hat der Eingriff neben den Schmerzen noch weitere negative Folgen. Die Rute ist ein wichtiges Kommunikationsmittel des Hundes. Ein Hund mit verstümmelter Rute wird möglicherweise sein Leben lang Probleme mit Artgenossen haben.

Wir hatten erste Beweise gesichert. Unser Welpe war angezahlt und somit reserviert. Erst einige Wochen später könnten wir ihn abholen. Noch war er zu jung. In dieser Zeit blieben wir mit der Züchterin in Kontakt und sammelten weitere Informationen. Acht der zehn Welpen waren mit kupierten Ohren und Ruten »bestellt«. Ob die Käufer wussten, was sie den Tieren damit antaten? Ob sie das Leiden der Welpen bewusst für ein angebliches Schönheitsideal der Hunderasse in Kauf nahmen? Sie trugen auf jeden Fall Mitschuld an der Tierquälerei.

Die Züchterin schickte regelmäßig Fotos der Welpen und gab ihren Kunden per Telefon Tipps. So sollten sie die Hundebabys möglichst direkt nach dem Kupieren abholen. Schmerzmittel bräuchten die Tiere nicht. Die Gabe von Antibiotika würde ausreichen. Dieses würde sie den Welpenkäufern dann mitgeben.

Wir kannten die illegalen Abläufe jetzt genau und wussten, wann die Serbin kommen wollte, um die Welpen zu kupieren. Außerdem kannten wir Anzahl und Funktionen der Personen, die zu diesem Händlerring dazugehörten. Jetzt war es an der Zeit zuzuschlagen. Die Täterinnen konnten wir nicht ohne die Behörden dingfest machen, das war klar. Wir schmiedeten einen genialen Plan und hofften, dass die

Behörden am gleichen Strang ziehen würden. PETA erstattete Strafanzeige gegen die Züchterin. Wir übersandten unser gesammeltes Beweismaterial sowie unsere Zeugenaussagen der Polizei, dem Veterinäramt und der Staatsanwaltschaft. Auch der Tierschutzbeauftragte des Landes Sachsen-Anhalt wurde informiert. Wir boten den Beamten an, weiterhin als Lockvögel zu agieren, damit sie im passenden Moment zuschlagen könnten. Als Käufer des Welpen und »Eingeweihte« der Züchterin würden wir genau wissen, ob sich vielleicht etwas an der Planung änderte. Vielleicht wurde die Serbin krank, und der Termin wäre verschoben worden. Und hätte das Veterinäramt die Züchterin zu früh »hochgenommen«, noch lange bevor die Welpen kupiert werden würden, hätte man diesen Verstoß gegen das Tierschutzgesetz nicht nachweisen können. Die Züchterin wäre gewarnt gewesen, und wir wären aufgeflogen. Man hätte sie nur wegen der Amputation der Ruten anzeigen können. Ihre serbische Komplizin dagegen wäre so aber nicht überführt worden.

In den folgenden Tagen waren wir in ständigem Austausch mit dem Veterinäramt und einem Kontaktmann der Kriminalpolizei. Man wollte die Täterinnen überführen, so viel war klar. Wie genau das ablaufen sollte und ob der Zugriff so, wie wir ihn vorgeschlagen hatten, erfolgen würde, darüber konnten oder durften uns die Beamten allerdings nicht viel sagen. Dass die Polizei und das Veterinäramt aktiv werden würden, stand jedenfalls fest. Jana und ich planten die Abholung unseres Welpen und lieferten weiterhin sämtliche Informationen an die Behörden. Wir gingen davon aus, dass diese am Tag der Abholung zuschlagen würden. Die Helferin aus Serbien wäre dann vor Ort und mit ihr außerdem ihre illegal

Mutterhündin, Polizei, Presse

Moderation zwischen Polizei und Feuerwehr

eingeführten Dobermänner. Das Timing musste genau passen. Man musste die Täterinnen am besten auf frischer Tat ertappen, aber noch früh genug eingreifen, um den Welpen die qualvolle Amputation der Ohren zu ersparen.

Am Vorabend der Aktion trafen Jana und ich das *hundkatzemaus*-Kamerateam in einem Hotel in der Nähe. Wir wollten am nächsten Morgen schon früh am Haus der Züchterin sein und unauffällig in Erfahrung bringen, ob die Bekannte aus Serbien schon da wäre. Unseren Welpen sollten wir erst am frühen Nachmittag holen. Wir gingen deshalb davon aus, dass die Tiere vormittags im Haus der Züchterin kupiert würden. Doch plötzlich schien sich etwas zu ändern. Die Züchterin teilte uns mit, dass die Welpen am nächsten Morgen in das Haus eines Bekannten gebracht würden.

Die Katzen vegetierten seit Jahren in
Dunkelheit und Dreck. (Teil 1, Kap. 1)

Sie waren verwahrlost, hatten struppiges Fell
und Ohrmilben. (Teil 1, Kap. 1)

Ich dokumentierte die illegalen
Haltungsbedingungen. (Teil 1, Kap. 2)

Die Hunde sehnten sich nach
Aufmerksamkeit. (Teil 1, Kap. 2)

Der Schäferhund-Mischling wurde wie Müll
im Hinterhof gelagert. (Teil 1, Kap. 2)

Mit seiner Rettung begann für den älteren Rüden ein neues,
glückliches Leben. (Teil 1, Kap. 2)

Die Haltung des jungen Hütehundes an einer Eisenkette war gesetzeswidrig. (Teil 1, Kap. 2)

Die Ponystute Mandy konnte vor Schmerzen nicht mehr stehen. (Teil 1, Kap. 3)

Mandy und Mona leben heute mit vielen anderen geretteten Tieren auf dem Hagelhof. (Teil 1, Kap. 3)

Das Kitten bei der Züchterin sah krank aus – wahrscheinlich litt auch dieses Tier an Mikrosporie. (Teil 1, Kap. 4)

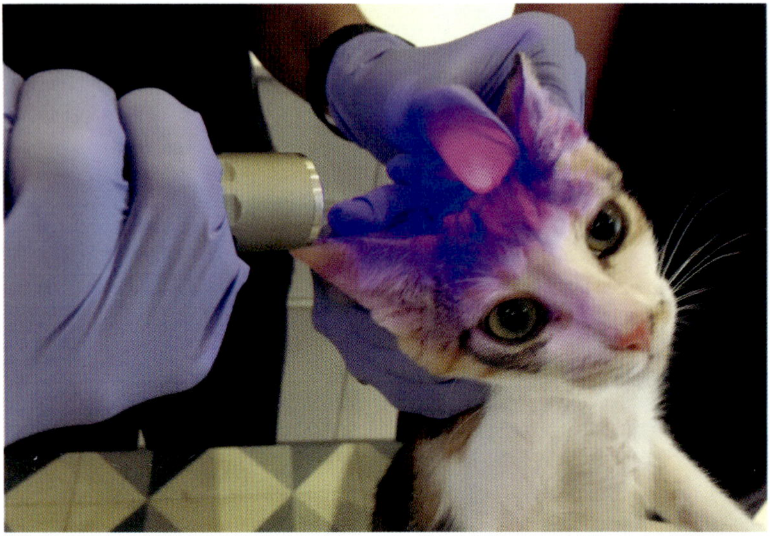

UV-Licht kann Pilzsporen sichtbar machen.
Die Sporen leuchten darin hell auf. (Teil 1, Kap. 4)

Die Scheunen der Animal Hoarderin waren überfüllt
mit Meerschweinchen und Kaninchen. (Teil 1, Kap. 5)

In einem Großeinsatz konnten wir gemeinsam mit Veterinäramts- und Tierheimmitarbeitern 276 Kleintiere retten. (Teil 1, Kap. 5)

Der angebotene Welpe in Berlin war viel zu jung und in schlechtem Zustand. (Teil 1, Kap. 6)

Auch die Hundebabys vom Markt in Polen machten keinen guten Eindruck. (Teil 1, Kap. 6)

Noch sah man den beiden Welpen nicht an, welches lebensgefährliche Virus in ihnen schlummerte. (Teil 1, Kap. 6)

Boden, Bett, Regale – alles war von Katzenkot bedeckt. (Teil 1, Kap. 7)

Seit anderthalb Jahren waren die Tiere in dem verschmutzten Zimmer eingesperrt. (Teil 1, Kap. 7)

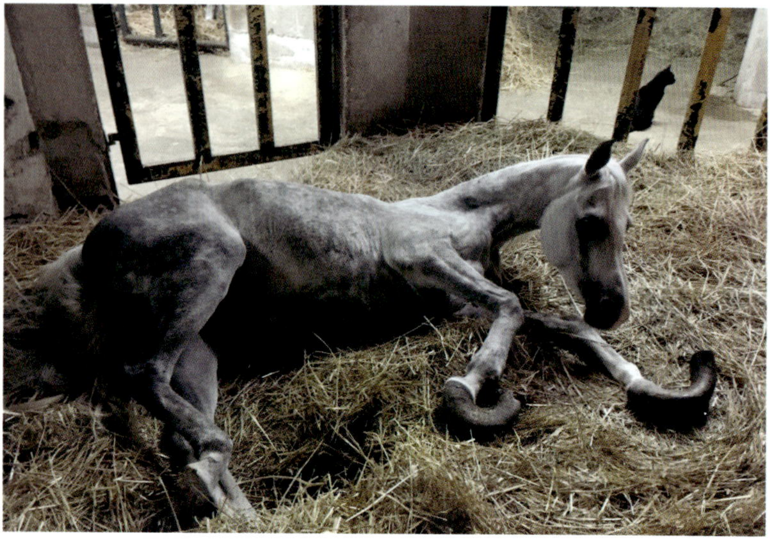

Mit diesen viel zu langen Hufen war schmerzfreies Laufen oder Stehen nicht mehr möglich. (Teil 1, Kap. 8)

Gerettet! Eine der beiden vernachlässigten Stuten und der Hengst konnten noch behandelt werden. (Teil 1, Kap. 8)

Die Ruten der Dobermann-Welpen waren bereits amputiert.
Ihre Ohren sollten kurz vor der Übergabe kupiert werden. (Teil 1, Kap. 9)

Durch einen Großeinsatz der Polizei konnten die Welpen vor dem
illegalen und schmerzhaften Eingriff bewahrt werden. (Teil 1, Kap. 9)

Auch die illegal aus Serbien importierten Junghunde wurden beschlagnahmt.
Leider waren sie schon kupiert worden. (Teil 1, Kap. 9)

Die Tiere wurden in kleinen, völlig verschmutzten Käfigen gehalten.
Viele waren verwahrlost und krank. (Teil 1, Kap. 10)

Eine Ente hatte eine blutige Wunde am Kopf. (Teil 1, Kap. 10)

In Schutzkleidung dokumentierte ich die qualvollen Haltungsbedingungen in einer Putenmastanlage. (Teil 2, Kap. 1)

Der gerettete Puter Storch durfte noch ein artgerechtes Leben kennenlernen. (Teil 2, Kap. 1)

Die Kühe vegetierten in knöchelhohem Kot. Diese kranke Kuh konnte nicht mehr aufstehen. (Teil 2, Kap. 2)

Ich durfte meinen geretteten Kälbchen auf dem Hof von Pro Animale
für Tiere in Not e. V. ihre erste Milch geben. (Teil 2, Kap. 2)

Dichtgedrängt auf Spaltenböden mussten die Schweine
ihr klägliches Dasein fristen. (Teil 2, Kap. 3)

Das Ferkel mit dem Mastdarmvorfall wurde bereits
von den anderen Tieren angefressen. (Teil 2, Kap. 3)

Schon bei den süßen Küken zeigten sich erste Beinprobleme
aufgrund der Züchtung auf schnellen Brustfleischansatz. (Teil 2, Kap. 4)

Die tierärztliche Untersuchung zeigte, wie schwer krank
die geretteten Tiere wirklich waren. (Teil 2, Kap. 4)

Ich filmte abgemagerte und kranke, verletzte sowie tote Ziegen
auf dem Bio-Hof. (Teil 2, Kap. 5)

Um Milch zu geben müssen Ziegenmütter genau wie Kühe
ein Baby gebären. (Teil 2, Kap. 5)

Fast federlos und wunde Stellen:
Ein Bio-Huhn stellt man sich wohl anders vor. (Teil 2, Kap. 5)

Der verwahrloste Wallach Fosc hat gemeinsam mit einem weiteren Pferd ein neues Zuhause bei Judith Pein gefunden.

Kranke Katzenbabys aufzupäppeln ist eine Herzensangelegenheit
für die Tierschutzdetektivin.

Dort sollte auch die Amputation stattfinden. Unser schöner Plan kam ins Wanken. Wir wussten nicht, wer der Bekannte war und wo er wohnte. Sollten wir uns auf die Lauer legen und die Welpen am nächsten Morgen verfolgen? Aber was, wenn wir auffliegen würden? Das konnte die ganze Razzia gefährden. Wir leiteten die neue Information direkt an unseren Kontaktmann bei der Polizei weiter. Jetzt wurde es richtig spannend. Wir würden uns zunächst zurückhalten und vertrauten auf die Professionalität und Erfahrung der Behörden.

Dann war der große Tag da. Schon am frühen Morgen machten wir uns bereit. Endlich kam die Info der Polizei: Der Zugriff würde jetzt erfolgen. Wir konnten unsere Deckung verlassen und trafen kurz darauf vor dem Haus der Züchterin

Kupierter Junghund aus Serbien

Die Polizei übergab die Welpen am Zaun.

ein. Ein Aufgebot aus Polizei, Feuerwehr und Rettungswagen war schon da.

Die Behörden hatten ganze Arbeit geleistet. Männer und Frauen in Sturmmasken hatten das Gebäude umstellt. Einer von ihnen kam uns mit einem Rammbock unter dem Arm aus der Hauseinfahrt entgegen. Das frei stehende Einfamilienhaus mit Garten wurde gerade durchsucht. Hinter dem Haus sahen wir die bereits kupierten Junghunde, die die Komplizin aus Serbien mitgebracht hatte.

Die Mitarbeiter des Veterinäramts, der Staatsanwaltschaft und der Polizei stellten bei der Hausdurchsuchung Bargeld und Papiere sicher und beschlagnahmten alle zehn Welpen sowie die illegal importierten Hunde aus Serbien. Die Welpen wurden sofort durch die Polizei aus dem Keller geholt und nach und nach durch den Garten zur Grundstücksgrenze gebracht. Hier durften Jana und ich mithelfen, sie in Empfang zu nehmen und in einen Rettungswagen der Feuerwehr zu setzen. Es war ein totaler Glücksmoment, als die Polizisten und Polizistinnen uns die süßen Welpen über den Zaun reichten.

In Sicherheit

Die Hundekinder waren in Sicherheit. Das behördliche Einsatzkommando hatte genau zur richtigen Zeit eingegriffen. Die Ohren der Welpen waren noch unversehrt. Wir waren so froh, sie vor dem schmerzhaften Eingriff bewahrt und aus dem fensterlosen Keller gerettet zu haben. Einsatzkräfte der Feuerwehr würden die Welpen sowie die beschlagnahmten Hunde aus Serbien in ein nahe gelegenes Tierheim bringen, sobald alle Vierbeiner in den Transportboxen untergebracht waren.

Die serbische Tierhändlerin wurde von der Polizei abgeführt. Sie würde auf der Wache vernommen werden. Während sie zum Streifenwagen gebracht wurde, beteuerte sie ihre Unschuld. Doch es war offensichtlich, dass auch sie gegen Gesetze verstoßen hatte. Sie hatte für die Hunde, die sie mitgebracht hatte, gefälschte Impfpässe und Gesundheitszeugnisse aus Bulgarien dabei. Ein guter Trick, denn

Auch die serbischen Junghunde kamen zunächst ins Tierheim.

Bulgarien gehört – im Gegensatz zu Serbien – der EU an. Für Hunde, die aus Nicht EU-Ländern eingeführt werden sollen, gelten strengere Vorschriften.[17]

Die Hunde aus Serbien hätten frühestens im Alter von sieben Monaten eingeführt werden können. Denn bei Jungtieren aus nicht gelisteten Drittländern, zu denen Serbien zählt, muss nach der Tollwut-Impfung mit frühestens zwölf Wochen eine Blutuntersuchung durchgeführt werden, die belegt, dass der Hund genügend Antikörper gegen Tollwut hat. Die Blutentnahme muss mindestens 30 Tage nach der Impfung und mindestens drei Monate vor der Einreise erfolgen. Da die Hunde, die die Serbin mitgebracht hatte, jedoch jünger waren, waren sie nachgewiesenermaßen illegal eingeführt.

Aus Bulgarien hätten die Dobermänner nach der Tollwut-Impfung und dreiwöchiger Quarantänezeit im Alter von mindestens 15 Wochen legal importiert werden dürfen, auch kupiert. Denn das Kupieren von Hunden ist zwar u. a. in Deutschland, in der Schweiz und in Österreich seit mehr als 20 Jahren verboten, der Import kupierter Hunde aber nicht. Um den Handel mit den verstümmelten Tieren zum Erliegen zu bringen, müsste auch die Einfuhr kupierter Hunde verboten werden. Denn einige Züchter und Käufer versuchen, das Kupierverbot zu umgehen, indem sie ihre Tiere im Ausland, wo diese Praxis noch erlaubt ist, verstümmeln lassen. Dies ist jedoch strafbar, wie das Amtsgericht Neunkirchen in einem Urteil deutlich macht: »Das Kupieren der Ohren eines Dobermanns fügt dem Tier langanhaltende Schmerzen zu, die nicht auf einem vernünftigen Grund beruhen. Die Maßnahme ist deshalb tierschutzwidrig und strafbar. Dies gilt auch dann, wenn der Eingriff an den Ohren nicht in Deutschland, sondern im Ausland vorgenommen wurde, wo dies noch erlaubt ist. Denn wer seinen Hund nur deshalb kurzfristig ins Ausland bringt, um dort die Ohren kupieren zu lassen, macht sich strafbar, weil der Hund die Schmerzen nicht nur unmittelbar beim

Der arme Kerl wurde bereits verstümmelt.

Eingriff hat. Diese Schmerzen dauern vielmehr noch mehrere Wochen während der Nachbehandlung (2–4 Wochen) an. Ein vernünftiger Grund für das Kupieren der Ohren liegt im Sinne des Tierschutzgesetzes nicht vor.« (AG Neunkirchen, Az. 19.536/93)[18]

Die beiden Junghunde aus Serbien wurden als letzte aus dem Haus der Züchterin gebracht. Die Durchsuchung war vollzogen, und die Behörden hatten die Beweise gesichert. Die Züchterin selbst bekamen wir bei dem Polizeieinsatz nicht zu Gesicht. Sie war im Haus geblieben. Auf der Straße davor trafen wir allerdings auf verschiedene Käufer der Hunde, die darauf warteten, ihren Welpen zu bekommen. Ich fragte eine Frau, die aus Hamburg angereist war, ob sie einen kupierten oder unkupierten Hund bestellt hatte. Sie sagte, natürlich einen kupierten. Auf meinen Einwand, dass dies verboten und Tierquälerei ist, antwortete sie, dass da doch nichts dabei wäre. Stumpf wartete sie weiter. Sie dachte tatsächlich, dass sie den Hund noch bekommt. Ebenso ein weiterer Mann, der weniger freundlich auf unser Kamerateam reagierte.

Als die Aktion am Haus der Züchterin abgeschlossen war, begleiteten wir die beschlagnahmten Hunde in ein nahe gelegenes Tierheim. Auch die Einsatzkräfte der Feuerwehr, die die Tiere dorthin fuhren, waren ganz angetan von den süßen Welpen. Alle waren glücklich, die Dobermänner gerettet zu haben. Im Tierheim wurden sie untersucht, aufgepäppelt und vermittelt. Mit teils gefälschten Kaufverträgen versuchten die ursprünglichen Käufer noch an die Tiere ranzukommen, was ihnen jedoch nicht gelang. PETA zeigte neben der Züchterin und ihrer Komplizin aus Serbien auch die involvierte Tierärztin sowie den Mann mit der Kupierlizenz aus der ehemaligen DDR an. Eine Anzeige gegen Unbekannt wurde auch gegen die Käufer der Welpen wegen Anstiftung zur Tierquälerei erstattet. Ihre Namen würden die Behörden in den beschlagnahmten Unterlagen finden. Für die skrupellose Züchterin forderte PETA ein lebenslanges Zucht- und Tierhalteverbot. Diese Recherche fand im Februar 2019 statt. Das Verfahren läuft noch (Stand Juli 2020).

10. Ein Amtsveterinär, der nicht hört, nicht sieht, nicht handelt – Behördenwillkür in Schleswig-Holstein

Meine Erfahrungen mit Veterinärämtern sind sehr unterschiedlich. Ich habe engagierte Amtstierärzte getroffen, die gerne auf mein Beweismaterial zugegriffen haben und es als Chance sahen, mit meiner Zeugenaussage und meinem Bildmaterial endlich härter durchgreifen zu können. Leider bin ich aber auch auf Amtsveterinäre gestoßen, die die Zusammenarbeit mit mir als Journalistin und als Tierschützerin komplett ablehnten. Nach dem Presserecht sind Behörden dazu verpflichtet, Journalisten Auskunft zu geben. Dafür stellt ein Journalist oder ein Redakteur seine Fragen üblicherweise an die Pressestelle eines Landkreises, die sich wiederum z. B. beim Veterinäramt informiert, um die Fragen beantworten zu können. In vielen Behörden laufen Anfragen nur über die Pressestelle, in manchen Veterinärämtern haben auch die Amtsleiter selbst mir ein Interview gegeben. Diese Vorgehensweise handhabt anscheinend jeder Landkreis unterschiedlich. Manchmal mag es auch an der Lust und Laune des entsprechenden Mitarbeiters liegen, ob er mit mir und meiner Redaktion sprechen möchte oder nicht. Aufgrund laufender Ermittlungen kann sich eine Behörde manchmal nicht zu einem Fall äußern, und manchmal wird dieser Grund nur vorgegeben, weil man eigentlich keine Lust auf Presse hat.

Ein Fall, bei dem ich auf gnadenlose Behördenwillkür und eine sehr negative Einstellung eines Amtsveterinärs gegenüber Tierschützern und Pressevertretern gestoßen bin, wie ich es vorher und nachher selten erlebt habe, war eine Recherche über eine Animal-Hoarderin in Schleswig-Holstein. Die Frau sollte Pferde, Kaninchen, Meerschweinchen, Enten und Ziegen unter katastrophalen Umständen halten. Die Tiere sollten in dreckigen dunklen Käfigen in einem heruntergekommenen Schuppen auf einem unbewohnten Gelände untergebracht sein, die Pferde auf einer Wiese davor. Verschiedene Zeugen kannten diese Zustände schon seit vier Jahren und hatten den Fall mehrmals den Behörden gemeldet. Strafanzeigen und Dienstaufsichtsbeschwerden waren eingestellt bzw. abgewiesen worden. Außer dass eine schwerkranke Stute unter Aufsicht des Veterinäramtes abtransportiert worden war, hatte sich für die Tiere nichts verbessert. Ein befreundeter Verein hatte mich daher um Hilfe gebeten und mir die Informationen und einiges Bildmaterial zukommen lassen. Die Zustände sahen auf den Fotos so schlimm aus, dass ich mir die Tierhaltung unbedingt ansehen musste. Ich fragte mich, warum die Behörden hier nicht durchgriffen. Den Aufnahmen zufolge lagen eindeutig Verstöße gegen das Tierschutzgesetz vor. Ich musste dem nachgehen.

Gemeinsam mit meinem Kamerateam fuhr ich von Köln nach Schleswig-Holstein. Wir trafen meine Bekannte, die mit ihrem Verein schon seit Monaten versuchte, den Tieren zu

Das Gelände sah schon von Weitem ungepflegt aus.

helfen. Auch die Hauptinformantin, die die Zustände schon seit Jahren beobachtet und dokumentiert hatte, kam zu dem Treffen.

Wir fuhren zu dem Gelände. Von der Straße aus konnte man den heruntergekommenen Schuppen schon gut sehen.

Auf der Wiese davor standen die beiden Pferde in Kot und Matsch. Als Futterraufe diente ein alter Einkaufswagen. Der war jedoch leer. Die Pferde litten Hunger, ihre eingefallenen Hungerkuhlen am Bauch zeigten es. Sie hatten kein Raufutter, keine überdachte Raufe. Die Hufe waren ungepflegt. Die Tiere hatten außerdem wund gescheuerte Stellen.

Natürlich wollte ich mir auch einen Eindruck vom Inneren des Schuppens verschaffen, in dem die Kleintiere unter erbärmlichen Bedingungen vegetieren sollten.

Gemeinsam mit der Informantin ging ich zu dem Schuppen. Vor diesem lagen Kisten, vergammelte Gemüsereste und Müll herum – ein typisches Anzeichen für eine Messie-Tierhaltung. Im Inneren des Schuppens sah ich die Tiere. Es war ein grauenvoller Anblick. Kaninchen, Meerschweinchen und Enten vegetierten in verdreckten, kleinen Käfigen. Der erste Eindruck ließ schon vermuten, dass die Tiere verwahrlost oder krank sein würden.

Ich musste mir die Tiere im Einzelnen anschauen. Nach und nach gingen wir die Käfige ab. Wir fanden Kaninchen mit zu langen Krallen und wunden Füßen. Dadurch, dass sie die ganze Zeit auf ihrem eigenen Kot und Urin saßen, hatte sich die Haut entzündet. Solche offenen schmerzhaften Fußballenentzündungen kannte ich bisher nur aus der Geflügelmast.

Die beiden Pferde hatten Hunger.

Futter fehlte, Verletzungsgefahren gab es reichlich.

Einige Tiere litten an Durchfall. Kotbrocken klebten an ihrem Fell und After. Manche Meerschweinchen hatten durch die unzureichende Pflege lange Korkenzieherkrallen. Andere hatten kahle, schorfige Stellen, wahrscheinlich durch Parasitenbefall. Zwei Meerschweinchen litten unter Augenentzündungen. Ein zusammengezimmerter Meerschweinchen-Käfig war so dunkel, dass ich die Tiere darin kaum sehen konnte – und das bei Tag. Auch hier waren überall Kot, Urin, Feuchtigkeit, schimmelige Holzwände und gammeliges Gemüse. Es stank aufgrund der alten Essensreste, die sich unter der oberen Heuschicht mit uralten Exkrementen vermischten.

Die Enten hockten ebenfalls in kleinen Käfigen. Der Boden war komplett nass, eine Schale mit altem Wasser war völlig verdreckt. Ein Tier hatte eine offene Wunde am Kopf.

Nachdem ich die Verletzungen der Tiere und die tierschutzwidrigen Haltungsbedingungen gefilmt hatte, gingen wir zu dem Ziegenstall hinüber. Durch einen Spalt in der Tür lugte eine Ziege zu uns heraus. Es war ein Leichtes, den Ziegenstall zu betreten. Das Tor war unverschlossen. Im Inneren des Stalls war es dreckig und voller Spinnenweben. Die Ziegen hatten kein Wasser. Zwei von ihnen waren hochgradig abgemagert. Eine hatte ein Hufgeschwür. Das Tier stand in einer Ecke und konnte sein Bein nicht aufsetzen. Der Fuß war dick angeschwollen, aus dem Huf lief eine blutig-eitrige Flüssigkeit. Die Ziege zitterte vor Schmerz. Entsetzlich! Hier musste das Veterinäramt doch reagieren und eine sofortige tierärztliche Behandlung anordnen. Anders konnte ich es mir kaum vorstellen.

Die Meerschweinchen waren verwahrlost.

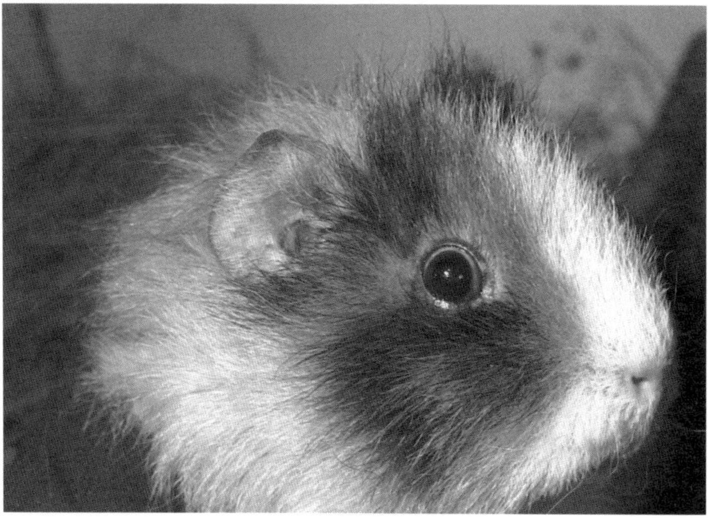

Wunde Füße bei einem Meerschweinchen

Die Ställe waren verdreckt.

Die Enten vegetierten in den kleinen Ställen.

Wir gingen zurück zum Kamerateam, das vor der Grundstücksgrenze gewartet hatte. Dann rief ich beim Veterinäramt an. Ich sprach mit einem Amtstierarzt, der mir sagte, er werde heute nicht zu dem Gelände kommen. Er sei erst am Vortag dort gewesen und alles sei in Ordnung. Außerdem, sagte er, sei er auch gar nicht zuständig. Auf meine Frage, wer denn zuständig sei, antwortete er flapsig, dass ich das selbst herausfinden solle. So ein Verhalten eines Beamten mir und meinem Team gegenüber hatte ich bis dato noch nicht erlebt. Es machte mich fassungslos. Es ging doch hier um die Tiere! Und die litten in diesem Moment massive Schmerzen. Außerdem waren die Haltungsbedingungen tierschutzwidrig. Selbst wenn, wie es in Schleswig-Holstein der Fall ist, erst mal die Gemeindeverwaltung, bzw. das Ordnungsamt für

Einige Ziegen waren hochgradig abgemagert.

die Aufnahme von Tierschutzanzeigen zuständig ist[19] – wie konnte ein Amtsveterinär, der den Fall ja bereits bearbeitete, hier nicht sofort eingreifen? Und stattdessen alberne Machtspielchen spielen? Ich rief die Polizei an und bat dort erneut um Hilfe für die Tiere. Doch der Dienststellenleiter teilte mir freundlich mit, dass die Polizei nicht kommen werde, da das Veterinäramt am Vortag die Tierhaltung kontrolliert habe und alles für ordnungsgemäß befunden habe. Auch hier gab es noch eine herablassende Bemerkung mir gegenüber: Der Amtsveterinär habe studiert und werde die Situation schließlich besser einschätzen können als ich. Ich war sprachlos. Was war denn in diesem Landkreis los? Eine zielführende Zusammenarbeit zwischen Tierschutz und Behörden oder auch Medienvertretern und Behörden sieht anders aus. Das hatte ich in anderen Landkreisen schon ganz anders erlebt. Einiges liegt eben doch an der Persönlichkeit und dem Engagement des einzelnen Amtsmitarbeiters.

Mein Team und ich berieten uns. Wir entschieden uns, die Tierhalterin selbst aufzusuchen und mit ihr zu sprechen. Ich wollte wissen, was sie zu den Vorwürfen sagte, und ihr Hilfe anbieten. Es ging jetzt darum, den leidenden Tieren zu helfen. Und zwar möglichst schnell. Die Tierhalterin wohnte in einem Mehrfamilienhaus. Vor diesem befand sich ein kleines Schrebergartenhäuschen. Meiner Informantin zufolge sollte die Frau auch darin Meerschweinchen horten. Ein schneller Blick durch das trübe Fenster in die Gartenlaube bestätigte dies. Ich konnte mehrere nebeneinanderstehende Käfige sowie ein Meerschweinchen mit einem verletzten Auge durch

Aus dem geschwollenen Huf drang blutig-eitrige Flüssigkeit.

die verdreckte Glasscheibe erkennen. Dann klingelte ich bei der Tierhalterin. Die Frau, deren Alter ich auf Ende fünfzig schätzte, öffnete die Tür. Ich stellte mich vor, sagte, dass ich Tierschützerin sei und davon gehört hätte, dass ihre Tiere leiden würden. Ich bot ihr einen Deal an: Ich würde gerne die Kleintiere mitnehmen und in gute Hände vermitteln. Im Gegenzug würde ich ihr gerne helfen, den Stall und die Weide pferdegerecht umzugestalten und außerdem die Kosten für den Tierarzt und Hufschmied übernehmen. Die Pferdehaltung würde meine Freundin mit ihrem Verein zukünftig weiter im Auge behalten und bei der Futterbeschaffung helfen können. Doch die Frau wollte von all den Vorschlägen nichts wissen. Sie sagte, ihren Tieren gehe es gut. Auf mich machte sie einen psychisch labilen Eindruck. Spätestens jetzt war für mich klar, dass ich es hier mit einer Animal-Hoarderin zu tun hatte. Die Frau sah nicht, dass ihre Tiere krank und verwahrlost waren. Als wir gingen, alarmierte sie die Polizei.

Mein Team und ich fuhren zurück zu dem Gelände. Wir hofften, dass noch irgendetwas für die Tiere passierte; dass sich der Amtsveterinär oder die Tierhalterin doch noch hier zeigen und etwas für die Tiere verbessern würden. Wir hätten so gerne geholfen. Ich hätte sofort einen Tierarzt gerufen und die Behandlungskosten bezahlt, wenn ich nur die Erlaubnis der Halterin gehabt hätte. Was mussten die Ziege mit dem eiternden Huf und die Kleintiere mit den offenen Wunden für Schmerzen haben! Dass der Amtsveterinär vor Kurzem da gewesen sein wollte und sowohl die Tiere als auch die Ställe in solch einem Zustand waren, war skandalös. Man stellt sich natürlich die Frage, warum eine Animal-Hoarderin von einem Amtsveterinär derart gedeckt zu werden scheint. Die

Zustände sollten ja schon seit Jahren bestehen. Hatte die Frau gute Beziehungen bis in die Behörde, oder hatte der Amtstierarzt einfach keine Lust, eine Beschlagnahmung der Tiere zu organisieren?

Noch abstruser wurde die Recherche, als plötzlich eine Polizeistreife anrückte. Aber nicht, um den Tieren zu helfen, sondern um die Personalien von mir und meinem Kamerateam aufzunehmen. Die Tierhalterin wollte uns wegen Hausfriedensbruch anzeigen, da wir angeblich ihr Gelände betreten hatten. (Zu einer Anklage kam es allerdings nie.) Ich machte den Polizisten, der meine Personalien aufnahm, noch einmal darauf aufmerksam, dass nur einhundert Meter von uns entfernt in diesem Moment Tiere Schmerzen litten. Ich bat ihn, doch einfach selbst nachzusehen, aber die Beamten blieben stur. Es war wie in einem schlechten Film: Wir kamen hierher, um den Tieren und der Animal-Hoarderin zu helfen, und sollten jetzt selbst angezeigt werden. Dass die Polizisten ihren Job machen mussten, als sie alarmiert wurden, ist verständlich. Doch was wir hier erlebten, war geradezu eine Dämonisierung von Tierschützern und Medienvertretern durch das Veterinäramt, das seine Macht ausspielte.

Was konnte ich noch tun, um die armen Tiere zu retten? Für mich begann nun eine Materialschlacht. Ich fasste meine Beweise und Informationen zusammen und schickte sie mit der Bitte um Hilfe an den Landkreis, an das Ministerium für Energiewende, Landwirtschaft, Umwelt und ländliche Räume (MELUR) sowie an PETA, Deutschlands größte Tierrechtsorganisation. Beim Landrat des Kreises legte ich außerdem eine Dienstaufsichtsbeschwerde gegen den zuständigen Amtsveterinär ein. Währenddessen forderte meine

Redaktion Stellungnahmen zu dem Fall vom Landkreis und dem Ministerium an.

Für PETA war nach Analyse meiner Informationen und Videoaufnahmen durch die dortigen Experten ebenfalls völlig klar, dass hier schwere Verstöße gegen das Tierschutzgesetz vorlagen und das Veterinäramt schon vor Jahren hätte eingreifen und die Tiere beschlagnahmen müssen. Es ist Aufgabe des Veterinäramtes, dafür Sorge zu tragen, dass kein Tier in seinem Zuständigkeitsbereich leidet. Das Veterinäramt hat eine Garantenpflicht. Bleibt ein Amtstierarzt untätig, so kann er selbst Straftaten nach dem Tierschutzgesetz durch Unterlassen begehen. PETA erstattete daher sowohl Strafanzeige gegen die Tierhalterin wegen Verstoßes gegen § 17 Nr. 2b) TierSchG als auch gegen den Amtsveterinär wegen Verstoßes gegen § 17 Nr. 2b) in Verbindung mit § 13 StGB (durch Unterlassen) bei der Staatsanwaltschaft Lübeck.

Der Landkreis, das Landratsamt und das Ministerium wiesen die Anschuldigungen auf Untätigkeit zurück. Die Amtstierärzte hätten etwaige tierschutzrelevante Sachverhalte genau wie ich festgestellt, dokumentiert und die Abstellung der jeweiligen Mängel veranlasst. Die Tierhaltung sei mehrfach kontrolliert worden. Bei der letzten Kontrolle seien keine tierschutzrelevanten Mängel mehr festgestellt worden. Diese hatte, etwa drei Monate nachdem ich im Dezember 2015 vor Ort war, stattgefunden.

Meine Dienstaufsichtsbeschwerde über den Amtsveterinär beim Landrat des Kreises wurde als unbegründet zurückgewiesen. Seine lapidare Antwort am Telefon, ich solle selbst herausfinden, wer zuständig sei, las sich in der Akte plötzlich ganz anders. Hier stand nun, dass er völlig korrekt geantwortet

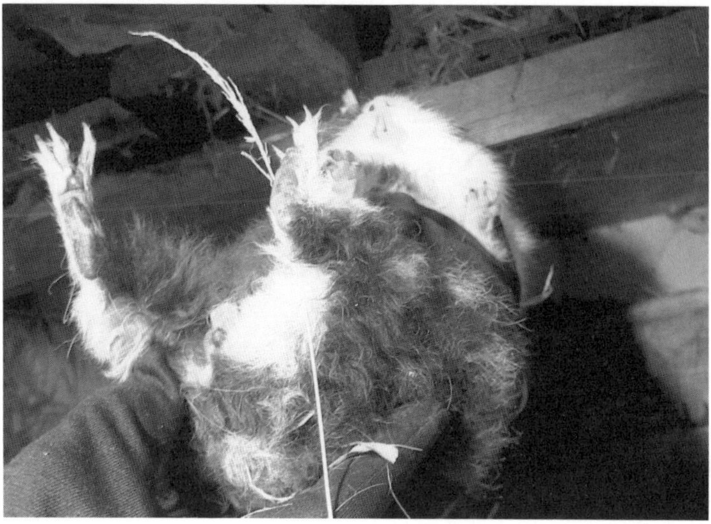

Ein verwahrlostes Meerschweinchen

habe, dass das Ordnungsamt bei Tierschutzverstößen in Schleswig-Holstein zuständig sei. Ob er die Aufzeichnung geschönt hat, um sich zu decken oder ob ihm »seine Erinnerung einen Streich gespielt hat«, kann ich nicht sagen.

Nach der Veröffentlichung des Falls in der Sendung *hundkatzemaus* im April 2016 gab es eine Welle der Empörung. Zahlreiche lokale Medien berichteten ebenfalls über diese katastrophale Tierhaltung und die Untätigkeit der Behörden. Es meldeten sich einige unabhängige Tierfreunde bei mir, die sich engagieren wollten. Die einen wollten ebenfalls die Behörden anzeigen, die anderen machten der Animal-Hoarderin weitere Hilfsangebote. Die Frau bekam Pferdefutter geschenkt und einige Tiere sollten woanders untergebracht

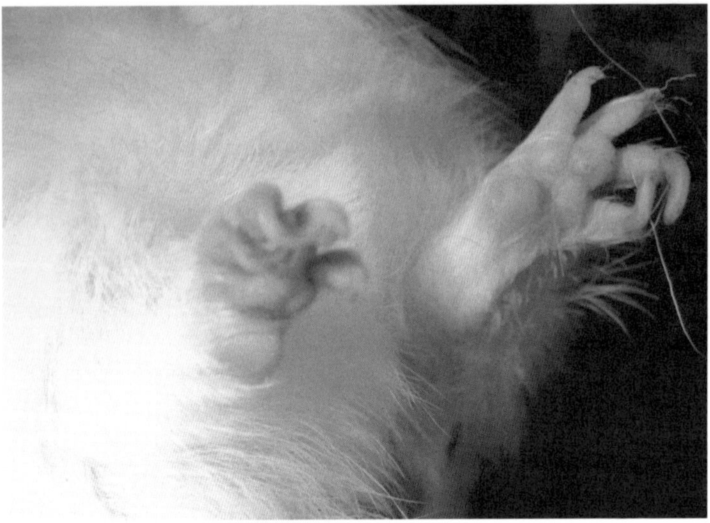

Meerschweinchen mit überlangen Krallen

werden. Immerhin, Kleinigkeiten schienen sich zu verbessern.

Etwa anderthalb Jahre später teilte die Staatsanwaltschaft Lübeck nach umfangreichen Ermittlungen und unter Einschaltung einer externen Gutachterin mit, dass sich die von PETA angezeigten Vorwürfe gegen die Tierhalterin zum Teil bestätigt hatten. Vor allem die Meerschweinchen-Haltung war kritikwürdig.

Daher hatte die Staatsanwaltschaft Lübeck einen Strafbefehl gegen die Tierhalterin beim zuständigen Amtsgericht beantragt. Zudem waren mehrere Auflagen erteilt und Maßnahmen nach § 16a TierSchG eingeleitet worden, um die Haltungsbedingungen zu verbessern. Diese tierschutzrechtlichen Maßnahmen sollten regelmäßig tierärztlich überwacht und kontrolliert werden. Welche Auflagen erteilt wurden, erfuhren wir nicht im Detail. Ich gehe davon aus, dass die Haltungsbedingungen allgemein verbessert und die Tiere veterinärmedizinisch durchgecheckt werden mussten. Das Verfahren gegen die Amtsveterinäre wurde eingestellt. Was aus der Ziege mit dem eitrigen Huf geworden ist, habe ich nie erfahren. Ich denke heute immer noch ab und zu an sie und wünschte, ich hätte es geschafft, sie noch am gleichen Tag tierärztlich behandeln zu lassen.

Teil 2

Tierquälerei in der Massentierhaltung – geduldet und gefördert

1. Recherche im Putenstall – ein wahr gewordener Albtraum

Abenddämmerung im Sommer 2018. Ich traf mich mit meinem Team auf einem abgelegenen Parkplatz etwa fünfzig Kilometer vom Einsatzort entfernt. Wir wollten in einer Putenmastanlage in Nordrhein-Westfalen recherchieren, in der katastrophale Zustände herrschen sollten. Mir waren Bilder zugespielt worden: Tote Tiere lagen zwischen lebenden, es gab unbehandelte kranke Puten – sehr kranke Tiere, die wahnsinnige Schmerzen leiden mussten. Ein Grauen. Das zuständige Veterinäramt sollte regelmäßig dort kontrolliert, aber keine Auffälligkeiten festgestellt haben.

Unsere Stimmung war gut, aber angespannt. Mein Team bestand aus einem Tierschutzkollegen, der so wie ich schon seit Jahren in der Tierindustrie recherchierte, und zwei ehrenamtlichen Studentinnen. Es waren junge Menschen, die etwas gegen das unsägliche Leiden der Tiere unternehmen wollten. Sie konnten der Tierquälerei nicht länger zuschauen und wollten aktiv werden, damit auch andere erfahren, was in Mastanlagen vor sich geht. Denn erst, wer die Wahrheit kennt, kann frei entscheiden, ob er diese Zustände unterstützen möchte. Aber solch ein Engagement ist nie frei von Risiken. Die Gefahr, auf Menschen zu treffen, die unbedingt verhindern wollen, dass die Missstände ans Licht kommen, war und ist stets da. Ich habe schon Autos voll Security-Mitarbeiter gesehen, die Mastanlagen vor den Kameras der Tierschützer abschirmen sollten.

Am Auto trafen wir die letzten Vorbereitungen. Jeder prüfte sein Equipment: Kameras, Akkus, Speicherkarten, Nachtsichtgerät und Funkgeräte – alles funktionierte. Dann ging es los. Unser Rechercheteam fuhr gemeinsam in die Nacht. Im Auto herrschte Schweigen. Jeder versuchte sich innerlich darauf vorzubereiten, was uns erwartete. Uns war klar, dass wir gleich schlimmes Tierleid sehen würden. So wie in bisher jeder industriell betriebenen Tierhaltung, in der ich recherchiert hatte. Das Leid ist systemimmanent. Die Opfer dieser Missstände sind Lebewesen, die Schmerzen leiden und qualvoll sterben. Doch in der Fleischproduktion zählt der Profit mehr als der Schutz dieser Lebewesen.

Wir erreichten den Putenmastbetrieb. Der Stall glich einer riesigen Industriehalle mit Tausenden Tieren darin. Dem Betreiber gehörten gleich mehrere solcher Hallen. Sie lagen am Ende eines Privatweges umgeben von Bäumen. Wir parkten und holten leise unsere Rucksäcke, die genau so schwarz waren wie unsere Kleidung, aus dem Kofferraum. Wir brauchten kein Licht. Unsere Augen hatten sich an die Dunkelheit gewöhnt, und der Mond schien; vielleicht sogar etwas zu hell. Wir gingen zu einer der Hallen. Es war schon herbstlich, aber noch nicht kalt. Ich fror dennoch. Vielleicht war es die Anspannung. Von früheren Fällen wusste ich, dass sich mein körperliches Empfinden ausschalten würde, sobald ich die Tiere sehen würde. Ich würde keine Angst haben, nicht müde sein, weder frieren noch schwitzen, sondern mich nur auf meine Arbeit konzentrieren: die Zustände zu dokumentieren und zu belegen, dass hier gegen das Tierschutzgesetz verstoßen wurde.

An der Anlage waren wir die einzigen Menschen. Niemand sonst war weit und breit zu sehen. Nur ein paar tierische Waldbewohner schauten uns mit leuchtenden Augen an und verschwanden im Gebüsch. Ansonsten waren wir allein. Ein Wohnhaus des Betreibers gab es nicht in der Nähe. Von »Bauernhöfen« zu sprechen ergibt bei dieser Art der Tierhaltung in riesigen automatisierten Industrieanlagen keinen Sinn. Die Ställe von einst sind heute Industriehallen, und die damaligen Bauern sind heute entweder selbst Agrarindustrielle oder, wie in der Geflügelindustrie üblich, abhängige Lohnmäster.

Durch die kleinen verdreckten Fenster konnten wir in den Vorraum der Halle schauen, in der sich etwa 2000 Puten befinden sollten. Rote und grüne Lichter blinkten darin: Futter, Stallklima – alles wurde automatisch gesteuert. Als mein Kollege aus unserer Deckung hinter Bäumen zur Tür des Vorraumes ging, um zu prüfen, ob diese verschlossen war, leuchtete plötzlich ein helles Licht auf. Ein Bewegungsmelder. Wir erschraken, als der gleißende Lichtstrahl den Vorplatz taghell erleuchtete, doch das Licht würde sicher gleich wieder ausgehen. Und es war ja niemand hier, der uns sehen konnte. Die Tür war, wie häufig bei derartigen Betrieben, offen. Darüber wunderte ich mich jedes Mal. Machte sich der Betreiber keine Sorgen um seine Tiere? Jeder Tierquäler oder Dieb hätte leichtes Spiel gehabt. Aber uns kam seine Sorglosigkeit zugute. Wir gingen durch die Eingangstür und verschwanden im Inneren des Raumes. Eine meiner Helferinnen blieb vor der Tür und hielt uns den Rücken frei. Wir waren durch Funkgeräte miteinander verbunden und in ständigem Austausch. »Alles o. k.?« »Ja – alles ruhig.« »Gut, wir gehen gleich rein.« Würde unsere Wache draußen Alarm schlagen, weil jemand kam, würden wir uns zurückziehen. Vorsichtig und sicher. Aber einfach würde das sicher nicht werden. Umgeben von etwa 2000 dicht zusammengedrängten Puten, fünfzig Meter vom Ausgang entfernt – da würde es kaum ein schnelles Entkommen geben. Zu häufig liegen in solchen Anlagen verletzte und sterbende Tiere auf dem Boden. So würde es wohl auch in diesem Betrieb sein. Wir mussten also aufpassen, wo wir hintraten.

Wir standen im Vorraum der Halle. Ab jetzt waren wir durch eine erste Tür von der Außenwelt getrennt. Mein Puls wurde schneller. Wir alle machten diese Arbeit nicht gerne. Wir hätten lieber gemütlich zu Hause entspannt, Freunde getroffen oder geschlafen. Doch das konnten wir nicht. Wie sollten wir mit ruhigem Gewissen im Bett liegen, wenn wir doch wussten, was den Tieren angetan wurde, wie sehr sie litten? Wer sollte ihnen helfen und die skandalösen Zustände in den Mastbetrieben aufdecken, wenn wir schliefen? Wer würde den Menschen zeigen, wie es in Mastanlagen aussah? Ein Kamerateam oder einen Fotojournalisten würde ein Mastanlagenbetreiber, wenn überhaupt, wohl nur mit Voranmeldung und entsprechenden Vorbereitungen in seine Anlage hereinlassen. Ich habe schon erlebt, wie Mastanlagen für Pressetermine hergerichtet wurden. Den Medienvertretern wurden frisch eingestallte Küken präsentiert. Sie waren noch so klein, dass die Hallen riesig wirkten und die Tiere viel Platz darin hatten. Natürlich war auch der Untergrund noch sauber. Kinder der Mäster präsentierten die plüschigen gelben Küken auf ihren Armen. Die Erfahrung zeigt, dass kritische Journalisten auf solchen Höfen aber eher nicht gerne gesehen werden. Nicht umsonst liegen Mastbetriebe und Schlachthäuser an abgelegenen Orten oder hinter hohen Mauern. Und was Amtsveterinäre bei vorher angekündigten Kontrollen in derartigen Betrieben vorfinden, kann man sich leicht vorstellen.

Durch ein kleines schmutziges Fenster konnten wir vom Vorraum aus in die beleuchtete Masthalle schauen. Da waren sie – dicht an dicht gedrängt. Hilflose Tiere, denen grausames Leid angetan wurde.

Im Vorraum war es bis auf die blinkenden Lichter der Anlagenautomatik und das Licht, das aus der Masthalle hereinfiel, dunkel. Wir schalteten unsere Kopflampen ein und zogen

In der Halle waren an die zweitausend Puten.

uns Schutzanzüge sowie Stiefelüberzieher an. Wir wollten keine Keime in den Stall einschleppen und vor allem keine mit hinausnehmen. Denn in den Mastanlagen brodelt es, um es so dringlich auszudrücken, wie es ist. Industrielle Tierhaltungen sind ideale Brutstätten für antibiotikaresistente Keime.[20] Diese Erreger können einer Vielzahl von Antibiotika widerstehen. Verursachen diese Bakterien Krankheiten, so hilft gegen sie also kaum noch ein Mittel. Die Resistenzen entstehen unter anderem an Orten, an denen häufig Antibiotika verwendet werden, etwa in Krankenhäusern und der industriellen Tierhaltung. Sogenannte Krankenhauskeime, wie der bekannte MRSA-Keim, sind ein immer größer werdendes Problem. Gelangt ein solcher Keim z. B. in eine Operationswunde, kann er dort eine nicht heilende Wundinfektion auslösen. Die Folge sind lebensbedrohliche Entzündungen bis hin zur Blutvergiftung. Die Erreger werden durch direkten oder indirekten Kontakt zwischen Menschen, zwischen Menschen und Tieren und auch aus der Umwelt übertragen. Und das macht sie umso gefährlicher. Denn sie gelangen leicht durch Abwässer, Gülle und Immission von Staub in die Natur. Man findet die Erreger daher auch in Flüssen und Seen. Und das sogar in überraschendem, besorgniserregenden Ausmaß, wie eine NDR-Recherche von 2018 ergab.[21] In fünf von zwölf Proben, die aus Gewässern an verschiedenen Orten entnommen wurden, vor allem in Regionen mit intensiver Tierhaltung, fand man Bakterien, gegen die nicht einmal mehr das wichtige Reserveantibiotikum Colistin wirkte. Das Notfallmedikament Colistin wird nur in lebensbedrohlichen Situationen eingesetzt, wenn alle anderen Antibiotika versagen – in der Humanmedizin. In der industriellen Tierhaltung dagegen wird Colistin in größeren Mengen verabreicht. Ich habe dieses wichtige Medikament in zahlreichen Anlagen industrieller Tierhaltung gefunden. Es wird meistens über das Trinkwasser gegeben. Ich habe Putenmastanlagen gesehen, in denen Colistin sowie weitere Antibiotika-Präparate kartonweise in dreckigen, feuchten Vorräumen der Masthallen neben dem Becken lagerten, von dem aus Trinkwasser in die Halle gepumpt wird. Tote Puten lagen daneben auf dem Boden. Hinter einem anderen Putenmastbetrieb in Niedersachsen fand ich halb verbrannte Medikamentenpackungen. Kein Wunder also, dass Wissenschaftler es für wahrscheinlich halten, dass das Resistenzgen multiresistenter Keime aus der Tierhaltung stammt. Es ist ein todbringender Kreislauf. Die Tiere in den Anlagen sind durch die miserablen Haltungsbedingungen zahlreichen Erregern ausgesetzt und werden krank. Tritt eine Erkrankung in einem Stall auf, so werden direkt alle, also beispielsweise in einer Geflügelmast gleich Tausende von Tieren, behandelt. Oder man gibt die Mittel gleich prophylaktisch, da man ohnehin davon ausgeht, dass die Tiere, die dicht gedrängt, verletzt auf ihrem eigenen Kot vegetieren, krank werden. Die resistenten Erreger verbreiten sich, gelangen in die Umwelt, lassen sich sogar auf abgepacktem Fleisch im Supermarkt finden[22], Menschen erkranken und sterben, da kein Medikament, eben dann auch nicht mehr Colistin, wirkt. In Deutschland sind Infektionen mit diesen Erregern für den Tod von 10.000 bis 20.000 Menschen jährlich verantwortlich.[23] Diese Zahlen sind alarmierend. Doch die Medikamentengabe ist bei den Bedingungen der industriellen Tierhaltung meist nötig, um die Tiere überhaupt bis zum Mastende am Leben zu halten. Sie ist außerdem einfach für den Betreiber zu handhaben und rentabel für den verschreibenden Tierarzt sowie für die Pharmaindustrie. Statt die Haltungsbedingungen so anzupassen, dass möglichst wenig Medikamente benötigt werden, scheint sich die Agrarlobby erfolgreich gegen Gesetzentwürfe zu wehren, die den Einsatz von Reserveantibiotika in der industriellen Tierhaltung möglichst bald verbieten.[24]

Schutzanzüge und Mundschutz sind also bei Recherchen in Mastbetrieben Pflicht. Als wir diese angezogen hatten, begannen wir den Vorraum abzuleuchten. Auch hier entdeckte ich leere Packungen von Aviapen, ebenfalls ein Antibiotikum. Sie lagen in einer Mülltonne neben einem Mischbehälter, dessen Inhalt in das Trinkwasser der Puten eingespeist werden konnte. Also ganz typisch.

Wir traten an die Tür, die vom Vorraum in die Masthalle führte. Kurzer Funkkontakt mit unserem Wachposten vor der Tür. Ich fragte: »Alles klar? Dann gehen wir jetzt rein.« Alles war o. k. Auch diese Tür war unverschlossen. Nun konnte uns nichts mehr aufhalten. Wir wollten die Wahrheit ans Licht bringen und den Verbrauchern zeigen, welches Tierleid sie mit dem Kauf von Putenfleisch unterstützen. Wir kamen unangemeldet.

Die Realität traf mich knallhart, als ich die Masthalle gemeinsam mit meinen zwei Helfern betrat. Uns schlug der Gestank von 2000 Puten, die dicht gedrängt seit Wochen auf dem gleichen Untergrund hockten, entgegen. Die Tiere waren schon recht groß. Sie mussten etwa 15 bis 16 Wochen alt sein. Gleich in der Ecke hinter der Tür sah ich die ersten kranken, erschöpften Vögel.

Viele der Puten konnten sich nicht mehr auf den Beinen halten oder hatten Fehlstellungen. Ihre Körper waren so

Viele Puten waren krank und schwach.

deformiert, dass ihre Beine und Knochen das Gewicht ihrer überdimensionalen Brust nicht mehr tragen konnten. Dazu muss man wissen, dass diese »Hybridrassen«, die in der Geflügelmast verwendet werden, züchterisch so manipuliert wurden, dass sie in kürzester Zeit möglichst viel Brustfleisch ansetzen. Knochen und Muskeln kommen bei dem Turbowachstum nicht mit.

In meinen Augen ist diese in der Putenmast genutzte Zuchtlinie Big 6 eine Qualzucht und gehört verboten. Putenhähne erreichen in nur fünf bis sechs Monaten ein Gewicht von 22–25 Kilogramm. Aufgrund des hohen Körpergewichtes können sie viele natürliche Verhaltensweisen, wie Gefiederpflege, kaum mehr ausleben. Die schweren Puten können sich nicht mal mehr auf natürlichem Weg fortpflanzen und werden in sogenannten Elterntierfarmen künstlich befruchtet.

Das Leid der Tiere ist in jedem Mastbetrieb unerträglich. Auch in dieser Anlage litten viele Tiere an Beinschwäche und anderen Auffälligkeiten. Die Puten, hier männliche Tiere, lebten schon seit Wochen auf dem kotigen feuchten verkeimten Untergrund. Sie waren schwach und hatten wunde Füße. Ihr Gefieder war völlig verdreckt.

Eine Pute gleich am Eingang der Halle hatte braun verkrustete Augen, Schnabel und Körper. Sie atmete schwer. Sie lag im Sterben. Wir konnten nichts für sie tun. Immer wenn sich einer von uns auffällig bewegte, ging eine Art Raunen durch die Halle. Die ersten Puten in unserer Nähe begannen mit einem Gurren, das sich dann wellenartig durch die

Viele Puten hatten Beinfehlstellungen …

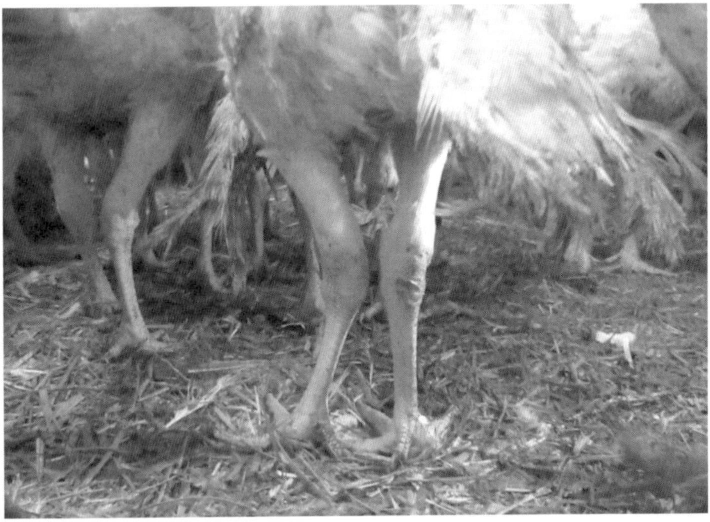

… oder entzündete, schmerzende Füße.

ganze Halle zog. Die Puten waren jetzt wach und beobachteten uns interessiert. Wir bewegten uns ganz langsam, denn wir wollten sie nicht ängstigen. Wir filmten und fotografierten die Zustände. Es war kaum ein Tier dabei, das gesund aussah. Verschmutztes Gefieder, abgebrochene Federn und blutige Stellen am Körper waren noch die kleinsten Probleme, die die Tiere hatten. Ich hockte mich hin und leuchtete vorsichtig auf eine Pute, die auf dem Boden saß und sich nicht bewegte. Sofort kamen die Vögel neben mir näher. Sie schauten neugierig meine Kamerabeleuchtung an, pickten vorsichtig an meinem Schutzanzug. Ein Tier schaute mir direkt ins Gesicht und legte seinen Kopf schief – wie ein Hund, der merkwürdige Geräusche hört, die er nicht einschätzen kann.

Bevor ich mit Recherchen dieser Art begann, hatte ich keinerlei Bezug zu Vögeln. Puten kannte ich nur als Geschnetzeltes. Dass diese Tiere so neugierig und zutraulich sind, hätte ich früher nie gedacht. Doch schon bei meiner ersten Recherche in einem Putenmastbetrieb wurde mir klar, dass auch diese Vögel, die irgendwie aussehen wie kleine Dinosaurier, natürlich empfindsame Lebewesen sind. Sie sind neugierig, sie sorgen sich um ihre Kinder, wenn man sie lässt. Sie leiden Schmerzen, sie wollen leben. Die Pute, die vor mir am Boden lag, schaute mich an. Sie hatte ein Bein abgespreizt. Ihre Füße waren rot und geschwollen. Sie litt an einer schmerzhaften Fußballenentzündung. Kein Einzelfall, sondern eher die Regel in der Geflügelmast. Eine Untersuchung der Klinik für Vögel und Reptilien der Veterinärmedizinischen Fakultät der Universität Leipzig befasste sich mit dem Einfluss der Haltung auf die Tiergesundheit von Mastputen der schweren Herkunft B.U.T. Big 6. Deutschlandweit nahmen 24 Mastbetriebe an der Studie teil. Nahezu 100 Prozent der untersuchten Tiere hatten Probleme mit Fußballenentzündungen (Pododermatitis). Außerdem wurden häufig Brusthautveränderungen diagnostiziert. Als Ursache galt besonders die Einstreuqualität.[25] Eine andere Studie, nämlich der Tierärztlichen Hochschule Hannover, wies ebenfalls auf diese Problematik in der Geflügelmast hin. Zwischen 58 und 100 Prozent der untersuchten – in diesem Fall – Masthühner litten an mittelschwer und schwer ausgeprägten Fußballenentzündungen. Als Hauptursache dafür wurde der feuchte, verkotete Untergrund angegeben, auf dem sich die Tiere unentwegt befinden.[26]

Auch in dieser Anlage, in der ich mit meinem Team recherchierte, war der Boden feucht von Kot, fast schon sumpfig.

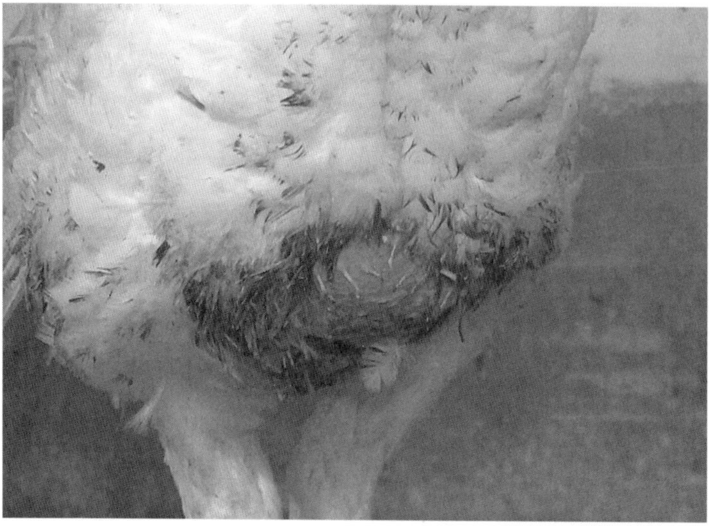

Pute mit einer Brustblase

Die Ausdünstungen waren schier unerträglich. Und ich war erst wenige Minuten hier drin, während die Tiere in dem Gestank und den Ammoniakdämpfen schon seit Wochen vegetierten. Diese Schadgase reizten ihre Augen und Schleimhäute. Das nächste Mal, dass sie frische Luft atmen würden, war auf dem Weg zum Schlachthof.

Ich musste aufpassen, dass die neugierigen Tiere um mich herum nicht auf die liegende Pute vor mir stiegen. Der kranke Vogel konnte nicht mehr laufen. Er würde es nicht mehr bis zur Tränke schaffen und wahrscheinlich unter Schmerzen in diesem Dreck verdursten. Meine Helfer gaben über Funk durch, dass auch sie viele verletzte Puten in den anderen Hallenbereichen gefunden hatten. Grauenvoll! Wie sollte ich all diesen Tieren helfen? Ich musste mich zusammenreißen und

Eine Pute bepickt einen toten Artgenossen.

mein Ziel vor Augen behalten: die Dokumentation dieser Zustände, die Aufklärung der Verbraucher sowie den Appell an die Politiker, das Leiden in der Tierindustrie endlich zu beenden.

Am liebsten hätte ich all diese armen Vögel mitgenommen und tierärztlich versorgen lassen – ein Ding der Unmöglichkeit. Es waren unschuldige Tiere, deren Körper genetisch so manipuliert waren, dass sie gar nicht viel länger als die Mastzeit überleben konnten. Diese Form der Zucht, diese Haltung, der Transport zum Schlachthof und die Tötung der Tiere ist wie ein nicht enden wollender Albtraum. Ich finde es schon grauenvoll, wenn ich mir diese Zustände nur ansehe. Wie muss es dann erst für die Tiere sein, die diesen Albtraum real durchleben?

Ich filmte die Pute, ihre entzündeten Füße und ihr abgewinkeltes Bein. Ich holte mit meiner durch einen schwarzen Gummihandschuh geschützten Hand etwas Wasser aus einer Nippeltränke und tröpfelte es an ihren maschinell gekürzten Schnabel. Sie wollte schon nichts mehr trinken, hob nicht mal ihren Kopf von dem klebrigen Boden. Wahrscheinlich hatte sie sich selbst schon aufgegeben. Es tat mir so leid. Ich konnte ihr nicht mehr helfen. Und ich musste mich beeilen. Wir hatten nicht ewig Zeit. Schon bald würde es dämmern, und die Gefahr, dass Arbeiter des Betriebs kamen, wurde von Minute zu Minute größer. Ich musste weiterarbeiten. Ich filmte mehrere halb verweste Tiere und Puten, die schlecht oder gar nicht mehr laufen konnten. Ich filmte verkrustete Augen, blutige Wunden und Federkiele sowie Brustblasen,

Die Vögel laufen über ein totes Tier.

die ebenfalls vom Liegen auf dem verkoteten Boden stammten. Ich filmte tote Puten, und ich filmte lebende Puten, die an den toten und an anderen lebenden Tieren pickten oder über verwesende Körper hinwegstiegen.

Dann war es Zeit zu gehen. Wir trafen uns an der Tür zum Vorraum. Die Pute mit dem verkrusteten Kopf, die wir beim Reingehen gesehen hatten, war jetzt tot. Sie musste nicht mehr leiden. Aber was war mit den anderen? Ich blickte mich noch einmal um. Da sah ich plötzlich eine Pute, die einen fast komplett abgefaulten Fuß hatte. Wie schmerzhaft musste dies sein!?

Ich musste einen Schrei unterdrücken und hätte am liebsten laut losgeheult. Der Anblick war so schrecklich, so grausam. Es war so ein Unrecht, was hier geschah! Dieses

Der Fuß war fast komplett abgefault.

Ich wollte diese Pute nicht zurücklassen.

unermessliche Tierleid – gebilligt von Verbrauchern, Politikern und den Betreibern. Ich konnte dieses Tier nicht zurücklassen. Ich hatte drei Transporttaschen im Auto. Über das Funkgerät bat ich meine Helferin außerhalb der Anlage, diese schnell zu holen. Das tat sie und übergab sie mir am Eingang der Masthalle. Wieder in der Halle hoben mein Helfer und ich die Pute mit dem Fuß, der herabbaumelte und fast abfiel, in eine der Taschen. Das Tier war so verdammt schwer. Und all sein Gewicht lastete auf diesen kranken Füßen. Es war keine Option für mich, die unter massiven Schmerzen leidende Pute hierzulassen. Ich hatte sie gesehen, und nun trug ich die Verantwortung dafür, ihr zu helfen. Das Adrenalin puschte meine Sinne. Ich sah direkt neben mir eine weitere Pute, die humpelte. Schwupps, auch sie war eingepackt. Wir mussten uns beeilen. Ich schnappte mir ein drittes Tier und setzte es mit meinem Helfer in die letzte Tasche. Auch wenn zwei der Tiere vielleicht nur noch erlöst werden konnten, so würden sie wenigstens nicht länger leiden müssen. Doch ich hoffte natürlich auf Rettung aller drei Puten durch eine Spezialistin.

Wir hievten die schweren Taschen heraus aus der stinkenden Masthalle in den dunklen Vorraum. Ich verabschiedete mich gedanklich von den Tieren und bat sie um Verzeihung, dass ich ihnen nicht direkt helfen konnte. Ich versprach ihnen, dass ich niemals aufhören würde, für sie und ihre Artgenossen zu kämpfen. Dann schloss ich die Tür zur Haupthalle und stand wieder in dem Vorraum. Jetzt war es still und dämmrig. Nur die Fütterungsautomaten klackerten regelmäßig, damit die immer hungrigen Puten so viel wie möglich aßen und Fleisch ansetzten. Im Vorraum zogen wir unsere Schutzkleidung aus und verstauten sie in einem Plastiksack. Diese würde später weggeworfen und unsere Ausrüstung desinfiziert. Dann gaben wir über Funk Bescheid. »Wir kommen jetzt raus.« »Alles klar. Die Luft ist rein«, sagte unsere Helferin. Wir schlüpften nach draußen und zogen die Tür sorgfältig zu. Wir mussten noch einmal durch das Licht des Schweinwerfers, den wir direkt an der Tür durch den Bewegungsmelder ausgelöst hatten, schleichen. Dann ging es schnell zum Auto. So schnell, wie es mit den schweren Puten eben ging. Es war anstrengend, sie zu tragen. Keiner sagte ein Wort. In der Anlage war alles so wie vor unserem Besuch. Nur die Speicherkarten unserer Kameras waren gefüllt mit grauenvollen Bildern. Und in unseren Taschen saßen drei gerettete Lebewesen, die dem Albtraum entronnen waren.

Im Morgengrauen fuhr ich mit den drei Puten zu einer Fachtierärztin für Geflügel nach Hamburg. Mein *hundkatzemaus*-Kamerateam begleitete mich. Ich hatte es zuvor alarmiert, der Redakteur begleitete meine Recherche von Anfang an und hatte vor dem Mastbetrieb gewartet. Mir war klar, dass die Pute mit dem abgefaulten Fuß nicht mehr zu retten war. Doch hätte ich sie dort sitzen und weiter Schmerzen erleiden lassen sollen? Niemals! Die Fachtierärztin für Geflügel kannte sich auch mit Tieren aus Mastanlagen aus. Als Erstes zeigte ich ihr die Pute mit dem schlimmen Fuß.

Der Puter wurde sofort über eine Atemmaske betäubt. Die Untersuchung des Beins war schrecklich. Ich konnte gar nicht hingucken, so schlimm sah der Fuß aus. Was für Schmerzen musste das Tier gehabt haben! Und wie lange schon? Hätte ich ihn nicht mitgenommen, wäre er bei der Ausstallung mit den anderen brutal zusammengetrieben, in die Transportkisten geschleudert und zum Schlachthof gefahren worden. Wenn er bis dahin überhaupt überlebt hätte.

Die Tierärztin erklärte mir, dass eine Amputation eines Beines bei Puten nicht infrage kommt. Diese Tiere haben nur zwei Füße, die ihr Gewicht von bis zu 25 Kilogramm tragen müssen. Sie könnten ein fehlendes Bein nicht kompensieren wie etwa ein Hund, der auch dreibeinig laufen und ein glückliches Leben führen kann. Der Puter wurde daher über die Atemmaske mit Gas eingeschläfert. Es war so schrecklich. Ich streichelte ihn. Ich heulte. Das arme Tier! Was hatte man ihm nur angetan.

Als Nächstes wurde die Pute, die ebenfalls ein Fußproblem zu haben schien, untersucht. Auch dieses Tier war männlich. Davon war auszugehen, da Puten getrenntgeschlechtlich aufgezogen und gemästet werden. Ich hatte Sorge, dass auch er erlöst werden müsste. Die Tierärztin schaute sich zuerst seine Füße an. Auch sie zeigten Spuren einer Fußballenentzündung, aber die Keime waren noch nicht tief in die Haut eingedrungen. Die Füße waren noch zu retten. Besorgniserregender war dagegen die Brustblase, die er hatte.

Diese Hautveränderung, die ebenfalls durch den ständigen Kontakt mit feuchtem Untergrund entsteht, wäre in Kürze aufgeplatzt. Das Tier wäre dann qualvoll in der Mastanlage gestorben. Oder vorher in die Schlachtung gekommen. Der Puter wurde medizinisch versorgt und wieder in die Tasche gesetzt. Dann kam der dritte Patient an die Reihe. Es war die Pute, von der ich dachte, dass sie recht gesund sei und auf jeden Fall überleben würde. Wir hoben sie auf den Untersuchungstisch. Als die Tierärztin unter ihre Füße schaute, sah ich zuerst nur Dreck. Die Tierärztin putzte die Mischung aus Kot und Stroh weg, doch der Dreck saß tief, sehr tief. Sie grub den Dreck sozusagen immer mehr aus den Fußballen heraus, und je tiefer sie kam, desto offensichtlicher wurde, dass auch diese Pute nicht mehr zu retten war. Die Keime hatten sich regelrecht in den Fuß hineingefressen. Auch diese Füße wären in Kürze abgefault. Und das bei einem Tier, das eigentlich noch gesund aussah. Unfassbar!

Wieder einmal wurde deutlich, wie krank die Tiere durch die Haltungsbedingungen in den Mastanlagen und die Überzüchtung ihrer Körper werden. Sie überleben gerade mal so lange, bis die Mastzeit beendet ist.

Eine unserer drei Puten hatte überlebt. Ich brachte den Puter zum »Land der Tiere«. Dieser wunderschöne Lebenshof in Mecklenburg-Vorpommern ist etwa eine Stunde Autofahrt

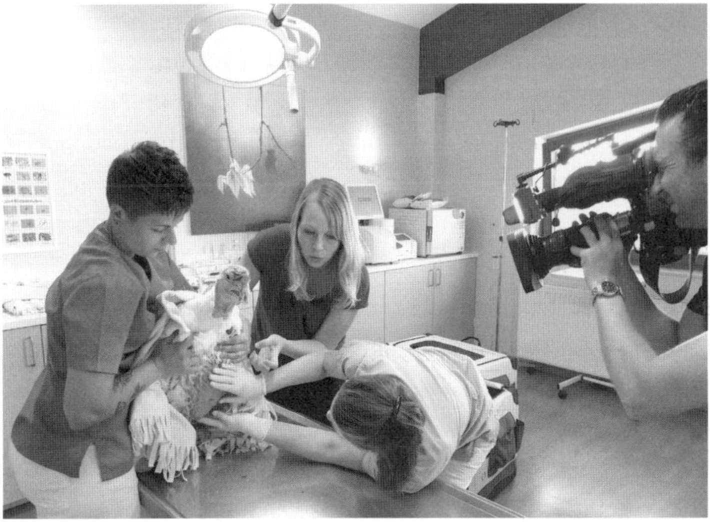

Beim Tierarzt

von Hamburg entfernt. Hier dürfen Tiere friedlich leben, ohne Angst haben zu müssen, ausgebeutet und gegessen zu werden. Einige gerettete Puten gab es hier auch schon.

Mein Puter wurde liebevoll aufgenommen. Zum ersten Mal in seinem Leben hatte er eine abwechslungsreiche Umgebung und frische Kost, verschiedenartigen Untergrund, auf dem er seine Neugier befriedigen konnte, und liebevolle Pflege. Die Brustblase mussten Tanja und Jürgen vom Land der Tiere weiterhin im Auge behalten. Wäre sie aufgeplatzt, hätte der Puter doch noch erlöst werden müssen. Ich drückte die Daumen, dass Storch, wie der langbeinige Puter getauft wurde, es schaffte.

Nach der Nachtrecherche, dem Besuch bei der Tierärztin und der Unterbringung von Storch musste ich endlich mal schlafen. Ich war mehr als 30 Stunden auf den Beinen, hatte zwischendurch nur kurz im Auto geschlafen, während jemand aus meinem Team gefahren war.

Nach ein paar Stunden Schlaf zu Hause war ich wieder fit und begann, mein Beweismaterial zusammenzufassen. Ich wollte das Veterinäramt informieren und den Betreiber der Anlage zur Rede stellen. Auch wenn die von mir dokumentierten Zustände in der industriellen Tierhaltung gang und gäbe sind und selbst Studien sagen, dass ein großer Teil des Geflügels in Mastanlagen an Erkrankungen wie massiven Fußballenentzündungen leidet, ist doch der Betreiber letztendlich für das Tierleid, das in seinen Hallen geschieht, verantwortlich. Er verstößt gegen das Tierschutzgesetz, wenn er verletzte und leidende Tiere weder medizinisch versorgt noch

Gerettet!

nottötet. Er hätte kranke Puten separieren und behandeln müssen. Die Pute mit dem abgefaulten Fuß hätte er schon längst nach dem Tierschutzgesetz töten müssen. Diese Nottötung ist erlaubt, wenn die Tiere erst betäubt werden. Der Betreiber ist laut Tierschutz-Nutztierhaltungsverordnung[27] verpflichtet, täglich seine Tiere in Augenschein zu nehmen, tote Tiere zu beseitigen und kranke entsprechend zu behandeln.

Ich fuhr zum zuständigen Veterinäramt und berichtete von meinen Rechercheergebnissen. Die Amtsveterinärin war sehr interessiert und versprach, den Betrieb zeitnah zu kontrollieren. Mastbetriebe, darunter auch dieser, werden regelmäßig kontrolliert, doch haben die Behörden nicht die Kapazitäten, jedes Tier umzudrehen und unter die Füße zu sehen. In der Endmastphase stehen die Tiere so dicht aneinandergedrängt, dass der Gesundheitszustand einzelner Tiere in der Masse untergeht und der Schweregrad ihrer Erkrankungen kaum auszumachen ist.

Ich hoffte, dass die Amtsveterinäre rechtzeitig kommen würden, um die Tiere noch lebend begutachten zu können. Denn die Ausstallung nahte.

Ich habe schon einige Ausstallungen von Puten miterlebt und gefilmt. Undercover natürlich, da kein Betreiber will, dass solche Aufnahmen öffentlich werden. Denn sie sind schrecklich. Die Bilder, wie die Ausstallungstrupps die Tiere zusammentreiben und in die Transporter werfen, werde ich nie vergessen. Im Jahr 2011 beispielsweise beobachteten mein Team und ich einen Betrieb in Niedersachsen über mehrere Wochen. Neben den Verstößen bei der Haltung – es waren damals wie heute die üblichen Missstände – wollten wir zusätzlich dokumentieren, wie eine Ausstallung abläuft. Als der Abend der Ausstallung gekommen war, schlichen wir auf einen Acker hinter den Masthallen. Es waren mehrere große Hallen nebeneinander mit Tausenden von Tieren darin. Von hier aus konnten wir sehen, wie die Arbeiter die Tiere zum Ausgang trieben. Durch die Sucher unserer Kameras sahen wir die Bilder des Grauens. Die Arbeiter waren schnell und gingen nicht zimperlich mit den ängstlichen Puten um. Mit raschelnden Tüten und Stöcken wurden die Vögel in den vorderen Bereich getrieben. Von da schmissen andere Arbeiter die Puten in die Transportkäfige auf den Lkws. Es lief wie am Fließband. Ich sah die verängstigten Blicke der Tiere. Unter Schmerzen schleppten sie sich dahin, wohin man sie haben wollte. Ich filmte, wie ein Arbeiter mit voller Wucht auf den Kopf einer am Boden liegenden Pute trat. Sie lebte noch, war jedoch zu schwach zum Laufen oder hatte zu große Schmerzen. Ich musste mich zusammenreißen, durfte nicht zittern und die Aufnahme gefährden. Wir brauchten sie, um die Arbeiter und den Betreiber anzuzeigen. Es musste sich endlich etwas für die Puten verändern. Wir filmten, mit welcher Brutalität die Arbeiter die Tiere in die Transporter warfen. Gebrochene Flügel und Beine wurden dabei skrupellos in Kauf genommen. Es war Akkordarbeit und musste schnell gehen. Der Job als Ausstaller ist schmutzig und schlecht bezahlt. Häufig machen osteuropäische Hilfsarbeiter diese Jobs in der Fleischindustrie.[28] Von Sub-Unternehmen werden sie angeworben und in engen, heruntergekommenen Unterkünften untergebracht, für die sie auch noch abkassiert werden.[29] Ich kann mir vorstellen, dass die Arbeiter frustriert sind. Wie jedoch jemand seinen Frust derart an den Tieren auslassen kann, ist für mich unbegreiflich. Die Arbeiter sind

Täter und Opfer zugleich in diesem System der Ausbeutung.[30] Nachdem wir diese eklatanten Verstöße gegen das Tierschutzgesetz bei der Ausstallung gefilmt und die Aufnahmen PETA zur Verfügung gestellt hatten, erstattete die Tierrechtsorganisation Strafanzeige. Die Folge war ein erstes Strafurteil gegen Putenausstaller in Deutschland. Der Leiter der Putenfarm musste nach einem rechtskräftig gewordenen Strafbefehl 2.500 Euro bezahlen, sechs weitere Mitarbeiter jeweils 400 Euro. Das Gericht führte ausdrücklich die Rechtsfigur der »Rohheit« an, die bislang kaum in die Intensivtierhaltung Eingang fand. Ein Novum in der deutschen Rechtsgeschichte, doch hat sich dadurch etwas geändert? Wahrscheinlich wurden einige Mitarbeiter ausgetauscht, und alles begann von vorn. Nur besser vor den Augen der Öffentlichkeit versteckt. Bei den nächsten Malen, als wir Ausstallungen filmen wollten, beobachteten Sicherheitsdienste die Zufahrtsstraßen und leuchteten die Umgebung der Hallen mit Taschenlampen ab. Statt die Situation für die Tiere zu verbessern, wurde sie einfach verdunkelt. Das war wohl günstiger.

Nachdem ich das Veterinäramt informiert hatte, fuhr ich gemeinsam mit einem Tierschutz-Kollegen zu dem Betreiber der Putenmast, aus der ich den Puter Storch gerettet hatte. Dieser nahm sich tatsächlich Zeit und setzte sich mit uns an einen Tisch. Wir erzählten ihm von den toten und schwer verletzten Puten in seinem Betrieb. Daraufhin schien er richtig mitgenommen zu sein. Ob es echt war oder er nur so wirken wollte, da ich ihm sagte, dass ich Journalistin bin und darüber berichten werde, war nicht auszumachen. Der Mann sagte, dass seine Mitarbeiter täglich die Hallen kontrollierten. Er werde mit dem Verantwortlichen sprechen.

Dass so viele Puten in seiner Anlage krank sein sollten, könne er sich gar nicht vorstellen. Bei der Rückmeldung, die er über tot oder verletzt angekommene Tiere vom Schlachthof erhalte, seien ihm keine ungewöhnlich hohen Zahlen aufgefallen. (Ein gewisser Verlust ist in der Putenmast immer einkalkuliert. Sogar bis zu 10 Prozent der Tiere sterben schon bis zum Ende der Mast.[31]) Abschließend stellte er fest, er müsse schließlich auch von seiner Arbeit leben können. Ein viel größeres Problem sei, dass das Fleisch so billig verkauft werde. Darüber solle ich mal berichten.

Außer Aufklärung der Verbraucher und engmaschigere Kontrollen des Betriebs durch das Veterinäramt konnte ich in diesem Fall nicht mehr erreichen. Doch gute Neuigkeiten gab es aus dem »Land der Tiere«. Storch hatte es geschafft. Er durfte noch ein glückliches Leben bei meinen Tierschutz-Freunden kennenlernen und genoss gemeinsam mit anderen Puten die Sonne, den Himmel und das Liegen im grünen, warmen Gras. Storch starb, etwa ein Dreivierteljahr nachdem ich ihn gerettet hatte. Er war nur etwa ein Jahr alt geworden.

2. Kälber-Rettung – Vom Ramschkalb zum Glückskalb

Ich erhielt Aufnahmen aus einem Milchkuhbetrieb in Sachsen-Anhalt. Die Haltungsbedingungen waren, wie auf den Fotos zu erkennen war, absoluter Horror. Kranke Tiere lagen in ihrem Kot. Viele Kühe humpelten. Kälber waren in kleinen dreckigen Boxen untergebracht. Einige hatten Durchfall. Da ich gerade zum Thema »Ramschkälber«[32] recherchierte, wollte ich mir unbedingt diesen Stall ansehen. Ich bat einen befreundeten Verein um Hilfe. Auch sie kannten diesen Betrieb und hatten bereits durch eine Videoüberwachung herausgefunden, dass dort Kühe im Melkstand brutal von Mitarbeitern geschlagen wurden. Gemeinsam wollten wir weitere Tierschutzverstöße dokumentieren und den Betrieb anzeigen. Mich interessierte vor allem auch, was mit den Kälbern auf diesem Hof passierte. Viele waren krank und offenbar unbehandelt, ihre Unterbringung war schrecklich.

Ein großes Problem in der Milchindustrie ist, dass es zu viele Kälber gibt, die keinen finanziellen Nutzen bringen. Denn damit eine Kuh Milch gibt, muss sie jährlich ein Kalb gebären. Kuhmilch ist ja nichts anderes als Muttermilch, die die Kuh erzeugt, um damit ihr Kind zu ernähren. Da der Mensch die Milch für sich beansprucht, werden die Kälber kurz nach der Geburt von der Mutter getrennt und aufgezogen. Die meisten weiblichen Kälber bleiben in der Milchindustrie und nehmen bald den Platz ihrer Mütter ein, die oft schon nach vier bis sechs Jahren so ausgemergelt sind, dass sie in diesem jungen Alter geschlachtet werden. Kühe können normalerweise über zwanzig Jahre alt werden. Die männlichen Kälber hingegen sind so gesehen »Abfallprodukte« der Industrie. Als eine auf Milchproduktion gezüchtete Rasse setzen die Bullenkälber der Milchkühe zu wenig Fleisch an. Deshalb rentiert sich ihre Mast nicht. Da jede »Milchkuh« jedes Jahr ein Kalb gebären muss, damit die Milch in Mengen fließt, gibt es zu viele von ihnen, die den Markt überschwemmen. Durch das Überangebot an Kälbern bekommen Landwirte nur zwischen 10 bis 90 Euro für ein Bullenkalb, teilweise sogar weniger als 10 Euro. Im Oktober 2019 lag der Wert eines Kälbchens sogar bei 8,49 Euro. Unter anderem waren Vermarktungsbeschränkungen aufgrund der Blauzungenkrankheit und Transportbeschränkungen etwa in spanische Mastbetriebe sowie das damit verbundene Überangebot auch an weiblichen Kälbern Grund für den Preisverfall.[33] Da die Tierbabys erst im Alter von 14 Tagen transportiert und vom Viehhändler abgeholt werden dürfen, entstehen dem Bauern in dieser Zeit Kosten, etwa für Betreuung und Futter. Wird das Kalb auch noch krank, wäre eine tierärztliche Behandlung völlig unrentabel, denn allein die Anfahrt des Tierarztes würde mehr kosten, als der Bauer am Ende für das Kalb bekommt. Doch Kälbchen sind anfällig für Infektionskrankheiten. Auf meinen Recherchen begegneten mir zahlreiche Kälber mit Durchfall. Als Ursachen von Kälberverlusten gelten die Fütterung, Haltung, Betreuung und damit die verbundene Hygiene.[34] Da die Betriebe durch Milch-Dumpingpreise sowieso oft schon am Limit arbeiten, können Landwirte nicht noch mehr Geld für ihre Kälber ausgeben. Es gibt Whistleblower, die berichten, dass Landwirte ihre Kälber nicht behandeln und viele von ihnen regelrecht verrecken lassen. Angeheizt werden Diskussionen darüber, ob dies tatsächlich in Deutschland passiert, durch Berichte aus beispielsweise Dänemark, wo offen darüber gesprochen wird, dass legal jedes Jahr mehr als 30.000 männliche Jerseykälber aus ökonomischen Gründen getötet wurden, eben weil ihre Mast unrentabel ist.[35] Die systematische Tötung der Kälber in Biobetrieben wurde, nachdem sich Widerstand bei den dänischen Rinderhaltern dagegen regte, in einer vom Dachverband und den dänischen Molkereien unterzeichneten Vereinbarung ab dem 1. Januar 2019 untersagt. Rinderhalter konventioneller Betriebe wollen mit einer ähnlichen Selbstverpflichtung nachziehen und ab Ende 2021 auf das Töten neugeborener Kälber verzichten.[36] Selbstverpflichtungen sind allerdings rechtlich nicht bindend. In Deutschland scheint das Töten oder das Nicht-Versorgen und Sterbenlassen der Tierkinder, obwohl es verboten ist, tatsächlich im großen Stil stattzufinden. Nach Recherchen der *Welt am Sonntag* aus dem Jahr 2019 sind es bis zu 200.000 Kälber, die in den ersten drei Lebensmonaten sterben oder getötet werden. Insbesondere industriell geführte Betriebe stehen aus oben genannten Gründen im Verdacht, ihre Kälber mit illegalen Methoden zu entsorgen.[37] Wie viele Kälber tatsächlich getötet werden, bleibt unklar, denn sie müssen erst sieben Tage nach der Geburt registriert werden. Ein Register, in dem sämtliche Mutterkühe, ihre Geburten, der Verkauf und das Sterben der Kälber dokumentiert werden, würde den Verbleib der Tiere klären. Darin müsste auch vermerkt werden, wenn ein Kalb erkrankt und ob es tierärztlich behandelt wird bzw. wurde. Dennoch würde auch bei dieser Praxis Spielraum für Kungelei oder Korruption sein. *Der Spiegel* zitiert in einer Reportage von 2015 einen Schlachter aus Norddeutschland, der berichtet, dass Tierärzte oder Schlachter die Probleme der Bauern mit Bolzenschussgerät oder Elektroschocks lösten. Dieses Schicksal drohe vor allem kleinen, schwachen Kälbern. Denn im Zentrum stehe nicht die Gesundheit der Kälber, sondern der Geldbeutel der Landwirte. Die meisten Bauern würden sich über jedes tot geborene Bullenkalb freuen.[38] Laut einer Reportage des RBB vom März 2020 ist der Verbleib Tausender nicht registrierter Kälber aus deutschen Ställen der Milchindustrie nicht nachzuvollziehen. Ein Agrarexperte erklärt ihn durch den Export über Händler in den Niederlanden in auf Kälbermast spezialisierte Betriebe.[39] Doch dünne, kränkliche Kälber will vermutlich auch dort niemand haben. Milchbauern können froh sein, wenn sie diese Kälber überhaupt loswerden.

Kurz gesagt: Eine medizinische Versorgung der krankheitsanfälligen Kälber bis zur Abholung durch den Viehhändler kostet mehr, als der Landwirt für das Kalb bekommt. Wie ging der Milcherzeuger, über den ich gerade recherchierte, damit um? Ließ er seine Kälber verrecken, weil sie nicht rentabel waren? Die Bilder von kranken und apathischen Jungtieren in dreckigen Boxen, die mir zugespielt wurden, ließen dies vermuten. Kranke Kälbchen wurden wahrscheinlich nicht behandelt. Das musste ich mir genauer ansehen.

Ich begleitete meine Tierschutz-Kollegen bei ihrem nächsten nächtlichen Besuch des Milchhofes. Der Betreiber wohnte selbst nicht dort. Möglicherweise aber Arbeitskräfte. Wir

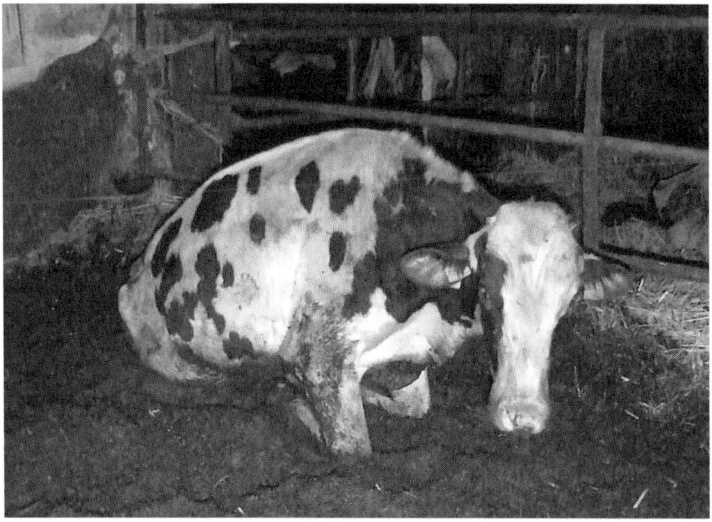

Eine kranke Kuh im Dreck.

wussten noch überhaupt nicht, mit wem wir es zu tun hatten. Der Kuhstall, eine große, seitlich offene Halle, befand sich am Ortsrand und war frei zugänglich.

Nachts an einem solchen Ort zu sein war gruselig. Die Tiere machten Geräusche, muhten und kauten. Man hörte Metall klirren. In der Ferne bellte ein Hund. Wir gingen durch den Laufstall des Betriebs und schauten uns die Kühe an. Diese konnten sich zwar frei in der Halle bewegen, doch auf eine grüne Wiese kamen sie nie. Sie standen auf Spaltenböden, die voll mit braunem, matschigem Kot waren. Einstreu gab es keine. Der Stall machte einen sehr unhygienischen Eindruck. Die Kühe waren teilweise völlig verdreckt von Fäkalien. Viele humpelten. Eine Kuh hatte offenbar solche Schmerzen, dass sie nicht auftreten konnte. Ihr Bein war geschwollen. Eine weitere Kuh lag inmitten von knöcheltiefem Kot. Sie konnte nicht aufstehen.

Eine andere Kuh lag auf einem Stück Betonboden. Sie hatte blutigen Ausfluss. Wahrscheinlich war sie vor Kurzem Mutter geworden. Manche Kühe hatten offene unbehandelte Wunden und Liegeschwielen. Eine Kuh hatte kaum Fell am Kopf, möglicherweise litt sie unter einer Hautkrankheit.

Vom Laufstall der Mutterkühe gingen wir weiter zu den Kälbern. Sie befanden sich in Boxen aus Gittern und Holzbrettern sowie in sogenannten Kälber-Iglus. Diese standen in einer Reihe außerhalb der großen Halle. Die Tierkinder in diesen Verschlägen waren so klein. Unschuldig standen oder lagen sie hinter den Gitterstäben und verstanden nicht, was vor sich ging, wo ihre Mütter waren. Mit großen Augen

Eine völlig verdreckte Kälberbox.

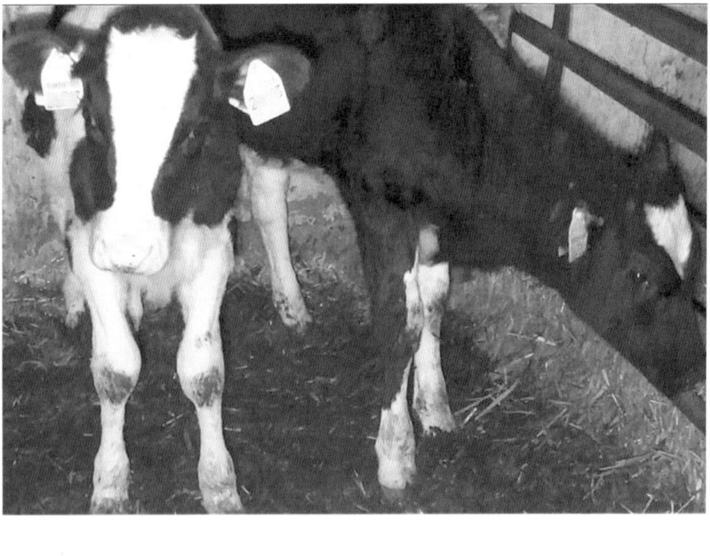

Das Kalb lag im Sterben.

schauten sie mich an. Ich hätte sie am liebsten alle mitgenommen. Auch hier waren die Zustände unhygienisch. Es gab zwar Einstreu, aber diese war mit Kot und Urin durchtränkt. Manche der Tierbabys hatten nicht mal ein sauberes Plätzchen, auf das sie sich legen konnten.

Ich sah verkrustete Liegeschwielen bei einem Kalb. Ein anderes atmete sehr schnell. Manche Kälbchen hatten Durchfall, teilweise blutigen. Ohne tierärztliche Behandlung würden sie sicher qualvoll sterben. Ein Kalb rührte sich bereits kaum noch und atmete flach. Es lag im Sterben.

Wir fragten uns, wo der Betreiber wohl seine toten Tiere lagerte, und gingen einmal um den gesamten Hof herum. Auf der Rückseite der Halle, in der die Mütterkühe waren, entdeckten wir einen großen Haufen. Er war mit einer schwarzen

Ein totes Kälbchen

Plastikplane abgedeckt. Ich ahnte Schlimmes. Wir zogen die Plane beiseite, und unter ihr kamen zahlreiche tote Kälber zum Vorschein. Sie lagen auf dem blanken Erdboden. Eines war bereits angefressen, vermutlich von Ratten. Bei einem weiteren Kalb hing das Bein nur noch an einer Sehne am Körper. Der Anblick war schrecklich. Hier also wurden die Kälbchen entsorgt oder zumindest zwischengelagert. Diese Lagerung entsprach nicht den gesetzlichen Vorgaben. Die Kälber hätten beispielsweise abgedeckt auf einer Betonplatte liegen müssen, geschützt vor Witterungseinflüssen und so, dass Menschen und Tiere nicht mit den Kadavern in Berührung kommen konnten.[40] Die Bilder der toten Tierkinder waren schrecklich. Verzerrte Münder, blutige Nasen und dazwischen ein schwarz-weißes Kälbchen, das aussah, als würde es friedlich schlafen. Hatte der Bauer sie einfach sterben lassen, da sich eine tierärztliche Behandlung nicht lohnte?

Nachdem wir alles dokumentiert hatten, verließen wir den Hof. Es war immer noch Nacht. Am Morgen würden die Arbeiter kommen und die Kühe melken. Das Kalb, das ich sterben gesehen hatte, war dann sicher schon kalt – ein weiteres Opfer der Milchindustrie.

Bevor ich das Veterinäramt informierte, wollte ich den Inhaber des Milchhofes zur Rede stellen. Und ich hatte die Möglichkeit gefunden, zwei Kälbchen zu retten. Auf dem Lebenshof von Pro Animale für Tiere in Not e. V. waren noch zwei Plätze frei. Ich hatte schon öfter mit dem Verein zusammengearbeitet und kannte die Leiterin. Sie wollte mich bei der Rettung der Kälber unterstützen. Da aber auch auf ihrem Lebenshof die Ressourcen knapp waren, konnten es erst mal nur zwei sein. Der Tierarzt von Pro Animale würde sogar mit einem Transporter kommen und die beiden Kälber mit mir zusammen abholen. Perfekt! Nun musste ich nur noch an die Tiere rankommen.

Ich ging tagsüber noch mal zu dem Betrieb und stieß auf den Inhaber. Ich sagte freiheraus, dass ich auf der Suche nach zwei Kälbern sei, die ich auf einem kleinen Hof bei Berlin aufpäppeln wolle. Ob er welche zu verkaufen hätte, gerne männliche Kälbchen. Der Betreiber war ein älterer Mann. Er überlegte kurz und fragte, ob ich mich denn mit Kühen auskennen würde. Wahrscheinlich war noch nie jemand bei ihm aufgetaucht und hatte zwei Bullenkälbchen erwerben wollen. Ich erzählte ihm, dass sie es bei mir gut haben würden, dass sie in einer Herde leben könnten, und fragte nach dem Preis. 90 Euro wollte er pro Kalb haben.

Ich willigte ein, und wir verabredeten einen Termin, an dem ich die beiden holen würde.

Wir mussten warten, bis die Kälber 14 Tage alt waren. Dann war der Tag der Abholung da. Der Tierarzt von Pro Animale, sein Helfer und ich fuhren gemeinsam zu dem Hof. Mein Kamerateam wartete in einiger Entfernung. Ich wollte den Mann heute auch zur Rede stellen. Aber zuerst musste ich die beiden Kälber in Sicherheit bringen. Der Betreiber war freundlich. Wir luden die beiden herzallerliebsten Bullenkälbchen in unseren Transporter. Ich übergab das Geld und bekam die Papiere der Kälber übergeben.

Nun war der Moment gekommen, in dem ich den Mann konfrontieren wollte. Es fiel mir nicht leicht. Er war nett gewesen. Vielleicht war er sogar froh, dass zwei seiner Bullen

Gerettet!

ein schönes Leben haben würden. Dennoch war er für immenses Leid der Tiere auf seinem Hof verantwortlich. Manchmal hasse ich Konfrontationen, da eben oft ein menschliches Schicksal mit dem der Tiere verbunden ist. Manchmal sind die Tierquäler selbst auch Opfer und nicht nur Täter. Dennoch gibt es keine Entschuldigungen oder Gründe, die eine solche Tierquälerei rechtfertigen würden. Ich gab mir einen Ruck. Es musste sein. Ich wollte wissen, was er zu den Zuständen auf seinem Hof zu sagen hatte.

Ich hatte Fotos in der Tasche, die ich nachts in seinem Betrieb gemacht hatte. Diese wollte ich ihm vor laufender Kamera präsentieren. Also bedankte ich mich erst mal für die beiden Kälber und klärte ihn dann darüber auf, dass ich Journalistin sei und ihm gerne ein paar Fragen stellen würde. Ich sagte ihm, dass mein Kamerateam außerhalb seines Geländes warte und ich die Kollegen herrufen würde, wenn er grünes Licht gäbe. Er fragte, worum es gehe. Ich sagte: »Vor allem um Kälber und das Problem, dass die Milchpreise im Keller sind.« Er sagte zu und schien sogar froh zu sein, öffentlich darüber reden zu können und Dampf abzulassen. Natürlich ist es schwer, einen mittelgroßen Milchbetrieb zu führen, wenn man bei immer weiter fallenden Milchpreisen am Ende noch draufzahlt. Das war mir klar. Dennoch darf dies nicht zu immer größerer Tierquälerei führen.

Ich rief meine Redakteurin an, und das Team kam auf den Hof. Der Inhaber sagte, wir sollten ein Stück weitergehen, wo der Hof einen etwas besseren Eindruck mache. Und wir sollten nur ihn filmen, den Hof und die Tiere nicht. Er wusste also, dass etwas nicht in Ordnung war. In einem Interview befragte ich ihn dann dazu, was seine Probleme als Milchbauer seien. Er erzählte, dass sich die Milcherzeugung nicht mehr lohne. Die Preise seien so gesunken, dass er bald aufgeben müsse. Er habe schon sein gesamtes Erspartes in den Hof gesteckt. Das sei bald aufgebraucht. Bezüglich der männlichen Kälber gab er zu, dass dies ein Problem sei. Auf die Frage, was er mit seinen überflüssigen Kälbchen mache, sagte er, dass sie im Alter von zwei Wochen von einem Viehhändler abgeholt würden, der sie nach Holland in die Mast verkaufe. Wenn ein Kalb krank würde, beispielsweise Durchfall bekäme, würde es ein Mittelchen bekommen und dann wäre es wieder gut. Mehr Informationen dazu gab er nicht preis. Dann zeigte ich ihm die Fotos, die ich von seinen Kühen gemacht hatte, und bat ihn, diese zu beurteilen. Zunächst sagte ich nicht, dass sie auf seinem Hof aufgenommen worden waren. Der Bauer sagte, dass es so etwas nicht geben dürfe. Als ich ihn aufklärte, dass diese Aufnahmen genau hier entstanden seien, war er sprachlos. Er fühlte sich ertappt. Ich sagte ihm auch, dass es Aufnahmen gebe, die zeigten, wie seine Mitarbeiter die Tiere schlugen. Er schien dies zu wissen und sagte: »Man sagt denen, besser mit den Tieren umzugehen, einmal, zweimal, und beim dritten Mal sind die dann weg, und wer soll dann die Arbeit machen?« Er sagte, wenn das wirklich alles wahr und die Bilder von seinem Hof wären und an die Öffentlichkeit gerieten, dann hätte er auf dieser Welt nichts mehr zu suchen. War das jetzt eine Selbstmordankündigung? Ich bot dem alten Mann Hilfe an. Gemeinsam könnten wir vielleicht einen Weg finden, damit das Tierleid auf seinem Hof ein Ende hätte. Ich erzählte ihm hoffnungsvoll von Milchhöfen, aus denen Kuhschutzhöfe wurden. Aber nein, er wollte die Milcherzeugung nicht aufgeben. Da stecke zu viel von ihm persönlich

Bei Pro Animale für Tiere in Not e.V.

drin. Dann drehte er sich um und ging einfach weg. Er wirkte plötzlich noch älter, humpelte. Er tat mir in diesem Moment wirklich leid. Auch er war ein Opfer des Systems. Er hatte die Dinge, die in der Milchindustrie geschehen, wahrscheinlich noch nie in seinem Leben hinterfragt. Dennoch war er natürlich für seine Tiere verantwortlich. Und als ich an das sterbende Kalb in der verdreckten Box dachte, war mein Mitleid mit dem Mann auch schon wieder verflogen.

Nachdem ich den Betreiber zur Rede gestellt und er das Interview abgebrochen hatte, fuhr ich mit den Kälbchen zu Pro Animale für Tiere in Not e.V. Ich wollte natürlich dabei sein, wenn sie in ihr neues Zuhause kamen.

Der Hof von Pro Animale war für die beiden nur eine Zwischenstation. Hier sollten sie zunächst aufgepäppelt werden.

Es stellte sich heraus, dass die Kälber Flechte hatten, eine hochgradig ansteckende Hautkrankheit, und aufwendig tiermedizinisch behandelt werden mussten. Ich übernahm eine Patenschaft für eines der Kälber und versprach, auch für das zweite einen Paten zu finden. Die beiden fühlten sich auf Anhieb wohl auf dem Lebenshof. Als sie wieder gesund und außerdem kastriert worden waren, zogen sie um in ihr endgültiges Zuhause. Sie blieben in den Händen von Pro Animale und lebten auf einem wunderschönen, riesengroßen betreuten Areal in Polen. Hier konnten die beiden nun ein kuhgerechtes Leben inmitten einer großen Herde führen.

Ich wünschte so sehr, dass ich auch den anderen Kälbchen hätte helfen können. Doch die Plätze auf Lebenshöfen sind stark begrenzt und die Kosten für die Betreuung der Tiere hoch. Ich musste jetzt auf die Behörden vertrauen, dass sie diesen Milchhof schließen würden. Meine Tierschutz-Kollegen hatten inzwischen die Informationen, die wir auf dem Hof gesammelt hatten, an das Veterinäramt weitergegeben. Auch ich nahm später mit der zuständigen Amtsveterinärin Kontakt auf. Ihr war bekannt, dass es auf diesem Hof immer wieder zu Missständen gekommen war. Die Staatsanwaltschaft ermittelte bereits gegen den Betrieb. Einer der beiden Inhaber galt als aggressiv. Ich war glücklicherweise an den anderen geraten. Die Amtsveterinärin ging nie ohne Begleitung der Polizei auf den Hof. Unsere Aufnahmen konnten den Behörden bei ihren Ermittlungen helfen. Wir hatten Verstöße gegen das Tierschutzgesetz und gegen die Tierschutz-Nutztierhaltungsverordnung[41] sowie einen Verstoß wegen unsachgemäßer Kadaverlagerung dokumentiert. Es wurde zeitnah eine Bestandsreduzierung angeordnet, und der Betrieb wurde seitdem engmaschig kontrolliert.

Diese Recherche war 2016. Bis heute sind die Probleme in Kuhställen nicht gelöst. Durch immer mehr größere Betriebe haben sich die Zustände wohl eher verschlechtert. Während der Bauer früher jede seiner Kühe noch kannte und als Lebewesen, vielleicht als Mitgeschöpf, ansah, ist die industrielle Tierhaltung von heute an alleiniger Effizienz orientiert. Die Tiere sind nur noch Produktionseinheiten, die immer mehr Leistung erbringen müssen. Eine Milchkuh wie die »Holstein-Friesian« gibt aufgrund des überzüchteten Rieseneuters bis zu 10.000 Kilogramm Milch im Jahr. Damit hat sich die Milchleistung durch Zucht in den vergangenen Jahrzehnten mehr als verdoppelt. Die Folge: Die Gesundheit der Tiere leidet. Viele Milchkühe kämpfen beispielsweise mit Lahmheit und Euterproblemen.[42] Insgesamt haben vier Millionen Kühe in Deutschland im Jahr 2019 rund 33 Millionen Tonnen Milch produziert.[43]

Wie kann man also diese Probleme in der Milchwirtschaft lösen? Einige Verbesserungen könnte man erreichen durch strengere Regeln, Register über den Verbleib von Kälbchen, teurere Produkte, die Rückkehr zu kleineren Höfen, auf denen die Tiere besser betreut werden. All das würde immerhin dazu beitragen, dass es den Tieren während ihrer Lebensdauer in den Betrieben besser geht. Und wenn sich die Aufzucht auch der Bullenkälbchen, etwa durch Einkreuzung anderer Zuchtlinien, wieder lohnt, kann dies der illegalen Tötung der Tierbabys entgegenwirken. Doch zurzeit sind wir selbst von diesen kleinen Verbesserungen noch weit entfernt.

Kühe künstlich zu befruchten, sodass sie jedes Jahr ein Kalb gebären, den Müttern diese Tierkinder dann wegzunehmen, damit der Mensch ihre Muttermilch trinken kann, die Kälber in Lkws unter oft unzureichender Versorgung in Mastbetriebe meist außer Landes und dann weiter in Schlachthöfe zu karren und sie – so wie die bald schon ausgemergelten Mütter – zu töten und zu essen ist in Deutschland üblich und legal. Es klingt nur in der alltäglichen Wortwahl nicht so erschreckend, wie es ist. Denn wir wollen darüber nicht erschrecken, was wir mit den Tieren machen. Wir wollen lieber nicht daran denken und die Transporte und Schlachthäuser nicht sehen. Wir wollen diese Handlungsweisen als »normal« abtun, weil es doch immer schon so war und wir mit gutem Gewissen weiterkonsumieren wollen. Aber genauso unterstützen wir als Verbraucher diese alltägliche Praxis durch unser Konsumverhalten.

Allein das Wort »Nutztiere« weist ja schon auf ein Grundproblem hin. Der Wert der Tiere wird allein anhand ihres Nutzens für den Menschen gemessen. Ihr Empfinden von Angst und Schmerzen geriet in den Hintergrund. Das Problem ist, dass die Tiere, die wir irgendwann mal als »Nutztiere« definiert haben, aus unserem ethisch-moralischen Wertesystem ausgeklammert wurden. Und mit dieser Ausklammerung aus dem Wertesystem, das nur für Menschen und ihre geliebten »Haustiere« zu gelten scheint, rechtfertigen Politik und Industrie sowie auch jeder einzelne Mensch, der weiterhin tierische Produkte konsumieren will, die Nutzung von und das Morden an Millionen von Lebewesen für ihre eigenen Zwecke. Da ich dies nicht unterstützen möchte, lebe ich vegan.

3. Grauenvolle Zustände in einer Ferkelaufzucht

Ich habe schon in vielen Schweinemastbetrieben recherchiert. In jedem sah ich unsägliches Leid dieser intelligenten, ausgebeuteten Tiere. Eine Recherche ist mir ganz besonders in Erinnerung geblieben. Ein Ferkel, das ich dort zurücklassen musste, werde ich niemals vergessen. Schuldgefühle, weil ich es nicht mitgenommen und zum Tierarzt gebracht habe, plagen mich bis heute. Diese Recherche ist schon einige Jahre her, doch ich will trotzdem von ihr erzählen. Denn das Thema ist leider heute so aktuell wie damals.

Eine befreundete Tierarzthelferin fragte mich, ob ich mir mit ihr eine Schweineaufzuchtanlage in Nordrhein-Westfalen ansehen könne, die ihr aufgefallen sei. Der Betrieb sei nicht riesig, aber der Gestank nach Schweineausscheidungen extrem. Sie habe kurz in die Stallungen hineingeschaut und tote Tiere in den Gängen liegen sehen. Eines davon habe eine blutige Verletzung gehabt. Irgendetwas sei dort ganz und gar nicht in Ordnung. Natürlich wollte ich ihr helfen, mögliche Missstände aufzudecken, und sagte für die Recherche zu.

Meine Freundin, zwei weitere Aktivisten und ich trafen uns am frühen Abend in der Nähe der Mastanlage. Gemeinsam fuhren wir zu dem Gebäude, in dem die Schweine aufgezogen wurden. Es war ein älteres Modell. Flach gebaut, mit

Neugierige Ferkel hinter Gittern

den für Schweineanlagen typischen Abluftschornsteinen auf dem Dach. Vor der Anlage stand ein Güllesilo. Es stank erbärmlich. Der Stall befand sich in Alleinlage, das heißt, es gab kein Wohnhaus in der Nähe und keine Arbeiterunterkünfte, aus denen plötzlich jemand hätte auftauchen können. Es war eben ein kleinerer Betrieb. Ich vermutete, dass der Inhaber auf einem Hof in der Nähe lebte, auf dem er weitere Schweine hielt. Jedenfalls konnten wir uns hier in Ruhe umsehen.

Die Tür war nicht abgeschlossen. Wir konnten einfach in das Gebäude hineingehen. Im Inneren zogen wir unsere Schutzanzüge und Stiefelüberzieher an und untersuchten zunächst den Vorraum. Er war dreckig und staubig. Wir fanden tote Mäuse, herumliegende Spritzen für Impfungen sowie weitere Medikamente. In den offenen Schränken und Regalen standen außerdem insgesamt sechs verschiedene Antibiotika-Präparate. Wir gingen weiter einen dunklen Gang entlang. Auf der linken Seite befanden sich mehrere Türen, durch die man in die Schweinebuchten gelangte. Ich öffnete vorsichtig die erste Tür. Im Inneren war es stockdunkel. Ich leuchtete nur mit Rotlicht hinein, denn ich wollte die Schweine nicht erschrecken. Die meisten schliefen dicht aneinandergedrängt in den dreckigen Stallungen. Langsam wachten sie auf. Ich hörte hier ein Quieken, da ein Grunzen. Weiter hinten husteten Tiere. Die Schweine schauten uns neugierig an.

Bei dem Betrieb handelte es sich um eine Ferkelaufzucht. Das heißt, sehr junge Ferkel wurden hier eingestallt und bis zu einer bestimmten Größe aufgezogen. Einige von ihnen wurden später als Spanferkel verkauft, andere an Betriebe

Eine Ferkelbucht

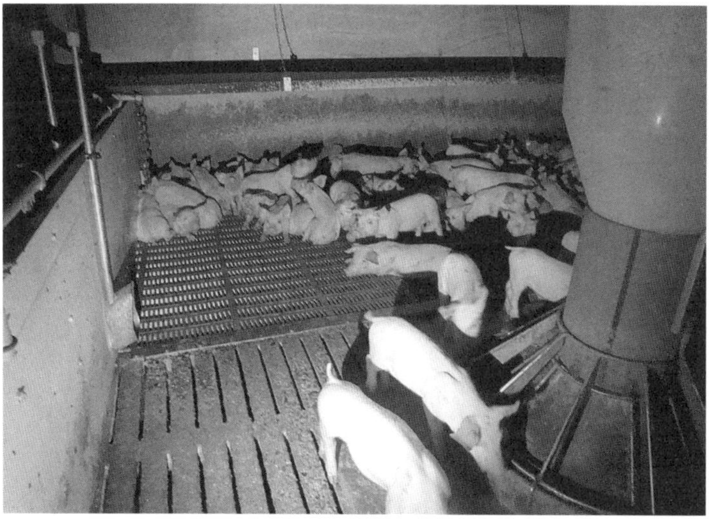

weitergegeben, in denen sie bis zur Schlachtung gemästet wurden.

Die Luft war stickig und voller gefährlicher Gase. Die Schweine wurden – wie in der konventionellen Haltung üblich – auf Spaltenböden gehalten, die kot- und urindurchlässig waren. Unter den Schweinen befand sich ein Becken, in das die Exkremente der Tiere flossen. Die Schweinekinder atmeten permanent die giftigen Ammoniak-Dämpfe ihrer eigenen Ausscheidungen ein. Hohe Gaskonzentrationen in Schweinemastbetrieben sind ein großes Problem. Die Ammoniakwerte dürfen laut Tierschutz-Nutztierhaltungsverordnung[44] 20 Kubikzentimeter pro Kubikmeter Luft nicht überschreiten. Ich war in Anlagen gewesen, in denen dieser Wert über 30 lag. Kein Wunder, dass viele Schweine in der konventionellen

Viele Schweine hatten Nabelbrüche …

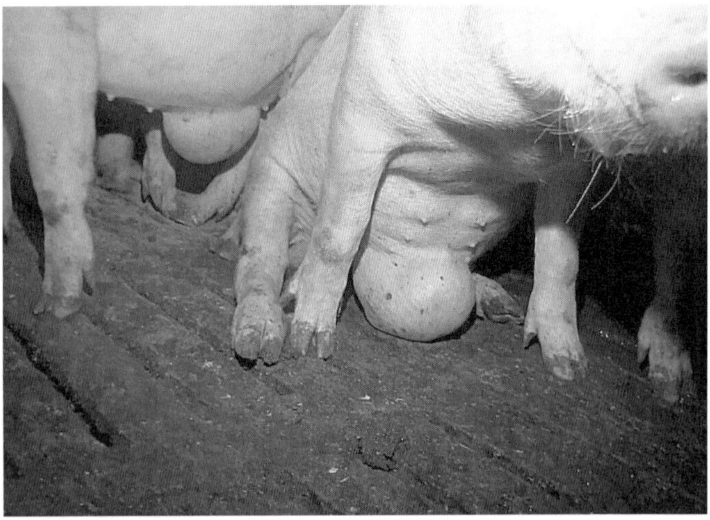

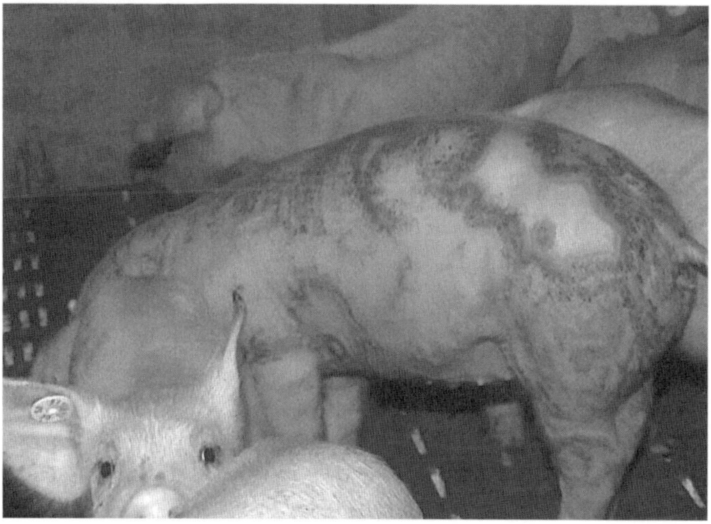

… oder Hautpilz.

Haltung an Atemwegserkrankungen leiden. Auch in diesem Betrieb husteten zahlreiche Tiere. Selbst für uns, die erst wenige Minuten hier drin waren, war die Luft unerträglich, und die Gase reizten schon die Lunge. Das Gülleauffangbecken war nicht nur unter den Tieren, sondern auch direkt unter uns. Wir sahen die braune Brühe durch die Gitterroste, aus denen die Zwischengänge zu den Schweinebuchten bestanden. Über diese Stege zu gehen macht mir stets Angst. Sollte sich etwas lockern, sodass man in das Güllebecken fällt, ist man so gut wie tot. Durch die Gase wird man ohnmächtig und ertrinkt in der Schweinescheiße. Ein Tierschutz-Kollege wäre so beinahe ums Leben gekommen. Recherchen in solchen Anlagen – vor allem in maroden – sind immer mit enormen Risiken verbunden.

Als sich die Schweine an uns gewöhnt hatten und aufgestanden waren, untersuchten wir sie genauer. Viele Tiere hatten große Beulen unter dem Bauch oder am Hinterteil. Die Ursachen dafür waren unbehandelte Nabelbrüche und Kastrationsvorfälle sowie möglicherweise auch Tumore. Keine Einzelfälle. Tiere mit derartigen Veränderungen habe ich bisher in jedem Schweinemastbetrieb gesehen. Wir sahen schwache Schweine mit Augenverletzungen, Tiere, die mit blutigen Schrammen übersät waren, und andere mit Hautpilz. Ein Ferkel atmete flach. Es lag wohl im Sterben.

Die Tiere so zu sehen zerriss mir das Herz. Schweine können wie wir Freude und Schmerzen empfinden. Es sind soziale Tiere, die ein gutes Gedächtnis haben und lernfähig sind. Ihre Augen sind den unseren sehr ähnlich. In ihren Blicken lässt sich Wohlbefinden, Leid und Trauer ablesen. Schweine wollen spielen, entdecken, sich im Schlamm suhlen und in der Erde wühlen. Die konventionelle Käfighaltung von Hühnern ist schon seit 2010 verboten, da sie darin ihr arteigenes Verhalten nicht ausleben können. (Hühner dürfen bald auch nicht mehr in den minimal besser ausgestalteten Kleingruppen-Käfigen gehalten werden.[45]) Warum aber sollen Schweine in der konventionellen Mast in engen, stickigen, reizarmen Buchten auf Spaltenböden über ihren eigenen Exkrementen leben müssen – dicht an dicht gedrängt, in einer Umgebung, die sie krank macht, ohne die Möglichkeit, auch nur ansatzweise ihr arteigenes Verhalten auszuleben?

Glückliche Schweine, die sich im Schlamm auf der Weide suhlen, sucht man selbst auf dem Bio-Bauernhof oft vergeblich. Den Tieren geht es in der ökologischen Tierhaltung zwar etwas besser als in der konventionellen, doch werden die intelligenten Waldbewohner, die im Boden nach Futter wühlen und graben, die kauen und schmecken, dort wirklich artgerecht gehalten? Auch die Bio-Industrie ist eine Industrie, in der es darum geht, Umsatz zu machen. Es gibt je nach Zertifizierungsmarke verschiedene Kriterien, um ein Produkt unter dem entsprechenden Siegel vermarkten zu können. Um beispielsweise das bekannte sechseckige Bio-Siegel[46] auf Schweinefleischprodukten verwenden zu dürfen, muss den Tieren u. a. Tageslicht, natürliche Belüftung, »Auslauf« – was nicht gleich Weidegang bedeutet – gewährt werden. Das systematische Abkneifen der Eckzähne sowie das Kupieren der Ringelschwänze sind im Ökolandbau verboten. Männliche Bio-Ferkel dürfen ab Januar 2021 nur noch unter Narkose kastriert werden. Bis dahin ist diese bis zu einem Alter von acht Tagen unter der Verabreichung von Schmerzmitteln erlaubt.[47] In der konventionellen Haltung dagegen ist die betäubungslose Ferkelkastration auch ohne die Gabe von Schmerzmitteln noch bis Ende 2020 Standard – trotz Alternativen.[48] Ab 2021 dürfen dann auch die Landwirte konventioneller Betriebe ihre Ferkel nicht mehr ohne Betäubung kastrieren. Nach einem kurzen Lehrgang können sie die Tiere jedoch selbst mit dem Inhalationsanästhetikum Isofluran betäuben und ihnen die Hoden herausschneiden. Das ist billiger, als wenn der chirurgische Eingriff von einem Tierarzt durchgeführt wird.

Billig muss es sein – das ist wohl auch der Grund dafür, dass die ökologische Schweinehaltung in Deutschland immer noch eine Nische ist. Ökoschweinefleisch erreicht einen Marktanteil von 0,4 Prozent.[49] Neben dem Billig-Wahn der meisten Deutschen in Sachen Fleisch[50] mag auch ein Vertrauensverlust in die Öko-Label und Prüf-Siegel Grund für den verhaltenen Kauf von Bio-Waren sein. Ein Beispiel ist die Marke »Neuland«, die zwar nicht bio ist, aber Produkte aus artgerechter Tierhaltung als Tierwohllabel in Deutschland zertifiziert, welche entsprechend mehr kosten. 2014 kam heraus, dass unter diesem Siegel jahrelang konventionell produziertes Geflügelfleisch sowie teilweise auch Lammfleisch verkauft wurde.[51] Nicht nur beim Fleisch, auch bei Obst und Gemüse wird betrogen. »Oft werden Bananen als bio verkauft, die das Siegel eigentlich nicht wert sind«, zitiert der *Focus* den Leiter eines Zertifizierungsunternehmens, das Ökobetriebe weltweit kontrolliert. Dieser sagt, dass das System anfällig für Betrug sei. Jede Firma suche sich ihren Zertifizierer aus – im Zweifel also denjenigen, der nicht so genau hinschaut, um Kunden zu halten.[52] Tierrechts- und Tierschutzorganisationen veröffentlichen immer wieder Bilder, die zeigen, wie sehr Tiere auch in Bio-Betrieben leiden.[53] Das Versagen von Kontrollsystemen der Zertifizierer sowie grausame Tierquälerei auf Bio-Höfen habe auch ich schon auf Recherchen erlebt. Auch hier wird – sicherlich nicht in allen Betrieben – belogen, betrogen, geprügelt und weggeschaut. Getötet werden die Tiere am Ende alle. Und zwar überwiegend in Schlachthöfen. Und dort schützt auch ein Bio-Siegel das Tier nicht vor möglichen Schlägen und Fehlbetäubungen, die einen grausamen Tod bei vollem Bewusstsein zur Folge haben.[54]

Die Realität für Millionen von Schweinen in den konventionellen Betrieben sieht alles andere als rosig aus. Sie werden geboren von einer überzüchteten Muttersau als eines von zu vielen Ferkeln, von denen die Schwächsten – oft auf illegale Weise[55] – getötet werden. Ihre Eckzähne werden abgeschliffen, die Ringelschwänze abgeschnitten. Die Eber werden (noch) betäubungslos kastriert. Sie werden aufgezogen in stickigen, dreckigen Ställen, umgeben von Krankheiten und Tod der Artgenossen. Während ihres kurzen Lebens vegetieren sie dicht gedrängt auf Spaltenböden über ihren Exkrementen und werden erst auf dem Weg zum nächsten Mastbetrieb oder zum Schlachthof erfahren, wie es ist, frische Luft zu atmen, vielleicht einen Sonnenstrahl oder Regentropfen durch die Eisengitter des Transporters zu erhaschen. Schon im Alter von sechs bis sieben Monaten[56] werden die Tiere geschlachtet; in Deutschland jährlich knapp 60 Millionen.[57]

Der Spaltboden war verstopft.

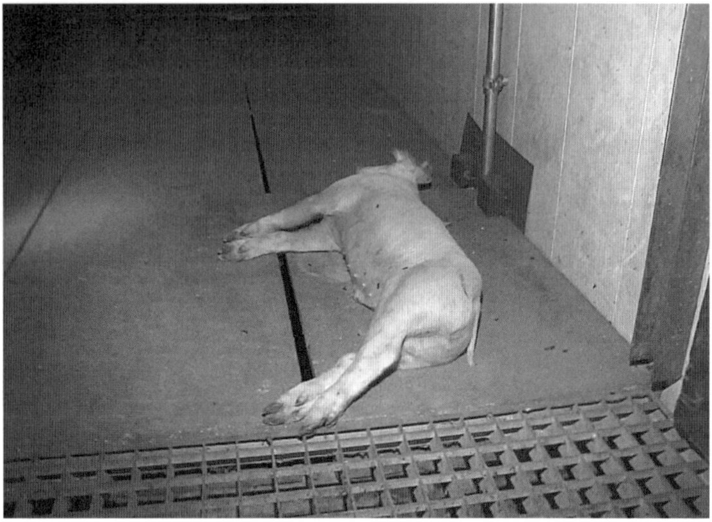

Das tote Schwein wird illegal auf dem Gang gelagert.

Normalerweise könnten Schweine etwa zehn bis fünfzehn Jahre alt werden.

Auch »meinen« Ferkeln stand der Tod im Schlachthaus bevor. Wenn sie bis zum Mastende überlebten. Bei den unhygienischen Zuständen in dieser Anlage wunderten mich die vielen kranken Tiere nicht. Sie waren mit ihrem eigenen Kot behaftet, die Spaltenböden dreckig und rutschig. Hinter einer Tür offenbarte sich dann ein absolut widerwärtiger Anblick. Einige Spaltenböden und die darunterliegenden Kotbecken waren so verstopft, dass die Exkremente der Tiere nicht abflossen. In dem flüssigen Brei wimmelte es von Fliegenmaden. Selbst die Wände waren von oben bis unten voll mit kleinen weißen Maden. Es war, als würden Boden und Wände leben. Wie in einem Horrorfilm. Überall krabbelte und wimmelte es. Es war einfach nur ekelig.

Diese unhygienischen Zustände verstießen gegen die Vorschriften zur Schweinehaltung. Laut Tierschutz-Nutztierhaltungsverordnung sollen Schweine »nicht mehr als unvermeidbar mit Harn und Kot in Berührung kommen«, und es muss ihnen ein trockener Liegebereich zur Verfügung stehen. Denn Schweine sind reinliche Tiere.

Ich filmte die verkoteten Buchten mit den Schweinen darin, die Maden über, unter und neben mir, und beeilte mich, diese Kammer des Grauens schnell wieder zu verlassen. Die Schweine musste ich zurücklassen. Sie taten mir so unendlich leid. Wer die Tiere so sieht, dem kann nie wieder ein Schnitzel schmecken.

Das Tier mit dem Mastdarmvorfall wurde von anderen angefressen.

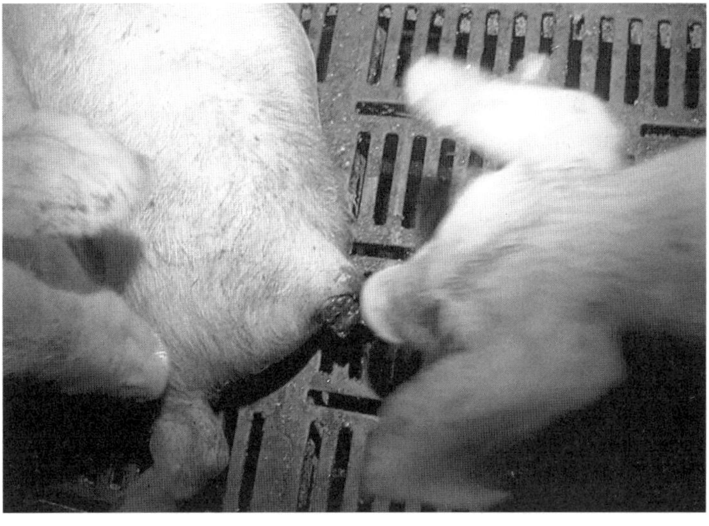

Wir gingen noch ein Stück tiefer in die Anlage hinein. Mitten auf einem Gang entdeckten wir zwei tote Schweine. Sie hier dauerhaft so abzulegen war illegal. Der Betreiber hätte sie in einer Kadavertonne aufbewahren müssen.

In den zwei Stunden, die wir uns bereits in der Anlage befanden, hatten wir einige Gesetzesverstöße dokumentieren können. Das für mich emotional Schlimmste sollten wir jedoch erst noch zu sehen bekommen. Wir gingen weiter durch die Stallabteile und schauten uns die Tiere an. Plötzlich fiel mir ein Ferkel auf, um das sich andere Tiere drängten. Ich ging näher und sah Schreckliches. Das Schweinebaby lag geschwächt auf dem Boden. Sein Hinterteil war blutig. Die anderen Schweine fraßen daran herum. Das Tier hatte einen Mastdarmvorfall. Das heißt, ein Teil des Darms war aus der Afteröffnung herausgetreten.

In der Schweinemast sind diese Mastdarmvorfälle keine Seltenheit. Die Ursachen hierfür sind vielfältig.[58] Die betroffenen Tiere müssen umgehend separiert werden. Nur so kann verhindert werden, dass die anderen Schweine das kranke Tier anfressen. Dieses kleine Ferkel hier war den anderen Schweinen jedoch schutzlos ausgeliefert. Ich wusste nicht, wie lange es dort schon so lag. Draußen wurde es bereits hell, sicher würde es nicht mehr lange dauern, bis der Betreiber oder Arbeiter kamen. Dann sollten wir uns besser nicht mehr in der Anlage befinden. Doch ich wollte das Ferkel nicht so dort liegen lassen. Meine Freunde drängten darauf zu gehen. Ich könne ihm nicht helfen. Die anderen kranken Schweine könnten wir auch nicht alle mitnehmen. Wir mussten los, mussten hier ungesehen rauskommen. Also ging ich. Und ich hoffte, dass der Betreiber das Ferkel schnell bemerken würde.

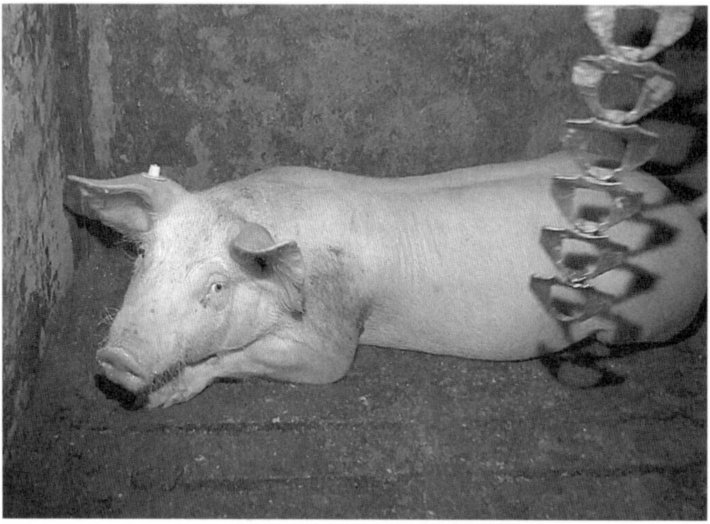

Eine Eisenkette (rechts vorne) zum »Spielen«

Eine Möglichkeit, es dort herauszuholen, sah ich in dem Moment einfach nicht. Ich schwor mir, zukünftig besser vorbereitet zu sein. Und so ging ich raus in die Morgendämmerung und fuhr nach Hause, um meine Beweise für die Anzeige bei den Behörden zusammenzufassen. Das Ferkel habe ich bis heute nicht vergessen.

Ich habe auch in anderen Betrieben Mastdarmvorfälle und Schweine, die sich gegenseitig anfraßen, gesehen. Es sind keine Einzelfälle. Es ist systembedingt. In den Mastanlagen und ihren reizarmen, engen Abteilen, in denen die Schweine konzentrierten Futterbrei bekommen, haben die intelligenten Tiere schier Langeweile und können Kannibalismus entwickeln. Ein Symptom der unzureichenden Haltungsbedingungen ist das Schwanzbeißen. Schweine verbringen normalerweise

70 Prozent des Tages mit der Nahrungssuche. Sie wühlen, laufen, schnüffeln und kauen. Ein artgerechtes Leben, das ihnen in der Mast verwehrt bleibt. Um ihnen Beschäftigung in ihren tristen Gefängnissen zu ermöglichen, werden meistens Eisenketten oder Holzstücke in den Schweinebuchten angebracht, mit denen die Schweine »spielen« können.

Derartiges Material ist vorgeschrieben und soll dem »Erkundungsverhalten« der Tiere dienen. Diese üblichen Beschäftigungsmöglichkeiten sind jedoch völlig unzureichend, um die Bedürfnisse der Tiere zu befriedigen. Doch statt den Schweinen mehr Platz, mehr Beschäftigungsmöglichkeiten, ja die Möglichkeit zu geben, ihr arteigenes Verhalten überhaupt ansatzweise auszuleben, schneidet man ihnen bis zu einem Alter von vier Tagen ohne Betäubung die Schwänze ab, damit sie sich diese nicht gegenseitig anfressen.

Das routinemäßige Kupieren der Schwänze ist allerdings in der Europäischen Union verboten. Eine EU-Richtlinie vom 19. November 1991 über die Mindestanforderungen für den Schutz von Schweinen gibt vor: »Das Stutzen der Schwänze und Abkneifen der Zähne darf nicht routinemäßig erfolgen, sondern nur dann, wenn in dem Betrieb durch den Verzicht auf diese Schutzvorkehrungen nachweislich bereits Zitzen-, Ohr- oder Schwanzverletzungen aufgetreten sind. Ist ein Abkneifen der Zähne notwendig, so hat dies innerhalb von sieben Tagen nach der Geburt zu erfolgen.«[59] Weiter heißt es: »Neben den üblichen Vorkehrungen zur Verhinderung von Schwanzbeißen und sonstigem Fehlverhalten müssen alle Schweine unter Berücksichtigung der Haltungsbedingungen und der Besatzdichte über Stroh oder anderes geeignetes Material bzw. Gegenstände verfügen, um ihre verhaltensmäßigen Bedürfnisse zu befriedigen.« Das klingt erst mal gut, doch schaut man in die deutschen Ställe, so sieht es da eben ganz anders aus. Laut einem Bericht der EU-Kommission von 2018 wurde bei 95 Prozent der Schweine in Deutschland der Ringelschwanz kupiert.[60] Damit verstößt Deutschland gegen geltendes EU-Recht. Und zwar nicht als Ausnahme, sondern als Regel. Dies wird von den deutschen Behörden toleriert, um Schwanzbeißen zu vermeiden. Tierärzte stellen Nachweise darüber aus, dass das Kupieren in einem Betrieb nötig sei. Die Amtsveterinäre nicken es ab. Anstatt also die Haltungsbedingungen an die Bedürfnisse des Tieres anzupassen, versucht man die Tiere den möglichst günstigen Haltungsbedingungen anzupassen – durch gezielte (Über-)Züchtung und Amputationen. Ein krankes System.

Die Ferkel standen dicht gedrängt.

Das niedersächsische Landwirtschaftsministerium versuchte, Anreize zu schaffen, damit Landwirte ihre Tiere nicht mehr kupierten. 2015 führte Agrarminister Meyer die »Ringelschwanzprämie« ein. Diese soll noch bis Ende November 2020 gezahlt werden.[61] Schweinehalter in Niedersachsen erhalten die Prämie von 16,50 Euro pro Mastschwein im Jahr, wenn sie den Ringelschwanz nicht kupieren. Das Geld sollen sie für eine Verbesserung der Haltungsbedingungen durch mehr Platz und Beschäftigung nutzen, damit sich die Tiere nicht mehr gegenseitig verletzen. Eine mit der Ringelschwanzprämie verbundene Studie zeigt, dass die Schweinehaltung in Mastbetrieben auch ohne Amputation funktionieren kann. In Finnland, Schweden und Litauen wurde das EU-weit vorgeschriebene Kupierverbot bereits durchgesetzt.[62] Wann hält sich Deutschland endlich an dieses Gesetz? Bemühungen sind da, aber es könnte schneller gehen. Der Deutsche Tierschutzbund fordert höhere gesetzliche Haltungsanforderungen, um eine tiergerechte Haltung sicherzustellen. Ein verbindlicher Stufenplan müsse her, um jetzt den Ausstieg aus dem Schwanzkürzen in Deutschland einzuleiten und zu gewährleisten. Schweine sollten endlich in einer Umgebung gehalten werden, die den Tieren artgemäßes Verhalten ermöglicht und weder Stress noch Schmerzen verursacht, um Schwanzbeißen zu verhindern. Die Behörden dürften sich zudem nicht mehr allein auf die Erklärung der Tierärzte verlassen, sondern sollten selbst in den Betrieben eine Bewertung vornehmen. Außerdem sollten nur noch Anlagen aus EU-Mitteln finanziert werden, in denen eine Haltung von unkupierten Schweinen möglich ist.[63]

Auch in dem Betrieb, in dem ich gerade recherchierte, hatten alle Ferkel kupierte Schwänze.

Kaum zu Hause angekommen, informierte ich die Tierrechtsorganisation PETA über die gravierenden Missstände in dem Ferkelaufzuchtbetrieb. PETA meldete die skandalösen Zustände umgehend dem Veterinäramt und erstattete Strafanzeige gegen den Inhaber sowie die den Betrieb betreuende Tierärztin. Währenddessen recherchierte ich weiter. Ich hatte in dem Vorraum der Anlage Unterlagen gefunden, die dokumentierten, welchem Verband der Mäster angehörte und an wen die Tiere verkauft wurden. Die Papiere belegten Geschäftsverbindungen zu mehreren lokalen Viehhandlungen. Die wiederum warben auf ihren Homepages mit dem Versprechen, dass alle ihre Ferkelerzeuger QS-zertifiziert seien. QS hat nichts mit bio zu tun, ist aber ebenfalls ein Prüfzeichen, das Sicherheit und Qualität in den Betrieben garantieren soll.[64] So heißt es auf der Webseite: »QS-zertifizierte Landwirte, die Schweine halten, sorgen im Stall für Qualitätssicherung: Die Tiere werden gewissenhaft betreut und unter optimalen Bedingungen gehalten. Außerdem achten die Tierhalter auf eine hohe Betriebshygiene und den Einsatz zertifizierter Futtermittel.«[65] Der Mäster zahlt eine Gebühr an QS und kann aufgrund des Labels auf der Verpackung sein Produkt teurer verkaufen. Es ist eine Marketingstrategie, bei der also der Zertifizierer QS wie auch der Landwirt selbst verdienen. Wie ernst die Kontrollen und Bedingungen, die an das Label geknüpft sind, genommen werden, zeigt meine Recherche. Und nicht nur diese. Ich habe schon in einigen QS-zertifizierten Betrieben recherchiert, auch in Geflügelmastanlagen. Genau wie in diesem Betrieb herrschten dort unhygienische Zustände, die Tiere waren krank und erhielten verschiedenste Antibiotika-Präparate. Es wirkt auf mich, als ob entweder die Kontrollen zu selten wären, die Kontrollierenden keine Ahnung von den Anforderungen hätten oder sie schlicht am Tierwohl uninteressiert sind. Daraus ergibt sich eine regelrechte Irreführung der Verbraucher. Ein großes Problem ist, dass dieses »Gütesiegel« nicht gesetzlich vorgegeben ist. Das heißt, die Betriebe werden nicht vom Staat, sondern von externen Organisationen oder sogar durch den Anbieter selbst kontrolliert. Der PETA-Agrarexperte Dr. Edmund Haferbeck sagt über das Labeling: »Grundsätzlich gilt, dass Eigenlabels kaum eine Glaubwürdigkeit besitzen, denn immer wieder sind skandalöse Tierhaltungsmissstände auch in gelabelten Tierhaltungsformen nachgewiesen worden. Insbesondere der Begriff ›Tierwohl‹ hat sich als groß angelegte Verbrauchertäuschung herausgestellt, denn mit Tierwohl haben die Labels und Siegel am wenigsten zu tun.«[66]

Was Haferbeck hier anspricht, ist die vom Bundesministerium für Ernährung und Landwirtschaft (BMEL) entwickelte Initiative Tierwohl mit ihrem dreistufig aufgebauten Tierwohlkennzeichen.[67] Das Bundeskabinett hat den Gesetzentwurf zur Einführung und Verwendung dieses Tierwohlkennzeichens im September 2019 beschlossen. Und es hagelte gleich Kritik. Tierschützer bemängeln, dass die Kriterien der Initiative Tierwohl zu schwach sind, um wirklich etwas für die Tiere zu verbessern. Geworben wird mit mehr Platz und Struktur im Stall. Der gesetzliche Mindeststandard erlaubt eine Fläche von 0,75 Quadratmetern für ein ausgewachsenes, 110 Kilogramm schweres Schwein. In der ersten Stufe der Initiative Tierwohl erhält das Schwein 20 Prozent mehr Fläche, in der zweiten Stufe 47 Prozent und in der dritten Stufe 100 Prozent mehr. So stehen dem Schwein in der dritten Stufe letztendlich auch nur 1,5 Quadratmeter, von denen 0,5 Quadratmeter »Auslauf« sein müssen, zur Verfügung. Ob sich das Tier damit wirklich »wohl« fühlt? Kupieren, Ferkelkastration und die Gabe von Antibiotika sind auch unter diesem Siegel nach Gesetzesvorgabe möglich. Das BMEL verweist darauf, dass der verantwortungsvolle Umgang mit Antibiotika mit einer verpflichtenden Teilnahme an dem Antibiotika-Monitoring des QS-Prüfsystems forciert würde.[68] Durch das Antibiotika-Monitoring soll der Landwirt den Antibiotika-Einsatz auf seinem Hof mit dem auf anderen Betrieben vergleichen und eventuell Maßnahmen ergreifen können, um den Antibiotika-Einsatz zu reduzieren. Die Hof-Tierärzte sollen dabei für eine verlässliche Datengrundlage sorgen, indem sie die Antibiotikaverschreibungen für Schweine, Geflügel und Rinder in der QS-Antibiotikadatenbank erfassen. Doch wer überprüft den Tierarzt, ob er auch alles, was er verschreibt, tatsächlich erfasst?

Bei der Recherche in dem Ferkelaufzuchtbetrieb fand ich interessanterweise auch noch heraus, dass der Betreiber sowie die betreuende Tierärztin in einem Informationsblatt eines Pharmakonzerns für ihr gutes Gesundheitsmanagement gelobt wurden. Das stand völlig im Widerspruch zu meinen Recherchen. Dass ich nicht falschlag, wurde noch einmal deutlich, als circa ein Jahr nach Erstattung der Strafanzeige das Schreiben der Staatsanwaltschaft bei PETA eintraf. Die Behörde hatte nach PETAs Strafanzeige ermittelt. Das Verfahren gegen den Betreiber wurde gegen eine Zahlung von 4000 Euro an die Staatskasse eingestellt. In ähnlichen Fällen waren viel geringere Geldbußen verhängt worden. Daher konnten wir diese Entscheidung als klaren Erfolg werten. Der Betreiber wiederum hatte mich wegen angeblichen Hausfriedensbruchs angezeigt, die Staatsanwaltschaft erhob aber keine Anklage gegen mich. Maßgebend für die Einstellung des Verfahrens war, dass ich nicht vorbestraft war – und bis heute nicht bin – und dass die Strafverfolgung dieses Falles »kein gegenwärtiges Anliegen der Allgemeinheit« war. Weiter hieß es in der Begründung: »Die Fertigung des Videomaterials führte letztlich dazu, dass relevante Verstöße gegen das TSchG festgestellt werden konnten.« Diese Bescheide der Strafverfolgungsbehörden zeigen, dass es noch Hoffnung gibt. Hoffnung, dass der Staat das Unrecht, das den Tieren angetan wird, erkennt und die Täter bestraft – und nicht diejenigen, die diese Tierquälerei aufdecken.

4. Illegale Tötungen in einem Entenmastbetrieb

In Deutschland werden jährlich etwa 15 Millionen Enten für den Fleischverzehr gemästet und geschlachtet.[69] Ich habe schon in mehreren Entenmastanlagen in Nordrhein-Westfalen und in Niedersachsen recherchiert. In jeder bot sich das gleiche Bild: Hunderte weiße Pekingenten wurden in dunklen Hallen auf feuchtem, kotigem Strohboden gehalten. Das Gefieder der Tiere war verdreckt, kranke und tote Enten lagen zwischen den lebenden. Trinkwasser stand den Enten nur tröpfchenweise aus Nippeltränken zur Verfügung. In keiner der Anlagen gab es Badewasser oder zumindest ein Becken, in das die Enten ihre Schnäbel tauchen konnten. Dabei sind Enten Wasservögel. Sie lieben es, zu baden, zu gründeln, also auf dem Teichgrund nach Futter zu suchen, und der Großteil ihres Sozialverhaltens spielt sich auf ihrem Element – dem Wasser – ab. Die Tiere benötigen es nicht nur für ihr Wohlbefinden, sondern auch für ihre Gesundheit. Sie brauchen Wasser, um sich zu putzen und ihr Gefieder einzufetten. Ohne ausreichend Flüssigkeit können die Nasenlöcher verstopfen, da diese nicht freigespült werden. Kein Wunder, dass die Enten unter den Bedingungen in der konventionellen Tierhaltung anfällig für Krankheiten sind. Ein weiterer problematischer Aspekt in der Entenmast ist, dass Pekingenten, wie

Puten und Masthühner auch, auf schnellen Fleischansatz gezüchtet wurden. In kürzester Zeit setzen sie viel Brustfleisch an, wodurch sie schwerwiegende körperliche Probleme entwickeln können. Tierschützer sprechen daher hier von Qualzuchten.[70]

Fünf Jahre nach meinem letzten Besuch in einer Entenmastanlage wollte ich im Januar 2020 wissen, ob sich etwas für die Vögel verbessert hatte. Während ich anfing zu recherchieren, wurde mir Bildmaterial aus einem Betrieb in Nordrhein-Westfalen zugespielt. Etwa zweitausend Pekingenten und in der Vorweihnachtszeit auch Gänse wurden dort gemästet. Auf den Fotos waren tote Enten sowie auffällig viele kranke Tiere zu sehen. Außerdem war eine Aufnahme der Kadavertonne dabei. Das Aussehen der toten Tiere darin machte mich stutzig. Enten und Gänse wiesen wunde, federlose Stellen auf. Überall waren Blutspuren. Das deutete auf massive Gewalteinwirkung hin. Ich beschloss, während meiner Recherche vor Ort Überwachungskameras zu installieren, um das zu überprüfen. Hier lagen offensichtlich Verstöße gegen das Tierschutzgesetz vor, denen ich nachgehen musste.

Ich stellte ein Team zusammen und plante eine Nachtrecherche. Ziel war es, zunächst die Überwachungskameras zu installieren und einen ersten Eindruck von der Entenhaltung zu bekommen. In der zweiten Nacht, beim Abbau der Kameras ein paar Wochen später, wollten wir uns dann ausführlich umsehen und alle Verstöße dokumentieren. Wenige Tage später war es so weit. Wir trafen uns zu viert in der Abenddämmerung in der Nähe der Anlage und teilten uns auf. Ein Tierschutz-Kollege würde mit mir in den Betrieb reingehen.

Tote Tiere in der Kadavertonne

Küken

Zwei Helferinnen übernahmen den Wachposten und hielten uns den Rücken frei, damit wir nicht von Mitarbeitern überrascht würden. Die Anlage befand sich am Rand eines kleinen Dorfes. Vorne gab es ein großes Tor. Der Vorplatz war in helles Licht getaucht. Hier gab es Nachbarn. Kein guter Zugang für uns. Von einem Weg hinter dem Betrieb aus konnten wir ungesehen zur Anlage gelangen. Dort waren nur Felder. Im Mondlicht ragte das alte Gebäude schwarz und unheimlich aus dem flachen Land heraus. Tiere sah und hörte man keine. Alles war wie tot. Wir gingen über eine taubedeckte Wiese zu der Anlage hin. Das Gemäuer war marode. In dem grauen Putz gab es große Risse. Der Mastbetrieb bestand aus zwei länglichen Gebäudetrakten, in denen sich insgesamt sieben verschiedene Ställe befanden. In diesen wurden Enten unterschiedlicher Altersstufen gehalten. Es war still und unheimlich. Um zu den Enten zu gelangen, mussten wir zunächst eine stockdunkle Halle durchqueren, das Strohlager. Wir hatten zwar Nachtsichtgeräte, dennoch war die Dunkelheit beängstigend. Wenn uns jemand auflauerte und aus dem Nichts auf uns losging, hätten wir keine Chance zur Flucht. Wir kannten weder den Betreiber noch die Mitarbeiter und wussten nicht, ob sie aggressiv reagieren würden, wenn sie uns entdeckten. Ich musste die Angst beiseitewischen und dachte an die Tiere, die in diesem Moment nur wenige Meter von uns entfernt Qualen litten. Ich würde ihnen helfen können, so meine Hoffnung.

Wir ließen die dunkle Halle hinter uns. Niemand hatte uns überrascht, der Betrieb schien verlassen. Wir zogen unsere Schutzkleidung an, um keine Keime in die Ställe rein- oder später herauszutragen, und schlichen einen beleuchteten Mittelgang, der die zwei Hauptgebäudeteile voneinander trennte, entlang. Im Lichtkegel waren wir von der Straße aus hier gut zu sehen. Es durfte jetzt einfach kein Auto vorbeifahren. Ein riskanter Moment. Doch es waren nur wenige Schritte bis zur ersten Tür, hinter der sich die Enten befanden. Wir kamen unbemerkt dort an. Die Tür war nicht verschlossen, sondern stand spaltbreit offen. Ein dicker Stein lag davor, damit sie überhaupt zublieb. In dem ersten Stall waren Entenküken untergebracht. Das Licht war angeschaltet. Heizventilatoren sorgten für Wärme und eine surreale Geräuschkulisse. Die kleinen gelben Entenküken waren so niedlich. Wie aus einem Kinderbuch hierhergezaubert. Wer wäre nicht entzückt beim Anblick dieser flauschigen Tierbabys? Zu wissen, was ihnen bevorstand, machte mich traurig. Die Küken befanden sich in einem mit Brettern vom Rest der Halle abgetrennten Bereich, der mit Stroh ausgelegt war. Das Stroh war relativ frisch, die Tiere waren noch nicht lange hier. Dennoch entdeckte ich tote und kranke Küken. Einige Tiere hatten Beinprobleme.

Auch die anderen Türen waren unverschlossen und teilweise nur durch davorliegende Steine oder Kisten gesichert. In jedem der sieben Stallbereiche entdeckten wir kranke Tiere oder tote, teils schon stark verweste Körper zwischen den lebenden. Manche Entenleichen waren achtlos außerhalb der abgetrennten Bereiche auf den Boden geworfen worden. Das Gefieder gerade der älteren Tiere war völlig verschmutzt. Aus einer Halle sickerte braune, stinkende Flüssigkeit auf den Boden des Vorraums, in dem allerlei Gerätschaften standen und tote Mäuse herumlagen. Die hygienischen Zustände der

Küken mit Beinproblemen

alten Anlage ließen sehr zu wünschen übrig. Auch das Kühlhäuschen, in dem die Kadavertonne des Betriebs stand, war marode und teilweise kaputt. In der Bodenplatte des Häuschens, direkt unter dem Container, in dem sich die leblosen Tierkörper befanden, klaffte ein großes Loch. In diesem schwappte eine ekelhafte Brühe mit zahlreichen toten Maden darin. Es war widerlich.

Ich machte erste Videoaufnahmen, während mein Helfer schnell die Kameras installierte. Der Einbau von Überwachungskameras ist immer etwas tricky. Sie müssen so angebracht werden, dass man sie nicht sieht, aber die Bilder müssen dennoch in einem guten Winkel aufgezeichnet werden, damit man möglichst viel vom Geschehen mitbekommt. Als die Technik stand, war es Zeit für uns zu gehen. Auch wenn es nicht einfach war, die Tiere zurückzulassen. Aber wir würden bald wiederkommen.

Drei Wochen später machten wir uns auf den Weg, um die Kameras wieder abzuholen. Obwohl wir in der ersten Nacht relativ zügig durch die Hallen gegangen waren, hatten wir schon viele Missstände entdeckt. Ich war gespannt, was mich in dieser Nacht erwartete, und vor allem, was die Kameras aufgezeichnet hatten. Würden sie weitere Beweise für Gesetzesverstöße in dieser Anlage liefern? Oder waren sie vielleicht aufgefallen und abgebaut worden? Erwartete man uns dann sogar in der Anlage, da man wusste, dass Tierschützer dort recherchierten? Es war nicht ungefährlich, die Stallungen ein zweites Mal zu betreten. Doch um den Tieren zu helfen, war uns kein Risiko zu groß.

Dann war es so weit. Ich hatte mein Kamerateam dabei, das in sicherer Entfernung vor dem Betriebsgelände auf uns

Ein totes Küken

wartete. Wir durften weiterhin nicht auffallen, bis wir unsere Technik zurück und weitere Beweise gesammelt hatten. Die Kollegen waren ebenso aufgeregt wie wir, was in dieser Nacht passieren würde. Zu viert schlichen wir erneut zum Mastbetrieb. Wir waren noch vorsichtiger als sonst, pirschten uns langsam an die Stallungen heran, in denen sich die Enten befanden und unsere Kameras installiert waren. Es war ruhig. Vielleicht zu ruhig? Wir arbeiteten uns von Stallbereich zu Stallbereich durch, von den Küken bis zu den Tieren, die bald geschlachtet würden. Meine Helferin gab Entwarnung. Die Kameras waren alle noch da. Niemand hatte sie entdeckt. Ich war so gespannt, was die Auswertung des Materials zutage bringen würde. Zu diesem Zeitpunkt hatte ich noch keine Ahnung, wie schlimm die Misshandlungen der Tiere waren, die wir heimlich dokumentieren konnten. Nachdem wir die Technik wieder eingesammelt hatten, konzentrierten wir uns darauf, die Haltungsbedingungen zu filmen. Wir gingen erneut durch den Betrieb. Nun ganz langsam. Bei den erst wenige Tage alten Küken entdeckten wir wieder Tiere mit Beinproblemen. Die zusätzlich auf dem Boden aufgestellten Tränken waren leer. Kranke Küken erreichten die höher angebrachten Nippeltränken nicht und verdursteten. Kein Wunder also, dass wir abermals tote Entenbabys fanden.

Je älter die Tiere in den Stallungen waren, desto feuchter war der Untergrund, auf dem sie gehalten wurden. Es gab zwar Strohballen, und es wurde vermutlich täglich Stroh in den Hallen verteilt, dennoch wurde die alte Einstreu während

Enten im Gedränge

Sterbende Ente

der Mastdauer nicht entfernt. Gerade unter den Nippeltränken war der Boden teilweise sehr matschig.

Auch jetzt fanden wir in allen Bereichen wieder tote und kranke Enten. Einige Tiere lagen im Sterben. Ich konnte ihnen nicht mehr helfen, nur ihren Todeskampf filmen, um andere auf das Leid der Tiere in der Fleischindustrie aufmerksam zu machen. Ihrem Sterben zuzusehen war grauenvoll. Ein Gefühl von Ohnmacht setzt ein, wenn man nichts mehr für das Tier, das leidend vor einem liegt, tun kann. In der Branche nennt man diese Tiere »Verluste«. Der Tod von Lebewesen, die aufgrund von Überzüchtung und schlechten Haltungsbedingungen vor dem Ende der Mastzeit sterben, wird knallhart einkalkuliert. Als durchschnittlich gelten bei der Entenhaltung mit 90 Tagen Mastdauer »Verlustraten«

Eine verweste Ente auf dem feuchten Untergrund

von bis zu acht Prozent.[71] Erst wenn ein Betrieb höhere »Verlustquoten« hat, wird das Veterinäramt aufmerksam. Für mich ist es immer wieder unbegreiflich, dass so mit fühlenden Wesen umgegangen wird. In der Industrie sind die Tiere bloße Produktionseinheiten. Profit ist wichtiger als Mitgefühl, ist wichtiger als Leben.

Ich ging, natürlich in Schutzkleidung, weiter durch die Hallen. Auch in diesem Betrieb zeigten sich die Auswirkungen der Züchtung auf schnellen Brustfleischansatz. Ich sah viele sogenannte Rückenlieger. So bezeichnet man Enten, die auf den Rücken fallen und von allein nicht mehr auf die Beine kommen, weil Muskulatur und Skelett bei dem Turbowachstum des Brustfleisches nicht mithalten. Die Enten können daher besonders in einer bestimmten Wachstumsphase das

Gleichgewicht verlieren und auf den Rücken fallen. Dies ist ein regelmäßig auftauchendes Problem in der Entenmast.[72]

Schon bei den Küken machten sich diese körperlichen Probleme bemerkbar. Bei den älteren Tieren waren sie unübersehbar. Ich entdeckte zahlreiche Tiere, die hilflos strampelnd auf dem dreckigen Boden lagen. Manche der Enten lagen offenbar schon länger fest und waren sehr schwach. Ich nahm sie mit den Händen hoch und drehte sie um. Ihre Rücken waren bereits wund. Einige Enten konnten direkt weiterlaufen, als ich sie auf ihre Beine setzte, und verschwanden zwischen den anderen. Ein Rückenlieger fiel jedoch immer wieder um. Er konnte sich einfach nicht auf den Beinen halten. Dieses Tier konnten wir unmöglich zurücklassen. Es würde von den anderen überrannt werden oder qualvoll verdursten. Ich

Ein sogenannter Rückenlieger

hatte zusammenfaltbare Transporttaschen dabei. Für alle Fälle. Wir wussten ja schon, dass es in dieser Anlage viele kranke Tiere gab. Die Tasche war schnell bereit, und wir setzten den Rückenlieger vorsichtig hinein. Wenige Meter entfernt lag das nächste Tier hilflos auf dem Rücken. Die Ente machte einen sehr geschwächten Eindruck. Vielleicht war es schon zu spät, um ihr noch helfen zu können. Ich nahm sie hoch und hielt ihren Schnabel an eine Tränke. Sobald sie das Wasser spürte, fing sie gierig an zu trinken. Das gab mir Hoffnung. Sie hatte noch Überlebenswillen! Wie lange hatte das Tier wohl schon auf dem Rücken gelegen, ohne Chance, an Wasser oder Futter heranzukommen? Natürlich nahm ich diese Ente auch mit.

Wir entdeckten immer mehr kranke und verletzte Tiere, die wir nicht ihrem Schicksal überlassen konnten. Doch wir

Der Rückenlieger an der Tränke

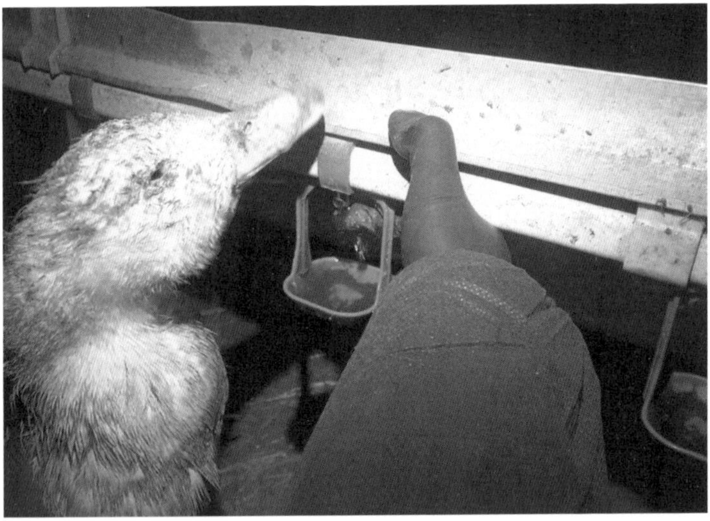

Der kleine Kümmerling

hatten nur Platz für acht Enten in den Taschen und mussten uns schnell entscheiden. Wer durfte mit, wurde gerettet, und wen ließen wir zurück? Wir entschieden uns für die Enten in unserer unmittelbaren Nähe, die so krank waren, dass sie tierärztliche Hilfe benötigten, aber auch gesund genug waren, um zu überleben. Die Taschen waren schnell voll. Acht Tiere konnten wir retten: Zwei Rückenlieger, die sonst qualvoll gestorben wären, eine Pekingente mit einer Augenentzündung, eine mit einer motorischen Störung, die ihren Hals ständig verdrehte und umfiel, ein Tier mit einem Beinproblem, einen Kümmerling sowie zwei Küken, die – wohl versehentlich – im Stall älterer Tiere waren und wahrscheinlich die Tränken nur schlecht erreichen konnten. Die kranken Tiere hätte der Betreiber schon längst von den anderen separieren

Küken in unserer Transporttasche

und behandeln oder gegebenenfalls tierschutzkonform töten müssen. Doch ein solches Krankenabteil gab es hier nicht mal.

Nachdem wir die acht Enten in den Transporttaschen verstaut hatten, schaute ich mich noch mal um. Es lagen noch zahlreiche Rückenlieger hilflos am Boden. Und im nächsten Raum würden es weitere sein und im nächsten noch mehr und in anderen Betrieben zu genau diesem Zeitpunkt weitere Hunderte. Es waren einfach zu viele Tiere, die unter diesen Bedingungen litten. Aber die Taschen reichten nicht, und hätten wir doppelt so viele gehabt, wären es immer noch zu wenige Transportmöglichkeiten für so viele kranke und verletzte Enten gewesen. Immer wenn ich den Tieren gegenüberstehe und weiß, dass sie bald getötet werden, würde ich sie am liebsten alle retten. Ich bin froh, weil ich zumindest einigen ein schönes Leben bereiten kann. Gleichzeitig fühle ich mich abgrundtief schlecht, weil ich die anderen zurücklassen muss. Ich weiß um ihr Leid, stehe vor ihnen und kann doch nichts machen, als die Kränkesten zum Tierarzt zu bringen und die Öffentlichkeit darüber aufzuklären, was hier geschieht.

Meine Helfer drängten mich, endlich zu kommen. Wir mussten gehen. Die schweren Tiere zum Auto zu tragen würde mühselig werden. Wir mussten unentdeckt bleiben und konnten ja nicht mit einem Transporter vorfahren. Also schleppten wir die schweren Taschen raus. Gleich danach würde ich mit den Enten und meinem Kamerateam zum Tierarzt fahren. Ich hoffte, dass die acht Geretteten den Morgen erleben würden.

Wir hatten diverse Gesetzesverstöße dokumentiert. Ich würde sie später auflisten und dem Veterinäramt zur Verfügung stellen. Außerdem würde ich dafür sorgen, dass Strafanzeige gegen den Betrieb erstattet wurde. Nun ging es erst mal darum, meine geretteten Enten in Sicherheit zu bringen.

Ich hatte uns bei einem Fachtierarzt für Geflügel angemeldet. Er untersuchte jede der Enten ausführlich. Der Allgemeinzustand war bei fast allen acht Tieren sehr schlecht. Am meisten Sorgen machte mir die Ente mit dem verdrehten Hals. Sie war hochgradig mager und hatte kaum Muskulatur. Ihre Augen waren eitrig entzündet, vermutlich aufgrund von Bakterien. Der Tierarzt ging davon aus, dass sie schon länger schwer krank war. Ob sie überleben würde, war zu diesem Zeitpunkt unklar. Auch die zweite Ente, der durstige Rückenlieger, hatte Probleme mit den Augen und den Atemwegen. Bindehautentzündungen und verstopfte Nasenlöcher kommen in der konventionellen Entenhaltung häufig vor.[73] Die Tiere versuchen im Stroh ihr arteigenes Verhalten auszuleben. Sie »gründeln« und suchen quasi in ihren eigenen Fäkalien nach Futter. Dabei verschließen Dreck und Stroh ihre Nasenlöcher. Wasser, um diese wieder freizuspülen, fehlt den Tieren jedoch. Durch die Haltung auf ihren eigenen Exkrementen ist ihre Umgebung zudem verkeimt.

Die Rückenlieger hatten längere Zeit bewegungsunfähig in der Anlage gelegen und waren alle erheblich krank. Sie bekamen Antibiotika und mussten aufgepäppelt werden, aber sie hatten jetzt zumindest eine Überlebenschance. Als Nächstes wurde die humpelnde Ente untersucht. Sie hatte offensichtlich starke Schmerzen im Bein. Gegen die Untersuchung protestierte sie mit lautem Gequake. Der Fachtierarzt musste ihr Bein röntgen, um zu wissen, wo genau das Problem war. So einen Aufwand hätte man in der Mast sicher nicht für ein einzelnes Tier betrieben. Die Behandlung wäre unrentabel gewesen. Auf dem Röntgenbild konnten wir eine verletzungsbedingte Schädigung erkennen. Mit der passenden Medikation und Aquagymnastik auf dem Teich würde diese Ente trotzdem ein schmerzfreies Leben führen können.

Dann waren die Küken an der Reihe. Sie waren erst vier Tage alt. Die Tierarzthelferin holte eine Schüssel mit Wasser und streute Futterpellets hinein. Die Entenkinder begannen sofort, diese aus dem Wasser herauszufiltern. Das Plätschern und Schnäbeln war so niedlich. Sie planschten auf dem Untersuchungstisch schon halbwegs in dem Wasserbehälter. Wir mussten alle vor Rührung beinahe weinen.

Ankunft auf dem Hagel Hof

Auch der Kümmerling hatte gute Chancen auf ein entengerechtes Leben. Er war nur ein bisschen kleiner als seine Altersgenossen. Doch es ging ihm ansonsten gut.

Ich bedankte mich sehr herzlich bei dem Team der Tierarztpraxis und packte die notwendigen Medikamente für die Vögel ein. Jetzt ging es weiter zum Hagel Hof. Der Lebenshof hatte schon meine geretteten Ponys Mandy und Mona aus Ostfriesland aufgenommen und würde mir auch bei der Unterbringung und Versorgung der geretteten Enten helfen. Barbara, die Gründerin des Tierschutzhofes, hatte viel Erfahrung mit aus Mastbetrieben gerettetem Geflügel. Als gelernte Tiermedizinische Assistentin und Tierheilpraktikerin kannte sie die körperlichen Probleme der Tiere und war bestens auf ihre Behandlung eingestellt.

Auf dem Hagel Hof würden die Enten nun ans offene Wasser herangeführt werden. Das musste langsam geschehen. Denn dadurch, dass sie in der Mastanlage nicht ausreichend Wasser zur Verfügung hatten, um ihr Gefieder zu putzen und einzufetten, würden sie in diesem Zustand ertrinken. Ohne Wasser fährt die für die Vögel so wichtige Bürzeldrüse ihre Funktion herunter und produziert immer weniger Fett. Die Federn der Enten sind also nicht wasserabweisend. Sie würden sich in diesem Zustand mit Wasser vollsaugen und die Tiere nach unten ziehen. Das muss man sich mal vorstellen! Pekingenten sind so gezüchtet, dass sie flugunfähig sind, und werden so gehalten, dass sie nicht mal mehr schwimmen können. Dabei sind das die ureigensten Verhaltensweisen von Enten. Alles, was sie zu ihrem Wohlbefinden und für ein gesundes Leben benötigen, wird den Tieren in den Mastanlagen genommen.

Manche Menschen verstehen vielleicht nicht, was es bringt, acht Enten zu retten. Warum sollte ein Einzelschicksal von Bedeutung sein, wenn doch Hunderttausende Tiere in Mast- und Zuchtbetrieben leiden? Was soll das ändern? Nun, für diese acht Enten bedeutete es, ein artgerechtes Leben ohne Schmerzen führen zu können. Diese Tiere werden kein Leid mehr erfahren und ein Zuhause haben, in dem sie ihre Bedürfnisse ausleben können. Jede dieser Enten hat das Recht auf ein glückliches Leben. Außerdem haben Tierrettungen oder -befreiungen natürlich auch einen symbolischen Wert. Ich kann aufzeigen, wie es den Tieren in der Mast erging und wie glücklich sie in ihrem artgerechten Zuhause leben. Indem ich die Missstände in der Tierindustrie aufzeige, kann ich Verbraucher und Politiker auf Versäumnisse aufmerksam machen, Bewusstsein wecken und an sie appellieren, damit sich endlich etwas für die Tiere verändert.

Meine geretteten Enten waren gut untergebracht. Ich fuhr nach Hause und musste erst einmal ein wenig Schlaf nachholen, bevor ich mir das Material der Überwachungskameras aus dem Betrieb ansah. Die ersten Clips waren noch ganz harmlos. Ein Mitarbeiter ging durch die Hallen und verteilte Stroh. Die Enten flüchteten vor ihm, stürzten sich aber, als er weg war, neugierig auf das frische Beschäftigungsmaterial. Es war die einzige Abwechslung, die die Tiere in der Anlage hatten. So arbeiteten dieser und ein weiterer Mitarbeiter täglich in den Hallen. Fanden die Männer Rückenlieger, so gingen sie zu diesen hin und kickten sie mit dem Fuß. Durch den Tritt kamen die Tiere meistens wieder auf die Beine und humpelten in Panik weg. Ich war empört über dieses Verhalten, die kranken Enten mit Füßen zu treten, statt sie mit den Händen vorsichtig umzudrehen. Regelmäßig sammelten die Männer auch tote Tiere aus den Hallen auf und warfen sie vor die Tür. Doch dann passierte es. Einer der Männer ging an einem Rückenlieger vorbei. Das Tier zappelte. Er versuchte, die Ente mit dem Fuß umzudrehen. Dies gelang ihm nicht. Er streute zunächst weiter Stroh, kam aber wieder zu dem kranken Tier zurück. Er bückte sich, packte den strampelnden Rückenlieger an den Füßen und schleuderte ihn mit voller Wucht mehrmals gegen die Wand einer Holzkiste, die neben ihm stand. Dann warf er das Tier in hohem Bogen durch die Halle aus der Tür. Die Ente war bei vollem Bewusstsein gewesen, als der Mann sie hochnahm und brutal tötete. Auf einem weiteren Clip sah ich die gleiche Situation: Nach zwei vergeblichen Versuchen, einen Rückenlieger mit dem Fuß umzudrehen, holte der Mitarbeiter eine Forke und erschlug die kranke Ente eiskalt mit der Mistgabel. Dann nahm er das Tier hoch, ging zum Ausgang und schleuderte es noch mal gegen die Tür, bevor er es hinauswarf. Anschließend verteilte er weiter Stroh, als sei nichts Ungewöhnliches passiert. Ich musste erst mal durchatmen. Die armen Enten! Acht von ihnen hatte ich gerettet. Ihnen wäre es wahrscheinlich genauso ergangen, hätte ich sie nicht mitgenommen. Und wieder plagten mich Gewissensbisse, dass ich nicht mehr gerettet hatte. Die Aufnahmen zeigten noch weitere derartige Tötungen der Tiere bei vollem Bewusstsein. Dies war gesetzeswidrig. Nottötungen dürfen nur nach vorheriger Betäubung der Enten durchgeführt werden. Um das Bewusstsein auszuschalten, wird Geflügel beispielsweise mit einem Gummihammer auf den Kopf geschlagen. Die Arbeiter in der Anlage zeigten durchweg einen groben Umgang mit den Tieren. Einmal fuhr der eine Mann so schnell mit einem Trecker in die Halle, um Stroh dort abzulegen, dass die Enten beinahe unter die Räder gekommen wären. Eine Ente erdrückte er fast unter einem Strohballen, eine andere überfuhr er halbwegs. Was mir ebenfalls auffiel, war die Dauerbeleuchtung in den Hallen. So kamen die Tiere nie richtig zur Ruhe. Die letzten Videoclips meiner Überwachung zeigten, dass die größeren Enten in einer Halle ausgestallt wurden. Die Tiere wurden langsam zum Ausgang getrieben. Eine kranke Ente hatte Probleme, möglicherweise ein gebrochenes Bein. Sie kam nicht hinter den anderen her und sackte immer wieder zusammen. Die Enten verschwanden aus dem Bildausschnitt. Was mit ihnen geschah, wie grob sie in die Transportkisten gepackt wurden, konnte ich nicht sehen. Das kranke Tier kauerte aber noch auf dem Boden. Plötzlich kam ein Mann, riss es unsanft am Flügel hoch und verschwand ebenfalls aus meiner Sicht. Diese Tierquälerei zu sehen ist wohl für jeden mitfühlenden Menschen schwer zu ertragen. Für Menschen, die Tiere mögen, ist es unerträglich. Und wer sich einmal bewusst gemacht hat, dass dieses unnötige Leid Alltag in der Tierindustrie ist, der wird sein eigenes Verhalten hoffentlich überdenken und diese Qualen nicht länger unterstützen. Wir müssen uns immer wieder klarmachen: Die Tiere erleben diese albtraumhaften Zustände, während wir schon den Anblick kaum ertragen können.

Meine Recherche hatte viele Missstände in der Anlage zutage gebracht: mangelnde Stallhygiene, tote Tiere zwischen den lebenden sowie kranke, unbehandelte Tiere und fehlende Krankenbuchten. Durch die Kameraüberwachung konnte ich zudem schwerwiegende Verstöße gegen das Tierschutzgesetz aufdecken. Das Gesetz schreibt vor, dass kranke Tiere, deren Behandlung für den Betrieb unwirtschaftlich wäre, bei sogenannten Nottötungen zuerst betäubt werden müssen. Das regelmäßige Töten der Enten bei vollem Bewusstsein war nicht nur grausam, sondern erfüllte einen Straftatbestand. Ich bat die Tierrechtsorganisation PETA, Strafanzeige gegen den Betreiber zu erstatten, während ich mich zusammen mit meinem Kamerateam auf den Weg zum zuständigen Veterinäramt machte. Ich kannte die Amtsveterinärin von früheren Recherchen und wusste, dass sie engagiert gegen Tierquälerei vorgeht, wenn sie kann. Mein Material würde sicher dazu beitragen, den Mitarbeitern das Handwerk zu legen. Das Veterinäramt würde den Betrieb zeitnah kontrollieren.

Ich wollte nun den Betreiber der Entenmastanlage zur Rede stellen. Zusammen mit meinem Kamerateam fuhr ich dorthin. Ich wusste nicht, was mich erwarten, wie der Betreiber oder sein brutaler Mitarbeiter reagieren würde. Würde er aggressiv werden oder uns vom Hof werfen und nicht mit mir reden? Es konnte alles passieren. Als wir den Betrieb erreichten, stand ein Auto auf dem Vorplatz, in dem ein Mann saß und telefonierte. Ich ging zum Tor und rief zu ihm hinüber, dass wir kurz mit ihm reden wollten. Das Kamerateam filmte mit. Der Mann kam herangefahren, stieg aber nicht aus. Ich fragte, ob er der Betreiber sei, was er verneinte. Dann wurde mir klar, dass ich den brutalen Mitarbeiter vor mir hatte. Sitzend im Auto, sah er ganz anders aus als auf dem Videomaterial. Er sagte, der Chef sei nicht hier, er wohne in 200 Kilometer Entfernung. Er rief ihn aber an und reichte mir sein Handy. Wow, damit hatte ich nicht gerechnet. Der Mann war wohl sehr verunsichert, was wir überhaupt wollten. Ich stellte mich dem Inhaber am Telefon vor und berichtete ihm von den Missständen in seinem Betrieb. Ich erzählte, dass mindestens ein Mitarbeiter kranke Enten tierschutzwidrig töte. Als ich dies sagte, zuckte der Mann im Auto zusammen. Der Betreiber am Hörer wurde ganz aufgeregt, fühlte sich kritisiert. Er fragte, ob wir gerade auf seinem Gelände seien. Nein, nur am Tor. Er sagte, er wisse nichts von diesen Praktiken. Das sei ein Verstoß gegen das Tierschutzgesetz und dürfe nicht passieren. Einen Mitarbeiter, der so etwas machte, würde er entlassen. Er war sehr interessiert an meinen Beweisen. Gut, die würde er schon bald über die Staatsanwaltschaft zusammen mit der Anzeige bekommen. Ich bedankte mich, dass er mir zugehört hatte. Auch er verabschiedete sich freundlich.

Nun fragte ich noch den Mitarbeiter im Auto, was sie denn hier mit Rückenliegern machten. Er sagte, sie nähmen diese Enten mit der Hand vorsichtig hoch und setzten sie wieder auf die Beine. Wäre es nicht so traurig gewesen, hätte ich laut gelacht. Ich hakte noch mal nach: »Sie kicken die Enten nicht mit dem Fuß, um sie umzudrehen?« Nein, das würde er so nicht machen. Ich hatte genug gehört. Der Betreiber hatte sich einsichtig gezeigt. Der Mitarbeiter leugnete. Nun war es an den Behörden, die Tierquälerei hier zu beenden. Wir verabschiedeten uns und gingen.

Das Geschehen ließ mich natürlich nicht kalt. Auch nach zehn Jahren Recherchen in Mastanlagen nimmt mich das Leid der Tiere jedes Mal aufs Neue mit. Es ist einfach unbegreiflich, dass diese Grausamkeiten heutzutage noch geschehen, dass sie so alltäglich sind. Völlig unverständlich ist auch, warum Enten in Mastbetrieben nicht besser geschützt werden. Zurück im Büro, schrieb ich daher eine Anfrage an das Bundesministerium für Ernährung und Landwirtschaft. Ich wollte wissen, warum es für die Haltung von Mastenten keine gesetzlich geregelten Vorschriften gibt und warum man die Tiere nicht artgerecht halten muss. Das Ministerium antwortete mir, dass Deutschland Mindestvorschriften für die Haltung von Pekingenten in der Mast anstrebe. Die Europäische Kommission habe jedoch deutlich gemacht, dass sie derzeit nicht plane, weitere Regelungen zu erlassen. Das war sehr ernüchternd. Dabei hatte der Europarat bereits 1999 die folgende Empfehlung ausgesprochen: »Der Zugang zu einem Auslauf und zu Badewasser ist notwendig, damit die Enten als Wasservögel ihre biologischen Erfordernisse erfüllen können. Wo ein solcher Zugang nicht möglich ist, müssen die

Meine geretteten Enten auf dem Hagel Hof

Enten mit Wasservorrichtungen in ausreichender Zahl versorgt werden, die so ausgelegt sein müssen, dass das Wasser den Kopf bedeckt und mit dem Schnabel aufgenommen werden kann, so dass sich die Enten problemlos Wasser über den Körper schütten können. Die Enten sollten die Möglichkeit haben, mit ihrem Kopf unter Wasser zu tauchen.«[74] Aufgrund dieser Empfehlungen schlossen das Ministerium für Ernährung, Landwirtschaft und Verbraucherschutz des Landes Niedersachsen (ML) und u. a. der Landesverband der Niedersächsischen Geflügelwirtschaft (NGW) bereits 2003 freiwillige Vereinbarungen, die umfangreichere Regelungen zur Haltung von Peking- und Moschusenten enthielten. So wollte man beispielsweise das Angebot von Bademöglichkeiten erproben und untersuchen.[75] Auch die Deutsche

Landwirtschafts-Gesellschaft (DLG e. V.) gab in einem Merkblatt von Juli 2018 Haltungsempfehlungen für Mastenten heraus.[76] Diese konnten die Mäster aufgreifen, wenn sie wollten. Wenn nicht, dann nicht. Empfehlungen und freiwillige Vereinbarungen sind eben rechtlich nicht bindend. Da die Installation von Bademöglichkeiten mit Kosten verbunden wäre, würde es mich wundern, wenn es diese in konventionellen, profitorientierten Mastbetrieben in ausreichender Form geben würde. Für mich klingen solche auf Freiwilligkeit basierenden Vereinbarungen nur wie ein Versuch, Tierschützer und Konsumenten zu beruhigen. Ginge es um das Wohl der Tiere, hätten die Empfehlungen längst umgesetzt werden müssen. Doch auch hier muss der Druck von Verbrauchern und Tierschützern europaweit erst wachsen, damit es verpflichtende Gesetze dazu gibt.

Gute Nachrichten bekam ich dagegen von meinen Enten auf dem Hagel Hof. Den Tieren ging es bis auf eines prima. Sie hatten bereits ihr erstes Bad im Ententeich des Lebenshofes machen können. Die Aufnahmen davon waren wunderschön. Zum ersten Mal in ihrem Leben planschten die Wasservögel gemeinsam mit Artgenossen in ihrem Element.

5. Alles bio oder was? Brutale Tierquälerei auf einem Bio-Ziegenhof und die Suche nach dem glücklichen Huhn

Im Sommer 2016 wurden mir Informationen über einen Bio-Ziegenmilch-Betrieb im Sauerland zugespielt. Auf diesem sollte es schon seit Jahren immer wieder Probleme geben. Viele Tiere seien krank und tote Ziegen würden illegal entsorgt. Außerdem würden Hunde dort gesetzeswidrig gehalten. Fotos von überlangen Hufen, abgemagerten Ziegen, toten Lämmern und einem verschmutzten Hundezwinger untermauerten die Vorwürfe. Das Veterinäramt sei oftmals informiert worden, es habe sich für die Tiere jedoch nichts verbessert. Also fuhr ich mit meiner Tierschutz-Kollegin Louisa zu dem Betrieb, um mir einen Eindruck zu verschaffen. Der Hof war ländlich gelegen und von Wiesen umgeben. Es war mitten am Tag, und wir sahen aus wie zwei harmlose Spaziergängerinnen. Unser Fernglas und unsere Kameras hielten wir vor neugierigen Blicken verborgen. Wir gingen weitläufig auf Spazierwegen um den Hof herum. Doch Ziegen sahen wir nicht. Ich befürchtete schon, dass die Informationen, die ich hatte, falsch waren oder die Adresse nicht stimmte. Als wir auf der Rückseite des Betriebes angekommen waren, sahen wir dann eine große Halle. Da mussten die Tiere drin sein. Durch das

Fernglas konnten wir sie auch endlich sehen. Neben der großen Halle gab es einen kleinen, nicht überdachten Laufstall. Wir gingen weiter an der Seite des Hofes entlang wieder nach vorne. Doch ein hoher Wall und eine Wand aus Silageballen verdeckten die Sicht, je näher wir der Halle und dem Laufstall kamen. Immer noch hatten wir erst wenige Ziegen gesehen. Laut unseren Informationen sollten es aber Hunderte, sogar an die tausend Tiere sein. Mitarbeiter bemerkten wir gar keine. Der Hof war auch von vorne gut vor den Blicken Fremder geschützt. Wir gingen weiter und standen direkt vor dem Eingangstor. An diesem war ein »Zutritt verboten«-Schild angebracht. Direkt vor dem Gelände lag eine Plane. Ich hob sie an und sah darunter eine tote Ziege sowie mehrere blutige Knochensplitter. Das Tier lag auf einer Betonplatte. Ich vermutete, dass sie demnächst von einer Entsorgungsfirma abgeholt werden würde. Hinter dem Tor kam plötzlich ein großer Hund bellend angelaufen. Er war an einer dicken Eisenkette festgemacht. Auf den ersten Blick wirkte die Hündin vielleicht abschreckend, doch als ich zu ihr hinging, stellte sich heraus, dass sie sehr lieb war und sich über meine Ansprache offensichtlich freute. Die Haltung an einer solchen Kette, das konnte ich von hier aus schon sehen, war gesetzeswidrig.

Innerhalb von zwei Stunden hatte ich eine tote Ziege sowie die illegale Kettenhaltung eines Hundes entdeckt. Um zu erfahren, was an den weiteren Vorwürfen dran war, musste ich mich aber in Ruhe umsehen können. Also stellte ich ein Team zusammen und kam mitten in der Nacht zurück zu dem Hof. Wir ließen das Auto in einiger Entfernung stehen und liefen über einen Hügel auf die Halle zu. Der Mond schien hell. Entfernte Lichter flackerten wie leuchtende Stecknadelköpfe.

Die Ziegen wurden in einer großen Halle gehalten.

Hunde bellten lautstark vom Berg gegenüber zu uns herüber. Sie hatten uns längst bemerkt. Aber sie waren weit weg. Auf dem Ziegenhof war offenbar niemand. Nur die Tiere machten dumpfe Geräusche oder meckerten leise in der Dunkelheit. Überall standen Gerätschaften und Trecker herum. Das Gelände war unübersichtlich, sodass zwei von uns vor dem Eingang blieben und Ausschau nach möglichen Störungen hielten. Als wir das Gelände betraten, kam sofort die Hündin an der Eisenkette zu uns gelaufen. Sie bellte uns freudig an. Ich streichelte sie schnell und redete ihr gut zu, damit sie uns nicht mit ihrem Gebell verriet. Dann gingen wir zu der großen Haupthalle, die ich tagsüber schon gesehen hatte. Meinen Informationen zufolge sollte es auf dem Gelände noch weitere kleinere Ställe mit Ziegen geben. Wo genau diese waren, wusste ich aber nicht. Zuerst wollte ich mir mit einem Tierschutz-Kollegen die Haupthalle ansehen. Ein schwarzer Schäferhund befand sich in einem schäbigen Zwinger direkt beim Eingang der Halle. Er bellte nicht und schaute uns freundlich an. Er schien irgendwie resigniert zu sein. Ich hatte gleich das Gefühl, dass ich ihn trösten musste, dafür, dass er hier drin so einsam lebte. Er ließ sich gerne streicheln. Sein Trinknapf war leer. Wir gaben ihm Wasser. Dann gingen mein Helfer und ich in Schutzkleidung durch die mit Stroh eingestreute Haupthalle. Hier waren etwa 700 bis 800 Ziegen untergebracht, schätzte ich.

Die meisten Tiere waren weiß. Einige braune waren auch darunter. Sie waren neugierig, aber zum Teil auch ängstlich. Wir gingen langsam durch die Herde und leuchteten die einzelnen Tiere mit unseren Kameralampen ab. Einige Ziegen waren stark abgemagert. Manche waren nur noch Haut und Knochen. Rippen, Wirbelsäule und Beckenknochen ragten aus der schlaffen Haut hervor. Ein schrecklicher Anblick. Auf einem höher gelegenen Mittelgang in der Halle lag Heu, das die Tiere von beiden Seiten aus erreichen konnten. Ich nahm an, dass die Ziegen so dürr waren, weil sie krank waren, nicht weil Futter fehlte. Dafür sprach auch, dass wir einige entdeckten, die starken Durchfall hatten.

Wir sahen immer mehr kranke Tiere. Einigen lief Rotz aus der Nase, und sie husteten. Sie befanden sich mitten unter den anderen. Wurden sie etwa nicht separiert und tiermedizinisch behandelt? Ich entdeckte noch zwei Ziegen mit schmerzhaften Euterentzündungen. Eine hatte ein trübes Auge. Viele Tiere humpelten oder hatten Wunden am Kopf, an der Wange und auf dem Rücken. Woher diese wohl stammten?

Abgemagerte Ziege

Bei Betreten der Halle hatte ich einen Orts- und Datumsnachweis gemacht, das heißt, ich hatte eine aktuelle Tageszeitung mit Datum sowie die Daten auf meinem GPS-Gerät abgefilmt und von da an meine Kamera durchlaufen lassen. So konnte ich belegen, dass die folgenden Videoaufnahmen an diesem Datum und Ort aufgenommen wurden. Dies ist sehr wichtig, sollte der Betriebsinhaber später behaupten, die Bilder stammten nicht aus seinem Betrieb oder wären sogar gefälscht.

Dann entdeckte ich mitten im Stroh ein totes Zicklein. Das Tier war erst wenige Tage alt.

Das Tierbaby hier so liegen zu sehen machte mich traurig. Woran war es wohl gestorben? Hatte es sich lange gequält? Das Lamm war wie auch die sterbenden Kälbchen, die ich in anderen Betrieben gefilmt hatte, ein Opfer der Milchindustrie. Geboren, damit seine Mutter Milch gab. Milch, die die Menschen trinken würden beziehungsweise aus der sie Käse machten. Wo waren überhaupt in diesem Betrieb die ganzen Ziegenkinder? Ich sah hier nur einige wenige Tage alte Zicklein um ihre Mütter herumspringen oder miteinander spielen. Bei so vielen Ziegenmüttern musste es aber weitaus mehr Jungtiere geben.

Mein Tierschutz-Kollege und ich schauten uns weiter auf dem Gelände um. Wir hatten die große Ziegenhalle auf der offenen Vorderseite betreten, uns durch diese hindurchgearbeitet und standen nun am hinteren Ende der Halle. Durch ein großes offenes Tor kamen wir auf einen Platz, auf dem ein riesiger Misthaufen aufgetürmt war. Der Boden davor war

Totes Zicklein

schlammig und voller flüssiger Fäkalien. Direkt hinter der Halle lagen alte Feuerlöscher, Müll und eine große Plastikplane auf dem Boden. Ich ahnte, was jetzt kommen würde, denn diese Art von Plastikplanen kannte ich bereits. Wir hoben sie an. Darunter lagen mindestens sieben tote erwachsene Ziegen.

Jemand hatte sie achtlos hier hingeworfen. Ihre Körperteile waren verdreht, lagen teilweise übereinander. Bei einigen hingen die Zungen heraus. Ohrmarken zur Identifizierung der Ziegen waren zum Teil nicht oder nicht mehr vorhanden. Die Augen waren bereits von Insekten aufgefressen worden. Die Tiere lagen hier sicher nicht erst seit gestern Abend. Eine solche Kadaverlagerung ist über einen längeren Zeitraum illegal. Das tote Lämmchen, das ich in der Halle gesehen hatte,

Das Schicksal dieser Lämmer ist ungewiss.

Tote Ziegen hinter dem Hof

würde morgen früh wahrscheinlich von den Mitarbeitern ebenfalls auf diesen Haufen geworfen werden. Ich war einiges aus Anlagen der Fleischindustrie gewohnt, doch solche Zustände auf einem biozertifizierten Betrieb zu finden war krass.

Wir wollten zum nächsten Gebäude gehen. Dafür mussten wir ein ganzes Stück über das Betriebsgelände laufen; vorbei an Schuppen, Gerümpel und landwirtschaftlichen Maschinen. Die Kettenhündin wartete vor der Halle auf uns; so nah, wie es die Kette zuließ. Sie war ein großer wuscheliger Herdenschutzhund, noch jung und sehr verschmust. Auch nachts. Von ihr ging keine Gefahr aus.

Um ihren Hals waren eine großgliedrige Eisenkette und ein schmutziges Nylon-Halsband gewickelt. Die Kette war

Der Kettenhund war noch jung.

an einer am Boden verlaufenden Leine befestigt, die etwa 100 Meter von der Haupthalle bis zu einem anderen Gebäude reichte. Wir gingen an der Leine entlang zu diesem hinüber. Die Hündin begleitete uns wachsam, aber lieb. Als Witterungsschutz hatte sie eine Hütte mit Stroh zur Verfügung. Wir kamen auf halber Strecke daran vorbei. Ob diese Haltung den Vorgaben der Tierschutz-Hundeverordnung entsprach, bezweifelte ich. Die Verwendung der schweren Kette war in jedem Fall illegal.

Am anderen Ende des Grundstücks angekommen, entdeckten wir noch einen Hund in einem weiteren Zwinger. Der Hütehund lag verschlafen in seiner Holzhütte und bellte nicht mal, als wir uns ihm näherten. Er ließ sich kurz streicheln, interessierte sich aber nicht weiter für uns. Von diesem Tier hatte ich bereits Fotos gesehen. Darauf waren die unhygienischen Zustände in dem Zwinger abgebildet gewesen. Jetzt lag immerhin Stroh als isolierendes Material in der Hütte, und es gab nur wenig Hundekot in dem Zwinger. Offensichtlich hatte jemand den Hund versorgt. Doch der Zwinger stank, wie auch der des schwarzen Schäferhundes zuvor. Urin und Kot waren in Boden und Holzwände eingedrungen.

Wir suchten erst einmal weiter nach den Jungziegen und betraten ein kleines Stallgebäude. Das unverschlossene Tor ließ sich leicht zur Seite schieben. Während draußen eine Lampe brannte, war es drinnen stockfinster. Wir passierten einen kleinen Vorraum, in dem wahrscheinlich das Futter angemischt wurde, und kamen in einen kleinen Stall. Hier wurden die Jungziegen separat von ihren Müttern aufgezogen. In einem Stallabteil waren etwa zwanzig Ziegenkinder zusammen untergebracht, in einem anderen gegenüber noch mal welche. Die männlichen Tiere würden wahrscheinlich schon bald zur Schlachtung weiterverkauft, die weiblichen wie ihre Mütter zur Milcherzeugung genutzt werden.

Und um Milch ging es hier schließlich. Ziegenfleisch war nur ein Nebenprodukt, denn es wird auf dem deutschen Markt kaum nachgefragt. Was wir bislang noch nicht gesehen hatten, war der Melkstand des Betriebes. Wir gingen also wieder zurück zur Haupthalle. Die Kettenhündin begleitete uns wieder, soweit es ihre Kette zuließ. Sie freute sich offenbar über die nächtliche Abwechslung. Solche Hundehaltungen lassen mein Herz bluten. Kein Lebewesen hat es verdient, als Wachdienst missbraucht zu werden und dafür eingesperrt oder angekettet ein einsames Leben zu fristen.

Den Melkstand entdeckten wir direkt neben der Haupthalle mit den Hunderten von Ziegen. Vom Inneren der Halle führte eine kleine Rampe etwa anderthalb Meter hoch durch ein Loch in den Raum, wo die Ziegen gemolken wurden. Wir entschieden, dort einige Überwachungskameras zu installieren, denn wir wollten wissen, ob das Melken tierschutzkonform durchgeführt wurde. Wir hatten bislang noch keine Erklärung für die Verletzungen der Ziegen an Kopf und Rücken gefunden. Vielleicht würden die Kameras Klarheit bringen. Dann war es höchste Zeit zu verschwinden, denn die Sonne ging bereits auf. Auf dem Rückweg ließen wir noch eine Überwachungskamera bei dem Zwinger des schwarzen Schäferhundes. Wir wollten wissen, ob die Versorgung täglich stattfand und ob der Hund überhaupt aus seinem Gefängnis herauskam.

Die Tage, während die Kameras aufzeichneten, nutzte ich, um den Hof noch einmal tagsüber in Augenschein zu nehmen. Mir wurde zugetragen, dass sich gerade Ziegen auf einer Wiese befinden sollten – und zwar in schlechtem Zustand. Ich machte also erneut einen Wanderausflug um den Ziegenhof. Und tatsächlich. Auf einer Weide hinter dem Hof stand eine kleine Gruppe von Ziegen. Von Weitem mochte dies idyllisch aussehen, doch je näher ich den Tieren kam, umso offensichtlicher wurde, dass es unter ihnen viele kranke gab. Einige Ziegen waren sehr dünn. Manche hatten brüchiges Fell und Hautprobleme. Einer Ziege lief Rotz aus der Nase. Mehrere Tiere humpelten stark, und eins konnte sich nur noch auf den Knien fortbewegen. Der Anblick war schrecklich. Ich wusste nicht, ob dies dieselben Tiere waren, die ich bei meiner Nachtrecherche in der Halle gesehen hatte, oder ob es andere Ziegen waren. Ihr Gesundheitszustand war jedenfalls ähnlich schlecht. Was mich wunderte, war, dass die Tiere überhaupt keinen Schutz vor der Witterung hatten. Ich machte auch von diesen Tieren Videoaufnahmen und verschwand unauffällig.

Wenige Wochen später hatte ich das Material der Überwachungskameras ausgewertet. Die Abholung der Technik war fix gegangen. Schnell rein, erneut die Tiere begutachten und schnell wieder raus. Die Kameras hatten einiges an Bildmaterial aufgenommen. Der Blickwinkel passte auch. Ich bange ja immer, denn man hat zwischendurch keine Möglichkeit zu kontrollieren, ob die Technik versagt und die Kameras plötzlich nicht mehr aufnehmen. Aber alles war glattgelaufen. Jetzt kam es darauf an, was auf dem Material zu sehen war. Die Auswertung von Überwachungsvideos ist zeitraubend. Es sind Stunden und Tage, manchmal Wochen, die man sich im Schnelldurchlauf anschauen muss. Man darf nicht zu schnell vorspulen, um nichts zu übersehen. Stundenlang passiert aber eben auch mal gar nichts. Doch wenn etwas passiert, ist man hellwach und fokussiert. Und, wie in diesem Fall, schockiert. Ich wurde Zeuge derart schwerer Misshandlungen an den Ziegen, dass mir die Tränen kamen und ich zwischendurch das Video anhalten musste.

Es fing harmlos an. An den Wänden waren Futtertröge angebracht, die zum Zeitpunkt des Melkens gefüllt wurden. Das Tor in der Halle zu der Rampe wurde geöffnet, und die hungrigen Ziegen liefen hoch in den Melkstand. Sie reihten sich quasi entlang der Futtertröge auf und aßen. Dadurch, dass sie die Köpfe in die Tröge steckten, wurden sie fixiert und konnten nicht mehr aus den Gitterboxen entweichen. Ein Mitarbeiter stand in einem Gang unter den Tieren und schloss die Melkmaschine an die Ziegeneuter an. Waren die Ziegen abgemolken, öffneten sich die Fixiergitter, und die Tiere liefen durch einen Ausgang am anderen Ende des Melkstands zurück in die große Halle hinunter. Andere Ziegen kamen rein, gingen an die Tröge, wurden gemolken. Es lief wie am Fließband. Doch dann gab es Probleme. Einige Ziegen standen offenbar nicht so, wie die Mitarbeiter es wollten. Andere Ziegen gingen nicht bis ans Ende der Reihe und wollten gleich in der ersten Gitterbox essen. So versperrten sie aber den Weg für die Tiere, die nachrückten. Darauf reagierten die Mitarbeiter unvorstellbar brutal. Sie traten auf die Ziegen ein, schlugen sie mit den Fäusten und mit Stöcken oder Gummiknüppeln. Die Tierquäler verprügelten die Ziegen regelrecht. Sie traten sie in die Seiten und in die vollen Euter, zogen sie an den Beinen. Bei einer Ziege rastete ein Mann völlig aus. Er hielt sie fest, prügelte mit einem Knüppel auf das hilflose Tier ein und trat sie mit voller Kraft mehrmals gegen den Hals und in die Seite. Die Ziege brüllte vor Schmerzen. Ein anderer Mitarbeiter schmetterte einer Ziege ein Gitter gegen den Körper, als sie daran vorbeigehen wollte. Die Tiere waren den prügelnden Männern schutzlos ausgeliefert. Ich wäre beim Anschauen des Materials beinahe wahnsinnig geworden. Ich habe schon viel gesehen, aber solch eine Brutalität gegenüber hilflosen Tieren, das ist nur schwer zu ertragen. Völlig sinnlos ließen die Mitarbeiter all ihre Frustration an den Tieren, die vor Schmerzen schrien, aus. Was waren das für Menschen? Wie diese mit den Ziegen umgingen, war unglaublich grausam. Nun war klar, woher die Verletzungen der Tiere an Kopf und

Körper stammen konnten. Ich musste den Ziegen helfen. Für mich war klar, dass diese verrohten Tierquäler schwer bestraft werden mussten. Ich bat die Tierschutzorganisation PETA um Hilfe bei der Erstattung der Strafanzeige. Alle Räder mussten in Bewegung gesetzt werden, um diese Tierquälerei zu stoppen.

Während PETA die Strafanzeige verfasste und das Veterinäramt informierte, recherchierte ich weiter. Der Ziegenhof war von Bioland zertifiziert worden. Bioland ist der größte ökologische Anbauverband Deutschlands. Seine Mitgliedsbetriebe verpflichten sich zur Einhaltung der strengen Bioland-Richtlinien, die über die Vorgaben der EU-Öko-Verordnung hinausgehen. Unter anderem ist artgerechte Tierhaltung ein wichtiges Vergabekriterium. »Bioland setzt sich für das beste und möglichst artgerechte Leben von Tieren ein. (…) Denn Tiere sind keine Maschinen und keine leblosen Rohstofflieferanten«, heißt es auf der Homepage.[77] Eine schöne Idee, doch angesichts meiner Aufnahmen ein Hohn. Offenbar reichten die Kontrollen des Verbandes nicht aus, um das Leid der Ziegen zu verhindern.

Ich informierte Bioland über meine Rechercheergebnisse und stellte dem Landesverband Nordrhein-Westfalen mein Bildmaterial zur Verfügung. Wie jeder, der die Videos sah, zeigten sich auch die Bioland-Vertreter schockiert über die Zustände. Nur einen Tag später entzog der Verband dem Betreiber des Prügel-Hofes das Bioland-Zertifikat und die Mitgliedschaft. Nun konnte der Inhaber seine Ziegenmilch auch nicht mehr über die niederländische Biogenossenschaft absetzen, die ihm die Milch zuvor abgenommen hatte.

Noch bevor der Betreiber davon erfuhr, wollte ich wissen, was er zu den Vorwürfen sagte. Ich fuhr gemeinsam mit meinem Kamerateam zu dem Ziegenhof. Mit der Kamera fielen wir direkt auf, als wir vor dem Eingangstor standen und den Verantwortlichen suchten. Es dauerte nicht lange, und ein Auto kam auf uns zugerast. Es hätte fast unseren Kameramann gestreift und hielt neben uns an. Hinterm Steuer saß offenbar die Mutter des Betreibers. Es war total skurril, dass diese ältere Dame uns mit ihrem Fahrstil bedrohen oder einschüchtern wollte. Sie wusste nicht mal, wer wir waren und was wir wollten. Aber es sprach für sich, dass man sich hier offenbar direkt angegriffen fühlte. Die Frau scheuchte uns von dem Tor weg, wir sollten bloß nicht das Grundstück betreten, sonst gebe es eine Anzeige. Ich beschwichtigte sie. Kurz darauf kam ein weiteres Auto vorgefahren. Darin befand sich der Hofbesitzer. Er stieg aus und blieb die ganze Zeit über sehr freundlich. Den Tieren auf seinem Hof gehe es gut und sie würden gut behandelt. Kranke Tiere gebe es bei so vielen immer und überall mal. Das sei ja auch bei Menschen so. Mehr gab es von seiner Seite aus nicht zu sagen. Ich erwartete mir auch nicht mehr aus dem Gespräch und überließ den Behörden den Rest der Arbeit.

Ich hatte die Beweise gesammelt. Nun war es Aufgabe der Behörden, die Täter zu bestrafen und daran zu hindern, weiterhin Tiere zu quälen. Doch meine Hoffnung wurde bitter enttäuscht: Nach ausgiebigen Ermittlungen stellte die Staatsanwaltschaft sämtliche Verfahren ein. Der Betreiber selbst zog sich aus der Verantwortung. Zunächst behauptete er, die Aufnahmen seien nicht in seinem Melkstand aufgenommen worden, da sein Melkstand einreihig, der auf den Aufnahmen aber zweireihig sei. Doch selbst in die Ermittlungsakte wurde aufgenommen, dass die zweite Reihe des Melkstandes nachweislich abgebaut wurde. Es liegt nahe, dass das aus Vertuschungsgründen geschah, auch wenn ich es nicht beweisen kann. Ich bot den Behörden an, dass ich gerne vor Ort zeigen könnte, wo die Kameras installiert waren, damit sie den Blickwinkel vergleichen könnten. Und plötzlich zeigte der Betreiber mich wegen Hausfriedensbruchs an, weil ich auf seinem Grundstück gefilmt hätte. Damit verriet er meines Erachtens selbst, dass meine Aufnahmen von dort stammten. Die zuständige Staatsanwaltschaft stellte das Verfahren gegen mich jedoch ein, da »die Erhebung der öffentlichen Klage nicht im öffentlichen Interesse« lag.

Die prügelnden Mitarbeiter, denen sofort bei Bekanntwerden der Aufnahmen gekündigt wurde, konnten nicht mehr ausfindig gemacht werden und blieben straffrei. Zu Beginn der Ermittlungen hatte der Betreiber noch behauptet, diese Männer nicht zu kennen. Später erkannte er sie dann plötzlich doch als seine rumänischen Praktikanten und kündigte ihnen. Das Veterinäramt hatte bei Kontrollen des Betriebes keine schwerwiegenden Missstände vorgefunden. Auch die Hundehaltungen seien im Wesentlichen nicht zu beanstanden. Meine Aufnahmen der Überwachungskamera, die zeigten, dass der Schäferhund über Tage hinweg so gut wie nie aus dem Zwinger gelassen wurde, änderten offenbar nichts an der Beurteilung der Hundehaltung durch die Amtsveterinäre. Die Verfahren gegen mich wegen Hausfriedensbruchs sowie gegen einen Zeugen, den der Betreiber auf Schadensersatz verklagen wollte, wurden ebenfalls eingestellt. Der Zeuge hatte unter anderem ausgesagt, dass diese Ziegenherde einen hohen Durchseuchungsgrad an Pseudotuberkulose aufwies. Die Krankheit wird durch ein Bakterium ausgelöst. Es kann zu geschwollenen Lymphknoten und eitrigen Abszessen kommen. Auch Atem- und Schluckbeschwerden sowie Verdauungsprobleme können die Folge sein. Die Tiere können abmagern und einen allgemein kranken Eindruck machen.[78] Nun war mir auch klar, warum ich in dem Betrieb so viele Tiere in schlechtem Zustand gesehen hatte.

Ob es den Verbrauchern recht war, mehr Geld für ein Produkt zu zahlen, das von kranken, misshandelten Tieren stammte? Ich denke nicht. Bioland sah es genauso – ob aus Überzeugung oder um den Image-Schaden so gering wie möglich zu halten? Vermutlich ein bisschen von beidem. Und so blieb am Ende immerhin ein kleiner Erfolg: Der Hofinhaber legte zwar Widerspruch gegen den Ausschluss bei Bioland ein. Doch der Verband blieb bei seiner Entscheidung.

Viel Trubel gab es um diese Recherche, die Grausames zutage gebracht hatte. Sie war nach der Ausstrahlung bei *hundkatzemaus* nicht nur Thema in der lokalen Presse in der Region, sondern auch Thema in der Kreispolitik. Bei vielen Verbrauchern kamen Zweifel an der Glaubwürdigkeit von Biolabeln auf. Und man stellte sich erneut die Frage, was die Kontrollen der Bio-Zertifizierer überhaupt bringen.

Wer »bio« kauft, ist bereit, mehr Geld für ein Produkt zu zahlen, das gesünder erscheint und angeblich mit mehr Tierwohl verbunden ist. Auch ich habe früher einmal geglaubt, dass es den Bio-Tieren gut geht und ich guten Gewissens Biomilchprodukte kaufen kann. Da war ich noch Vegetarierin und kaufte Milch von angeblich glücklichen Kühen. Das

Bewusstsein dafür, dass es Muttermilch ist, die ich konsumiere, hatte ich damals noch nicht. Wie auch? Wir – und auch unsere Eltern und teilweise Großeltern schon – wuchsen mit Werbebotschaften auf. Wir kennen Slogans wie: »Die Milch macht's!« Oder: »Milch macht müde Männer munter!« Schon meine heute 93-jährige Oma erhielt vor 70 Jahren von ihrer Hebamme Proben von Babymilch. Diese wurde als besonders gut für das Kind gepriesen. Auch heute noch verteilen Hersteller von Muttermilchersatzprodukten Werbeartikel oder Geschenke-Sets auf Geburtsstationen in Krankenhäusern.[79] Es gibt EU-Schulmilchprogramme. Mit 10,4 Millionen Euro wurde die Verteilung von Schulmilch im Schuljahr 2019/2020 in Deutschland laut Bundeministerium für Ernährung und Landwirtschaft gefördert. 26,4 Millionen Euro gab es für Schulobst und -gemüse. Das Programm »hat das Ziel, dass wieder mehr Kinder diese Lebensmittel verzehren. Durch das tägliche Angebot soll die Akzeptanz der Kinder für Obst, Gemüse und Milch erhöht und eine Vorliebe für diese Produkte entwickelt werden. Die begleitenden pädagogischen Maßnahmen wie Unterrichtseinheiten oder Bauernhofbesuche sollen den Kindern zudem landwirtschaftliche Erzeugung und eine Vielfalt an landwirtschaftlichen Erzeugnissen nahebringen.«[80] Ob die Kinder Ausflüge auf »Höfe« machen, auf denen ich recherchiert habe? Ich denke nicht. Und was wird den Kindern dort gezeigt? Die künstliche Besamung der Kühe, das Entreißen des Kalbes nach der Geburt, die verzweifelten Rufe der Mutter, der Transport der Kälber in Mastbetriebe und das Töten in Schlachthöfen? Wohl kaum. Immer wieder belegen Studien, dass Milch nicht so gesund ist, wie es uns die Werbung versprach. So gibt es einen Zusammenhang zwischen dem

Verzehr von Milch und der Entstehung von Prostatakrebs.[81] Forscher des Krebsforschungszentrums Heidelberg entdeckten 2019 einen Erreger in Milch und Rindfleisch als möglichen Auslöser für Krebserkrankungen. Das Forscherteam untersuchte das weltweit zu beobachtende Verteilungsmuster der Neuerkrankungsraten von Darm- und Brustkrebs und kam zu dem Schluss, dass dieses auf einen engen Zusammenhang mit dem Konsum von Milch- und Fleischprodukten vom europäischen Rind (*Bos taurus*) hindeutet. Einige der erschreckenden Erkenntnisse waren: »Hohe Darmkrebsraten in Weltregionen mit einem hohen Verzehr an Milch- und Rindfleischprodukten: Nordamerika, Argentinien, Europa, Australien.« Oder »Indien: sehr niedrige Darm- und Brustkrebs-Raten, aber: in Bundesstaaten, in denen Milchkühe eingeführt wurden, um die Versorgung der Kinder sicherzustellen, steigen die Brustkrebs-Neuerkrankungsraten«. Säuglinge sollten daher keinesfalls früh mit Kuhmilchprodukten gefüttert werden. Mütter sollten möglichst länger als zwölf Monate stillen. Dadurch würde die Gefahr, an Brustkrebs zu erkranken, sinken.[82] Ich befürworte sehr, dass bei immer mehr adipösen Kindern in unserer Gesellschaft Obst und Gemüse in Schulen gegeben werden. 8,7 Prozent der Kinder und Jugendlichen im Alter zwischen 3 und 17 Jahren sind übergewichtig; 6,3 Prozent sind adipös.[83] Doch warum sollte die Verteilung von Milch staatlich gefördert werden? Etwa 15 Prozent der Menschen in Deutschland sind von einer Laktoseintoleranz betroffen. Sie bekommen beim Verzehr von milchzuckerhaltigen Produkten Verdauungsprobleme.[84] Ein Mensch ist eben keine Kuh, könnte man sagen. Und wir trinken ja auch nicht die Milch von Schweinen, Hunden oder anderen Säugetieren. Auch würde wohl kaum ein Erwachsener menschliche Muttermilch konsumieren wollen, obwohl nur diese von der eigenen Spezies stammt. Warum also Kuhmilch? Wohl aus Gewohnheit. Und weil unser »Wissen« über Milch von dem zehrt, was wir in der Schule eingeprägt bekommen, wo Milch als besonders kalziumhaltiges, gesundes Lebensmittel propagiert wird.

Die Ergebnisse kritischer Studien schaffen es eher nicht in das Alltagswissen des Großteils der Bevölkerung. Einseitige Informationen in der Schule, irreführende Werbebotschaften – kann man also sagen, wir wurden belogen? Und werden es immer noch? Heute gibt es eine Gegenbewegung von Tierschützern, die in Schulen gehen und den Kindern erzählen, wie es ist in der Tierindustrie. Sie bieten Informationen als Gegenpol zum einseitigen Unterrichtsmaterial der Agrarlobby an, klären auf und möchten Kinder dazu anregen, die Herstellung von Produkten sogenannter »Nutztiere« zu hinterfragen und zu diskutieren.[85] In der *Agrarheute* wird dies als »bedenklich« bezeichnet.[86]

Zurück zu Bio. Spätestens bei meiner ersten Recherche auf einem Biohof wurde mir klar, dass auch die Bio-Industrie eine Industrie ist, in der es nicht darum geht, Tieren ein schönes Leben zu ermöglichen, sondern darum, ihre Erzeugnisse zu verkaufen. Vielleicht mit dem Anspruch, es besser zu machen als die Kollegen aus der konventionellen Erzeugung. Vielleicht haben Bio-Tiere ein etwas schöneres Leben. So werden Hühner im ökologischen Landbau nur in Freilandhaltung gehalten. Jedem Tier muss dabei mindestens vier Quadratmeter Auslauffläche zur Verfügung stehen. Maximal sechs Hennen dürfen pro Quadratmeter Stallfläche

Fast federloses Bio-Huhn

gehalten werden.[87] Laut EU-Bioverordnung dürfen zudem bis zu 3000 Legehennen in einem Stall gehalten werden. Aber es geht noch mehr. Sind die Ställe durch blickdichte Wände voneinander getrennt, können sich auch mehrere solcher »Ställe« mit jeweils 3000 Hühnern unter einem Dach befinden. Der durchschnittliche Bio-Betrieb in Deutschland hält ungefähr 10.000 Hühner.[88] Das sind viele Tiere und ihre Ausscheidungen auf einem Fleck, was Krankheiten begünstigt; Tausende von Hühnern, die die ihnen zugedachte Auslauffläche oft aus Angst vor natürlichen Feinden wie etwa Raubvögeln gar nicht nutzen und dicht am Stall bleiben.

Ein Beispiel aus einem Bio-Legebetrieb in Niedersachsen, in dem ich 2012 recherchiert habe, zeigt, dass auch Bio-Hühner nicht vor Leid geschützt sind: Ich war mit

Tierschutz-Kollegen nachts in der Anlage. Die Hühner schliefen in dem länglichen Gebäudetrakt auf Stangen, die in mehreren Reihen übereinander angebracht waren. Dazwischen waren Kotauffangbehälter. Die Hühner saßen dicht an dicht auf den Stangen. Durch uns geweckt, stand das ein oder andere Huhn auf und ging zum Eiablagebereich oder flatterte auf eine andere Stange.

Hin und wieder saß oder lag auch mal ein Huhn auf dem sandigen Boden. Schnell wurde deutlich, dass die Tiere in einem schlechten Zustand waren. Viele Hühner waren kahl. Fast alle hatten Gefiederprobleme. Und Vogelmilben. Man sah die kleinen Blutsauger überall krabbeln. An den Hühnern, wo sie für starken Juckreiz sorgten. Und auf den Metallstangen und in den Ecken der Sitzstangen-Konstruktion.

Bio-Hühner – ausgemergelt und voller Milben

Viele Hühner hatten zudem wunde Stellen und entzündete Kloaken. Wir entdeckten einige tote Hühner auf dem Boden sowie auf einem Gitter. Die Hühner waren sämtlich völlig ausgemergelt.

Angesichts dieser Bilder mag man kaum glauben, dass ich sie in einer Bio-Haltung aufgenommen habe. Doch derartige Zustände fand ich bereits in verschiedenen größeren Bio-Betrieben vor. Kein Wunder. Bis zu 300 Eier im Jahr legt eine Hochleistungshenne. Ein wild lebendes Huhn kommt auf jährlich insgesamt 50 bis 60 Eier, die es legt, um Küken großzuziehen. Die Eier der Legehennen werden sofort entnommen. Daher produziert das Huhn immer weiter. Das Brüten übernehmen Brutschränke der darauf spezialisierten konventionellen Kükenerzeuger. Und hier stammen meistens

Bio-Hühner

Eine tote Henne

auch Bio-Legehennen her. Bio-Kükenerzeuger sind rar, aber im Kommen.[89] Auch in der Biohaltung wird die Zuchtlinie genutzt, deren Körper vor allem auf hohe Legeleistung ausgerichtet ist. Was die Hähne angeht, so sind die Probleme in der Eierindustrie dieselben wie in der Milchproduktion. Dort werden nur die Milch gebenden weiblichen Kühe benötigt, in der Eierproduktion nur die weiblichen Hühner, die Eier legen. Zuchtbedingt setzen die Hähne ebenso wie die männlichen Kälber aus der Milchleistungslinie zu wenig Fleisch an. Eine Mast rentiert sich daher nicht. Für die Mast wird auch bei den Hühnern eine andere, auf schnellen Fleischansatz hin gezüchtete Linie genutzt. Eine, die, wie bei Puten und Enten auch, starke Probleme entwickelt, da bei dem rasanten Fleischansatz der Rest des Körpers nicht mitkommt. Was also tun mit den unerwünschten Hähnen? Für sie hat sich »die Industrie« eine schnelle und vor allem billige Lösung ausgedacht. Man sortiert die Küken nach dem Schlüpfen aus. Die weiblichen Hühner werden an die Legehennen-Betriebe verkauft, und die männlichen Küken werden direkt getötet. Jährlich werden allein in Deutschland 45 Millionen männliche Hühnerküken nach dem Schlüpfen vergast oder lebendig geschreddert.[90] Und zwar legal.

Wie kann das sein? In § 1 des Deutschen Tierschutzgesetzes heißt es: »Zweck dieses Gesetzes ist es, aus der Verantwortung des Menschen für das Tier als Mitgeschöpf dessen Leben und Wohlbefinden zu schützen. Niemand darf einem Tier ohne vernünftigen Grund Schmerzen, Leiden oder Schäden zufügen.«[91] Doch was ist ein vernünftiger Grund? Im Fall des Kükenschredderns sah der Gesetzgeber bisher einen »vernünftigen Grund« einfach darin, dass es keine praxistauglichen, wirtschaftlichen Alternativen gibt.[92] So wurde und wird in Brütereien fröhlich geschreddert. Doch ein Ende dieser grausamen Praxis ist in Sicht. Am 13. Juni 2019 gab das Bundesverwaltungsgericht in Leipzig bekannt, dass die Küken weiterhin getötet werden dürfen, aber nur noch so lange, bis Alternativen, wie zum Beispiel die Geschlechtsbestimmung im Ei, ausgereift sind und in der Praxis zur Verfügung stehen. In dem Urteil heißt es: »Im Lichte des im Jahr 2002 in das Grundgesetz aufgenommenen Staatsziels Tierschutz beruht das Töten der männlichen Küken für sich betrachtet nach heutigen Wertvorstellungen nicht mehr auf einem vernünftigen Grund. Die Belange des Tierschutzes wiegen schwerer als das wirtschaftliche Interesse der Brutbetriebe, aus Zuchtlinien mit hoher Legeleistung nur weibliche Küken zu erhalten.«[93] Den Brütereien müsse aber Zeit gegeben werden, ihre Betriebsweise umzustellen.

Weitere Ideen, um die männlichen Küken nicht direkt nach der Geburt töten zu »müssen«, sind die Weiterentwicklung von »Zweinutzungshühnern«, die sowohl Eier legen als auch Fleisch ansetzen, oder »Bruderhahnprojekte«, in denen durch ein paar Cent teurere Eier auch die teurere Aufzucht des Bruders der Legehenne finanziert wird.[94] Der Bio-Verband Demeter etwa wirbt mit seinem Projekt »Brudertiere – Den Brüderküken das Leben schenken«.[95] Das Leben schenken? Gut, aber wie lange? Letztendlich wird der Bruder der Legehenne auch schon nach wenigen Monaten geschlachtet und gegessen. »Das Leben schenken« – das stelle ich mir irgendwie anders vor.

Der Betreiber der niedersächsischen Bio-Hühnerfarm aus meiner Recherche gab die Verpackung und Vermarktung seiner Bio-Eier an diesem Standort etwa ein Jahr später auf. Eine Gutachterkommission des Niedersächsischen Landesamts für Verbraucherschutz und Lebensmittelsicherheit (LAVES) im Auftrag der Staatsanwaltschaft Oldenburg hatte die Missstände wie hohe Mortalitätsraten, einen hohen Krankheitsstand sowie den Verdacht auf Überbelegung der Ställe bei nachfolgenden Kontrollen bestätigt. Außerdem wurde die ineffiziente, mangelhafte Arbeitsweise des den Betrieb kontrollierenden Instituts festgestellt. Das Rechercheergebnis war nicht der erste Skandal im Zusammenhang mit diesem Betreiber. Schon 2002 war Nitrofen in den Eiern des Produzenten nachgewiesen und eine Vermarktungssperre verhängt worden. Der Inhaber hatte früher mit Käfigeiern

Profit gemacht. Nachdem er die Produktion umgestellt hatte, lieferte er bis zu 500.000 Bio-Eier am Tag.[96]

Diese Eier-Recherche im Jahr 2012 war nicht die erste und nicht die letzte, die mangelhafte Zustände in Bio-Betrieben dokumentierte. Tierschützer verschiedener Organisationen deckten nachfolgend immer wieder Missstände auf. 2019 beispielsweise veröffentlichte Animal Rigths Watch (ARIWA) Bilder von Hühnern, die meinen Aufnahmen sieben Jahre zuvor glichen: Bilder von federlosen, ausgemergelten Hennen mit entzündeten Kloaken und toten Tieren zwischen den lebenden.[97] Die Erzählung vom glücklichen Huhn gehört leider in allen profitorientierten Massenbetrieben, selbst wenn sie »bio« sind, in den Bereich der Legende.

Schlussfolgerungen – Was bleibt zu tun?

Während es sich bei dem Leid von »Haustieren« wie den gesetzeswidrig gehaltenen Kettenhunden, verwahrlosten Katzen oder den Pferden mit den überlangen Hufen eher um Einzelfälle handelt, hat die Quälerei in der industriellen Tierhaltung System. Standardmäßig werden Millionen von Kühen, Schweinen, Hühnern, Enten und Puten massiv gequält. Wie kann dies sein, obwohl es in Deutschland ein Tierschutzgesetz gibt, das für alle Wirbeltiere gilt, und der Tierschutz als Staatsziel seit 2002 im Grundgesetz verankert ist?

Das Tierschutzgesetz soll alle Tiere schützen

Das deutsche Tierschutzgesetz besagt, dass niemand einem Tier ohne vernünftigen Grund Schmerzen, Leiden oder Schäden zufügen darf. Wer ein Tier hält oder betreut, muss es seiner Art und seinen Bedürfnissen entsprechend angemessen ernähren, pflegen und verhaltensgerecht unterbringen. Die Möglichkeit des Tieres zu artgemäßer Bewegung darf nicht so eingeschränkt werden, dass ihm Schmerzen, vermeidbare Leiden oder Schäden zugefügt werden. Der Halter oder

Betreuer muss über die dafür erforderlichen Kenntnisse und Fähigkeiten verfügen. Zweck dieses Gesetzes ist es, aus der Verantwortung des Menschen für das Tier als Mitgeschöpf dessen Leben und Wohlbefinden zu schützen.[98]

Angesichts des millionenfachen Leids der Tiere in der industriellen Tierhaltung klingt das jedoch wie eine Farce. Qualzuchten, routinemäßige Amputationen, eine nicht artgerechte Haltung mit daraus resultierenden Erkrankungen, wie z. B. die Fußballenentzündungen bei Geflügel, tierschutzwidrige Transporte in Nicht-EU-Staaten, wo die Tiere unter extrem tierquälerischen Bedingungen geschlachtet werden,[99] Fehlbetäubungen im Schlachthof, sodass Schweine im kochenden Brühbad aufwachen und Jungbullen bei vollem Bewusstsein ihren Tod durch Ausbluten erleben,[100] etc. sind in der Tierindustrie alltäglich.

Gilt das Tierschutzgesetz also nur für Haustiere und nicht für die sogenannten »Nutztiere« in der Industrie? Die Antwort lautet: Nein, das Tierschutzgesetz gilt grundsätzlich für alle Tiere. Wie aber kann es dann sein, dass Verstöße dagegen in der industriellen Tierhaltung kaum sanktioniert werden und nicht zuletzt deshalb sogar systematisch stattfinden können?

Systematisches Leiden in der Tierindustrie: Ausnahmeregelungen als Routine

Ein Problem ist, dass das Tierschutzgesetz zwar bestimmte tierquälerische Eingriffe, wie Amputationen, an Tieren verbietet, sie aber gleichzeitig in Ausnahmefällen zulässt.

Ein Beispiel dafür ist die Kürzung der Ringelschwänze bei Schweinen. Derartige Ausnahmeregelungen haben sich zu Routinen entwickelt und werden als Regel, nicht als Ausnahmen angewandt. »Der grundlegende Rechtssatz, dass das, was verboten ist, nicht angewandt werden darf, ist auf so gut wie allen Ebenen der Tierindustrie außer Kraft gesetzt. Und so werden vor allem in der sogenannten Nutztierhaltung quasi alle Tierquälereien ermöglicht«, berichtet der Leiter der Rechts- und Wissenschaftsabteilung der Tierschutzorganisation PETA, Dr. Edmund Haferbeck, im April 2020.[101] Wie das Ringelschwanz-Beispiel zeigt, tragen Tierärzte und Amtsveterinäre diese Verstümmelungen an den Tieren mit.

Gäbe es übergeordnete Instanzen, die die Ausnahmeregelungen schärfer kontrollieren, könnte hier beispielsweise Kungelei eingedämmt werden. Dem Schwanzbeißen entgegenwirken würde auch, wenn den Tieren endlich ein Leben ermöglicht würde, in dem sie ihre natürlichen Verhaltensweisen ausleben können und Abwechslung haben.

Tierleid aus »vernünftigem Grund«

Problematisch ist auch folgende Formulierung: Nach dem Tierschutzgesetz darf niemand einem Tier *ohne vernünftigen Grund* Schmerzen, Leiden oder Schäden zufügen. Doch was ist ein »vernünftiger Grund«? Ist unser Wunsch danach, Tiere zu essen und ihre Häute und Felle als Modeaccessoires zu benutzen, ein vernünftiger Grund für die Tötung der Tiere?

Genau wie die Vorstellung davon, welches Tier als »Haustier« und welches als »Nutztier« bezeichnet wird, sind auch die Auffassungen darüber, aus welchen Gründen man ein Tier töten darf, gesellschaftsabhängig. Die Kategorisierung von Tieren, die wir essen bzw. nutzen, beruht nicht auf universalen Statuten, sondern es sind menschengemachte, kulturrelevante Begrifflichkeiten innerhalb unserer gesellschaftlichen Strukturen. Das einfachste Beispiel, um dies zu veranschaulichen: Während uns die Hunde leidtun, die in China getötet und gegessen werden, wurden 2019 in deutschen Schlachthöfen rund 55 Millionen Schweine geschlachtet.[102] Die Sicht auf die Tiere und wie wir sie zu behandeln haben, ist also an unser eigenes gesellschaftliches Umfeld, Denken und Erleben, an Gewohnheiten und Ideen, die uns im Laufe unserer Sozialisation vermittelt wurden, gebunden.

Linda Gregori und Kea Ovie von der Deutschen Juristischen Gesellschaft für Tierschutzrecht (DJGT) erläutern diesen Zusammenhang in einem Interview im April 2020: »Ob ein Grund ›vernünftig‹ im Sinne des Tierschutzgesetzes ist, richtet sich nach den vorherrschenden Sozialvorstellungen der Gesellschaft. Nach übermäßiger Ansicht in der Literatur, Rechtsprechung und Politik ist ein Grund dann als vernünftig anzusehen, wenn er als triftig, einsichtig und von einem schutzwürdigen Interesse getragen anzuerkennen ist, und wenn er unter den konkreten Umständen schwerer wiegt als das Interesse des Tieres an seiner Unversehrtheit. Grundsätzlich zielt das Tierschutzgesetz somit nicht auf den absoluten Schutz von Tieren vor jeglichen Beeinträchtigungen. Vielmehr bedarf es einer Abwägung der tierischen und der menschlichen Interessen im Einzelfall, sodass beide Interessen bestmöglich verwirklicht werden. (...) Innerhalb der Gesellschaft wird (noch) von einem überwiegenden Teil der

Bevölkerung die Nutzung von Tieren zwecks Lebensmittelgewinnung anerkannt. Letztlich mangelt das Tierschutzrecht oftmals daran, dass es gesellschaftlichen Einstellungen hinterherhinkt und oftmals nur das manifestiert, was bereits als nicht von der Gesellschaft getragen eingestuft wird. So wurde beispielsweise das Verbot des Schlachtens von Katzen und Hunden zu einer Zeit in das Tierschutzgesetz aufgenommen, als diese Tätigkeit in Deutschland bereits nicht mehr als von der Gesellschaft getragen angesehen wurde.«[103]

Im Wandel

Wird auch das Töten von Schweinen und Kühen für unsere Zwecke bald nicht mehr von der Gesellschaft getragen? Wird es die Bezeichnung »Nutztier« irgendwann nicht mehr geben, und nachfolgende Generationen werden die Nase rümpfen, wenn sie hören, dass früher Tiere verspeist wurden? Ein Traum vieler Tierschützer, dessen Verwirklichung bei gerade mal zwei Prozent vegan lebender Menschen in Deutschland wohl erst mal eine Zukunftsvision bleiben wird.

Aber es findet ein gesellschaftlicher Wandel statt. Wir sind mittendrin. Im Juni 2020 hat sich der deutsche Ethikrat eindringlich zu den Missständen in der Tierindustrie geäußert und eine deutlich stärkere Orientierung am Tierwohl sowie einen achtsameren Umgang mit dem tierlichen Leben gefordert. [104] Im Mai 2020 hat China die Tierart »Hund« von der Liste der »Nutztiere« gestrichen und damit den Verkauf von lebenden Hunden und Hundefleisch zum Verzehr verboten.[105] Das millionenfache Töten der männlichen Küken soll verboten werden, sobald praxistaugliche Alternativen vorhanden sind. Immer mehr Menschen gehen für Tierrechte auf die Straße. Im November 2019 demonstrierten mehr als 13.000 Menschen in Hamburg gegen Tierversuche, nachdem die Organisation SOKO Tierschutz erschreckende Undercover-Aufnahmen aus einem Labor in Mienenbüttel veröffentlicht hatte.[106] Bei den im Januar stattfindenden »Wir haben es satt«-Demonstrationen gegen die Agrarindustrie sind es regelmäßig weit über 20.000 Demonstrierende.[107] Und am 3. Juli 2020 beschloss der deutsche Bundesrat bessere Haltungsbedingungen für Schweine. Bei der Gesetzesänderung geht es um die Fixierung von Muttersäuen in Kastenständen. Die Zeit, in der die Tiere in den engen Metallkäfigen festgesetzt werden, in denen sie sich nicht mal umdrehen können, soll stärker begrenzt werden – allerdings mit jahrelangen Übergangsfristen, obwohl bereits mehrere Gerichte geurteilt haben, dass diese Form der Schweinehaltung rechtswidrig ist. Aus Tierschutzsicht ungenügend ist auch die im Prinzip begrüßenswerte Forderung, »dass die Sauen in Seitenlage ihre Gliedmaßen ausstrecken können, ohne dabei an bauliche Hindernisse zu stoßen«. Das Problem dabei: Ein anderes Schwein gilt nicht als »bauliches Hindernis«. Liegen die Tiere also dicht an dicht, können sie immer noch nicht ungehindert ihre Beine ausstrecken.[108] Immer wieder haben Tierschützer dokumentiert, wie sehr die Säue in den Kastenständen körperlich und psychisch leiden.

Durch die Möglichkeiten des Protestes, Teilnahme an Diskussionsrunden, Aufklärung unserer Mitmenschen, durch unser Wahl- und Konsumverhalten haben wir es mit in der Hand, wohin der gesellschaftliche Wandel führt. Mit jedem

Kauf eines Produktes treffe ich die Entscheidung, was ich unterstützen möchte: konventionelle, Bio- oder vegane Erzeugung. Krankheiten wie Corona, Schweine- und Vogelgrippe oder BSE, alarmierende Nitratwerte im Grundwasser durch zu viel Gülle auf unseren Feldern, die Abholzung von Regenwaldflächen, um dort Tierfutter anzubauen, die Klimaerwärmung und die unwürdigen Arbeits- und Wohnbedingungen von Schlachthofmitarbeitern[109] haben immer wieder für neue Schlagzeilen gesorgt. Es sieht so aus, als wären die industrielle Landwirtschaft und Tierhaltung in einer Sackgasse angelangt.

Nicht allein der Verbraucher, vor allem auch Politiker und Behördenmitarbeiter sind in der Pflicht, das Tierqual-System zu beenden. Vorhandene Gesetze müssen durchgesetzt, tiergerechte Betriebe gefördert werden. Es gibt Ideen zu einer Fleischsteuer oder Fleischabgabe.[110] Mit den eingenommenen Geldern könnten Ställe umgebaut werden. Doch die Angst vor billigem Fleisch aus dem Ausland, in dem es unter noch tierquälerischeren Bedingungen produziert wird, ist groß.[111] Ebenso der Einfluss der Bauernlobby.

Dennoch dürfen wirtschaftliche Gründe nicht wichtiger sein als das Recht auf ein schmerzfreies Leben fühlender Lebewesen. Das Tierschutzgesetz, das ausdrücklich Tierquälerei und eine nicht artgerechte Haltung verbietet, muss endlich angewandt werden.

Das funktioniert in Fällen von Tierquälerei bei »Haustieren« durchaus. Doch auch hier stehen selbst engagierte Amtsveterinäre immer wieder vor Problemen.

Von der Verwarnung bis zur Beschlagnahmung von Tieren – Wie Veterinärämter arbeiten, was sie dürfen und müssen

Die Veterinärämter haben eine Garantenpflicht, das heißt, sie sind dazu verpflichtet, gegen tierschutzwidrige Haltungen und Zustände vorzugehen. Sie müssen handeln, wenn in ihrem Zuständigkeitsbereich Verstöße begangen wurden, noch werden oder bevorstehen. Wird der Behörde ein Verstoß gegen das Tierschutzgesetz gemeldet, so muss sie dem nachgehen. Ein bloßer Verdacht oder eine anonyme Meldung reichen allerdings nicht aus, damit der Amtsveterinär Anordnungen treffen kann. Er muss selbst ermitteln, also Zeugen befragen, sich Tiere und Haltungsbedingungen ansehen. Findet der Amtsveterinär bei seiner Kontrolle Missstände vor, so ist er gesetzlich dazu angehalten, zunächst das mildeste Mittel anzuwenden, um eine Verbesserung für die Tiere und gesetzeskonforme Haltungsbedingungen zu bewirken. Dies sind mündliche Verwarnungen und schriftliche Anordnungen mit Fristsetzung. So erteilt das Amt beispielsweise einem Hundehalter die Auflage, isolierte Schutzhütten anzuschaffen oder die Tiere einem praktizierenden Tierarzt vorzuführen. Unter anderem kann auch die Haltung einer bestimmten Tierart, wie bei der Horror-Pferdehaltung in Sachsen-Anhalt, oder die Zucht und der Verkauf von Tieren untersagt werden. Die Anordnung einer Bestandsreduzierung ist ebenfalls als Maßnahme zur Verbesserung der Haltungsbedingungen möglich. Kommt der Tierhalter den angeordneten

Auflagen nicht nach, können sie mit Zwangsgeldern durchgesetzt werden. Bleiben die Verstöße bestehen oder kommt es immer wieder zu Verstößen, bleibt als letztes Mittel eine Beschlagnahmung der Tiere und die Erteilung eines Tierhalte- und Betreuungsverbots. Wenn Gefahr im Verzug ist und akuter Handlungsbedarf besteht, um Tierleben zu retten, so dürfen sich die Amtsveterinäre Zutritt zu den Räumlichkeiten und den Tieren darin verschaffen und, wenn notwendig, die Tiere nach § 16a des Tierschutzgesetzes dem Halter wegnehmen.

Letztendlich liegt es aber auch im Ermessen des einzelnen Amtsveterinärs, welche Mittel er für sinnvoll erachtet, um den Tieren zu helfen, und wie engagiert er diese einsetzt. Dieser Ermessensspielraum kann durchaus problematisch sein, wie der Fall der Animal-Hoarderin aus Schleswig-Holstein gezeigt hat.

Eine Hürde, der sich selbst engagierte Amtsveterinäre gegenübersehen, ist, dass ein begründeter Anfangsverdacht vorliegen muss, damit die Behörde tätig werden kann. Der Fall des Katzen-Messie-Hauses in Niedersachsen zeigte dieses Problem: Der Tierhalter war nicht anwesend, auf schriftliche Aufforderungen war er nicht eingegangen. So vergeht wertvolle Zeit, in der Tiere leiden und sterben. Auch im Fall der Animal-Hoarderin mit den 276 Kleintieren hätte es wohl noch länger gedauert, bis etwas für die Tiere geschehen wäre, wenn niemand die konkreten Missstände angezeigt hätte.

In diesen Fällen habe ich der Behörde zugearbeitet, indem ich Beweisbilder und meine Zeugenaussage zur Verfügung gestellt habe. Dass diese Ermittlungsarbeit von Zeugen und Tierschützern geleistet wird, obwohl es eigentlich Aufgabe der mit Steuergeldern finanzierten Behörden ist, Missstandsmeldungen nachzugehen und die Verstöße abzustellen, sollte eigentlich nicht sein.

Mögliche Gründe für den mangelnden Vollzug des Tierschutzgesetzes

Personalmangel

Um Missstandsmeldungen nachgehen zu können, sie zu dokumentieren und zu kontrollieren, braucht eine Behörde Personal. Und dieses braucht Zeit, um die Aufgaben auszuführen. Der Mangel daran in den Behörden ist ein Problem, dem sich auch tatkräftige Amtsveterinäre gegenübersehen. Manchmal vergehen daher Monate, bis die Einhaltung von Auflagen nachkontrolliert wird, wie bei dem Fall der verwahrlosten Jagdhunde im Wald. Verstöße wie fehlender Auslauf und Sozialkontakte bei Zwingerhunden können kaum durch die Behördenmitarbeiter nachgewiesen werden. Fraglich bleibt bei dem Prozedere von Auflagenerteilung und nachfolgender Kontrolle außerdem, ob tatsächlich langfristig etwas erreicht wird oder ob der Halter nach der Kontrolle des Amtes wieder in alte Muster verfällt. Denn für dauerhafte engmaschige Nachkontrollen seitens der Behörden ist häufig keine Zeit. Besonders in ländlichen Gegenden mit vielen industriellen Tierhaltungen sind die Kontrollquoten und die Personalausstattung der Veterinärämter oft erschreckend niedrig. Denn die Veterinäramtsmitarbeiter sind auch für routinemäßige Kontrollen von Mastanlagen, Zuchtstätten und Schlachtbetrieben zuständig. Im Juli 2018 ging aus einer Kleinen Anfrage im Bundestag hervor, dass landwirtschaftliche Betriebe in Bayern beispielsweise nur alle 48 Jahre von Amtstierärzten überprüft werden.[112] Es muss in den Veterinärämtern deutlich Personal aufgestockt werden.

Druck von innen und außen

Manchmal fehlt einzelnen engagierten Amtsveterinären auch die Rückendeckung ihrer Vorgesetzten, um hart durchgreifen zu können. Ehemalige Amtstierärzte berichteten schon mehrfach von Versetzungen und Mobbing, wenn sie »zu engagiert« waren. Nach Erfahrung der Deutschen Juristischen Gesellschaft für Tierschutzrecht (DJGT) ist dieser Druck, auch seitens der Landwirte, ein Grund für das Untätigbleiben mancher Amtsveterinäre.

Mangelnde Expertise und Kungelei

Ein weiteres Problem, auf das Linda Gregori und Kea Ovie von der Deutschen Juristischen Gesellschaft für Tierschutzrecht (DJGT) in einem mit mir geführten Interview im April 2020 hinweisen, ist die mangelnde juristische Expertise, da in den Veterinärbehörden meist keine Rechtswissenschaftler arbeiten. Und »auch eine örtlich enge ›Gemengelage‹ kann dazu führen, dass ein beamteter Tierarzt, der mit dem Halter befreundet ist oder aber in derselben Region wohnt, es scheut, eine Ordnungswidrigkeit anzunehmen oder bei möglichen Verstößen gegen das Strafrecht das Verfahren an die Staatsanwaltschaft abzugeben«, so Gregori und Ovie.[113]

Scheu vor Verfahren und Kosten

Möglicherweise spielt auch die Scheu vor langwierigen Gerichtsverfahren und Kosten mit in die Entscheidung des Amtsveterinärs ein, wie scharf er durchgreifen will. Die Beschlagnahmung und Versorgung von Tieren sind kostspielig. Außerdem werden Pflegeplätze benötigt. Die Kosten müssen zunächst die Kommunen oder Kreise aufbringen. Und ob der Tierhalter finanziell in der Lage ist, diese später zu erstatten, ist oft fraglich.

Ideologie und Ermessensspielräume

Dr. Edmund Haferbeck, Leiter der Rechts- und Wissenschaftsabteilung bei PETA Deutschland e. V., geht zudem davon aus, dass auch eine ideologische Hemmschwelle mancher Amtsveterinäre dazu führt, dass die Gesetze zu wenig durchgesetzt werden. Schwammige Bezeichnungen lassen außerdem viel Ermessensspielraum für die Behördenmitarbeiter. So muss beispielsweise eine Vernachlässigung »erheblich« sein, um ein Tier beschlagnahmen zu können. Doch wer definiert »erheblich«? Dieses Adjektiv zieht sich durch das gesamte tierschutzrechtliche Instrumentarium und wird in den meisten Fällen zugunsten der Täter und zuungunsten der gequälten Mitgeschöpfe ausgelegt, so Haferbeck.[114]

Ich selbst musste leider auch die Erfahrung machen, dass Behörden erst Tiere beschlagnahmten, wenn es für einige schon zu spät war.

Dürftige Strafverfolgung & geringe Strafen

Verstöße gegen das Tierschutzgesetz können mit einer Freiheitsstrafe von bis zu drei Jahren und Geldbußen von bis zu 25.000 Euro geahndet werden. In den meisten mir bekannten Fällen wurden jedoch nur geringe Geldstrafen oder -bußen verhängt. Zu Haftstrafen kam es erst, wenn der Täter bereits Vorstrafen hatte oder zusätzlich zur Tierquälerei weitere Delikte vorlagen. Warum aber werden bei Tierquälerei nur milde Strafen verhängt, wo das Gesetz doch sogar Freiheitsstrafen vorsieht? Linda Gregori und Kea Ovie von der Deutschen Juristischen Gesellschaft für Tierschutzrecht (DJGT) führen die zurückhaltende Strafzumessung insbesondere auf ein mangelndes Problembewusstsein für das Tierschutzrecht und auf eine geringere Wertschätzung des Tieres im Verhältnis zu einem Menschen zurück. Darüber hinaus ist das Tierschutzrecht kein Pflichtlehrstoff in der juristischen Ausbildung, sodass Strafverfolgungsbehörden und den Richtern oftmals die nötige Erfahrung fehlt. »Letztendlich ist es leider Fakt, dass die Tiere, die Gegenstand des gerichtlichen Verfahrens sind, nicht für sich selbst sprechen können. Das Schwein kann sich nicht auf den Zeugenstuhl setzen und aus seiner Sicht schildern, was für furchtbare Qualen es selbst und seine Artgenossen erlitten haben. Der Richter, der keinen Bezug zu

Tieren oder dem Tierschutz hat, wird daher nie Angesicht zu Angesicht mit dem Opfer und seinem Leid konfrontiert und kann möglicherwiese kein oder kein angemessenes Mitgefühl für seine Erlebnisse aufbringen«, so Gregori und Ovie.[115] Dieser psychologische Faktor bei der Entscheidung spiele eine maßgebliche Rolle bei der Strafzumessung.

Dass es zu relativ wenigen Strafbefehlen und Anklagen durch die Staatsanwaltschaft kommt, begründet die DJGT unter anderem damit, dass im Strafrecht aufgrund einer Effizienzregelung durch Auflagen oder Weisungen (z. B. Zahlungen an einen gemeinnützigen Verein) von einer Strafverfolgung abgesehen werden kann. Dies kann dazu führen, dass tierschutzrechtliche Vergehen kaum mit einem Strafbefehl oder einer Anklage enden oder aber zumindest der Eindruck entsteht, dass diese Vergehen nicht ausreichend geahndet werden.

Die Schaffung von mehr Sonderdezernaten für Tierschutz, wie eines 2016 von der Lübecker Staatsanwaltschaft eingerichtet wurde, wäre ein Schritt zu mehr Sensibilität und Fachkompetenz in den Behörden bei Tierschutzverstößen.

Braucht es ein neues Regelwerk für Amtsveterinäre?

Bislang bleibt der Handlungsspielraum des Amtsveterinärs im Spannungsfeld zwischen Durchsetzung des Tierschutzgesetzes auf der einen Seite und Wahrung der Persönlichkeits- und Eigentumsrechte, der Unverletzlichkeit der Wohnung oder des Betriebes sowie des Datenschutzes des mutmaßlichen Tierquälers auf der anderen Seite. Sein Eingreifen muss verfassungsrechtlich gerechtfertigt und verhältnismäßig sein.

Möglicherweise wären schärfere Gesetze und ein strenges Regelwerk eine Lösung, die engagierten Amtsveterinären ein schnelleres und härteres Durchgreifen ermöglicht und untätige Behörden zum Handeln verpflichtet. Tierschutzverstöße liegen häufig im Bereich der Ordnungswidrigkeiten. Wären die Verstöße Straftatbestände, könnten sie ganz anders geahndet werden. Das machte auch meine Recherche zum illegalen Welpenhandel deutlich. Die bestehenden Regelungen scheinen meinen Erfahrungen nach oft nicht zu genügen. Sie ebnen außerdem den Weg für Mauschelei und Korruption.

Auf meine Frage, was sich ein engagierter Amtsveterinär beispielsweise von der Gesetzgebung wünschen würde, um schneller oder besser im Sinne der Tiere durchgreifen zu können, führte Amtstierarzt und Amtsleiter des Veterinär- und Lebensmittelüberwachungsamts Kreis Weimarer Land Dr. Stefan Kleinhans im Juni 2020 an: »Mit dem deutschen Tierschutzgesetz, einschlägigen Verordnungen, Sachverständigengutachten und BMEL-Leitlinien zu vielen Tierarten sind wir in Deutschland doch recht komfortabel aufgestellt.« Wünschenswert sei jedoch ein Personalschlüssel in den unteren Veterinärbehörden, der der doch erheblichen Aufgabenfülle im Zusammenhang mit dem behördlichen Tierschutz Rechnung trage. Außerdem könne Tierschutzerziehung in den allgemeinbildenden Schulen und Berufsschulen als Prävention dienen, bevor es in den Familien und Unternehmen durch Unwissenheit zu Tierschutzproblemen komme. Wichtig sei außerdem ein von gegenseitiger Toleranz und Verständnis geprägter Dialog und Erfahrungsaustausch mit dem nicht behördlichen Tierschutz (Nichtregierungsorganisationen).[116]

Gemeinsam für die Tiere – ein persönlicher Appell

Während ich vor zehn Jahren noch die Erfahrung machen musste, dass viele Veterinärämter mauern und nicht mit Tierschutzorganisationen kooperieren wollten, habe ich heute den Eindruck, dass man gewillt ist, Hilfe von Tierschützern anzunehmen. Die Beispiele von den Zwingerhunden im Wald, den Katzen in dem Messie-Haus, den kupierten Dobermännern oder der Animal-Hoarderin mit den 276 Kleintieren zeigen, wie eine gute Zusammenarbeit von Tierschutz und Behörde aussehen kann. Am effektivsten ist es, wenn alle an einem Strang ziehen: Menschen, die nicht weggesehen haben und die Tierquälerei melden, mein Kamerateam und die Redaktion, die mich unterstützen, befreundete Tierschützer, die mir helfen, Tiere unterzubringen, und das Veterinäramt als einzige Instanz, die Tiere beschlagnahmen darf. Wenn wir zusammenhalten und uns gegenseitig unterstützen, können wir eine Menge bewegen. Der eine hat die Möglichkeit, Beweise zu sammeln, der nächste hilft Tiere unterzubringen oder zu vermitteln, und wieder ein anderer zahlt vielleicht die anfallende Tierarztrechnung für ein gerettetes Tier. Und auch jeder für sich allein hat die Möglichkeit, Tieren zu helfen, indem er sein eigenes Konsumverhalten hinterfragt.

Weniger Tierleid – die bio-regionale Landwirtschaft

Was wäre, wenn es keine Massentierhaltung mehr gäbe? Wenn jeder nur wenig Fleisch essen würde, das von tatsächlich artgerecht gehaltenen Tieren stammen würde, und dafür gerne mehr zahlt? Für die Umwelt, den Erhalt kleinerer Höfe und womöglich auch für den Tierschutz könnte man schon etwas erreichen. Das Stück Fleisch wäre wieder etwas Besonderes, so wie es bei unseren Großeltern nur sonntags auf den Tisch kam und nicht, wie in vielen Haushalten heute, dreimal täglich. Wer seinen regionalen Bauern unterstützen will, der könnte sich nach einer »Grünen Kiste« erkundigen. Darin liefern viele Biohöfe wöchentlich unter anderem saisonales Obst und Gemüse aus der Region. Manche Bauern bieten selbst gemachten Käse oder Fleischwaren aus eigener Schlachtung an. Durch ein Abo kann der Hofbetreiber monatlich schon einen Teil dessen einplanen, was er verkauft. Die Lieferwege sind kurz, und der Einkauf ist unkompliziert, da die Kiste vor die Tür gestellt und der Betrag vom Konto abgebucht werden kann.

Während es für den einen moralisch vertretbar ist, »nur ganz selten Fleisch zu essen und wenn, dann nur bio aus der Region«, ist es für den anderen völlig abwegig, ein Tier zu töten, um es zu essen, oder ein Tierkind von seiner Mutter zu trennen, damit man selbst die Muttermilch trinken kann. Spätestens beim Anblick einer Kuh, die, vor Angst zitternd, in einer Schlange vor dem Schlachthof steht, oder beim Blick auf den Todeskampf der Schweine, die im Schlachthof mit Gas (Kohlendioxid) betäubt werden und dabei das Gefühl haben zu ersticken[117], sollte Fleischbefürwortern der Appetit auf das tote Stück Körper vergehen. Für mich persönlich steht fest: Das Töten von Lebewesen, die leben wollen, ist nicht moralisch vertretbar – aus keinem Grund (mit Ausnahme der Erlösung von krankheitsbedingtem Leiden).

Eine Welt ohne Tierleid – die biovegane Landwirtschaft

Eine Lösung, um der Ausbeutung von Menschen und Tieren sowie gravierenden Umweltproblemen entgegenzusteuern, könnte die bio-vegane Landwirtschaft sein, eine ökologische Landwirtschaft, die ganz ohne Tierhaltung auskommt. Das heißt, hier werden weder Tiere für den menschlichen Nutzen gehalten noch tierische Rohstoffe verwendet. Gedüngt wird mit pflanzlichen Erzeugnissen. Nur der Regenwurm darf mithelfen, aber freiwillig.[118] Doch kann uns die bio-vegane Landwirtschaft auch ernähren? Wahrscheinlich schon, wenn man bedenkt, dass der größte Teil der Pflanzenproduktion für Tierfutter genutzt wird. Würde die pflanzliche Kost direkt auf unseren Tellern landen, ohne den Umweg über das Fleisch zu gehen, könnte sie uns voraussichtlich ernähren.

Bio-vegane Landwirtschaft könnte also der Weg in eine gesündere, umweltfreundlichere, moralischere Zukunft sein. Immer mehr Menschen leben vegan: für die Tiere, die Umwelt, das Klima und ihre eigene Gesundheit. Immer häufiger sieht man ein »V« im Namen in Social-Media-Accounts oder das V-Label, aus dem eine Blume wächst, auf Shirts oder als Tattoo. Die Zahl der Veganer lag 2019 in Deutschland bei etwa

2 Prozent, Tendenz steigend.[119] Während man früher nur im Bioladen vegane Produkte bekam, sind diese heute in fast jedem Discounter erhältlich. Und die Auswahl an Fleisch- und Milchalternativen sowie pflanzlichen Brotaufstrichen ist so groß wie nie. Viele Restaurants, besonders die »trendigen«, haben sich auf Veganer eingestellt. Und damit selbst hartnäckige Fleisch-Befürworter möglichst tierleidfrei speisen können, forscht die Wissenschaft an der Produktion von In-vitro-Fleisch:[120] Aus einer Zelle, die einem lebenden Tier entnommen wird, wird Gewebe aus dem Reagenzglas gezüchtet.

Die Moral von der Geschicht

Wir befinden uns in einer Zeit, in der wir über vieles diskutieren und nachdenken müssen: Ursprünge und Ausbreitungsherde von Pandemien und die Rettung der Erde vor der Klimakatastrophe. Wir alle sollten uns fragen: Was können wir ändern, um Leid zu verhindern, und was müssen wir tun, um auch künftigen Generationen ein gesundes Leben zu ermöglichen? Das Hinterfragen unseres Umgangs mit den Tieren und des Systems der industriellen Tierhaltung kann Antworten darauf geben.

In der Philosophie wird schon seit Langem über den moralischen Status des Tieres debattiert, darüber, wie wir das Tier in unsere Alltagsmoral einbinden können und ob wir Tiere überhaupt für unsere Zwecke nutzen dürfen. Ein krasser Vertreter der einen Seite war der französische Philosoph René Descartes (1596–1650). Glücklicherweise hielt sich seine Auffassung, Tiere seien wie Maschinen und ihre Schreie nichts anderes als das Quietschen eines Uhrwerks, nicht im gesellschaftlichen Denken. Auf der anderen Seite gab es Vertreter, die den Tieren Empfindungsfähigkeit zusprachen. Arthur Schopenhauer (1788-1860) beispielsweise bezog die Tiere in seine Mitleidsethik mit ein. Und der englische Philosoph Jeremy Bentham (1748–1832) hielt die Leidensfähigkeit eines Lebewesens für maßgebend und gab zu bedenken: »Die Frage ist nicht ›Können sie denken?‹ oder ›Können sie reden?‹, sondern ›*Können sie leiden?*‹«[121] Und das sollte auch heute unser Maßstab sein im Umgang mit anderen Lebewesen.

Tiere in Not – Ansprechpartner

Wer Tierleid bemerkt, sollte nicht zögern, die Behörden zu alarmieren. Zuständig für Tierquälerei ist in der Regel das **Veterinäramt** des betreffenden Landkreises (das man z. B. hier findet: *www.amtstierarzt.de/adressen*), manchmal auch das **Ordnungsamt**. Ist Gefahr im Verzug und die Ämter sind nicht erreichbar, sollte unbedingt die **Polizei** über den Notruf 110 alarmiert werden.

Auch **Tierschutzvereine** können meist weiterhelfen. Da kleine Vereine mit Tierheimbetrieb oft an ihre Kapazitätsgrenze stoßen, ist es zudem sinnvoll, sich an größere Organisationen zu wenden. Vor allem, wenn seitens des Veterinäramtes keinerlei Rückmeldung erfolgt oder die Missstände nicht abgestellt werden. Größere **Tierschutzorganisationen** wie PETA Deutschland e. V. (*www.peta.de*) und der Deutsche Tierschutzbund (*www.tierschutzbund.de*) sowie auch Animal Rights Watch e. V. (ARIWA; *www.ariwa.org*) oder mein Verein Die Tierschutzdetektivin e. V. (*www.die-tierschutzdetektivin.de*) haben Erfahrungen im Umgang mit Behörden und oft gute Kontakte. Sie können auch, wenn nötig, die Medien einschalten.

Zeugen von Tierquälerei können sich gerne via E-Mail (info@die-tierschutzdetektivin.de), über die Social-Media-Kanäle oder über das Whistleblower-Formular auf meiner Vereinshomepage an mich wenden.

Wichtig ist: Viele Tierschützer arbeiten am Limit. Daher sollten Zeugen möglichst viele Informationen und bestenfalls schon Bildmaterial zur Verfügung stellen. Nützlich ist, eine aktuelle Tageszeitung mit ins (Handy-)Bild zu halten, um das Aufnahmedatum zu belegen. Bei schlechten Hundehaltungen ist es ratsam, ein Protokoll darüber zu führen, wie häufig beispielsweise ein Zwingerhund versorgt wird und Auslauf bekommt. Diese Dokumentationen können auch dem Veterinäramt helfen, schneller eingreifen zu können.

In schwerwiegenden Fällen ergibt neben der Meldung beim Veterinäramt auch eine Strafanzeige bei der **Staatsanwaltschaft** Sinn. Es erhöht die Chance, dass tatsächlich bzw. engagierter ermittelt wird.

Bleiben die Behörden untätig, können sie selbst Straftaten durch Unterlassen begehen. Es besteht die Möglichkeit, die Behördenmitarbeiter wegen Untätigkeit anzuzeigen. Auch können Dienst- oder Fachaufsichtsbeschwerden bei den Veterinärämtern übergeordneten Instanzen, wie beispielsweise Landräten, Landesbehörden, Regierungspräsidien oder Ministerien, eingereicht werden.

Möglichkeiten des Engagements

Tierschutzvereine und Tierheime in der Umgebung freuen sich meistens über ehrenamtliche Gassigänger, Katzenschmuser und andere Helfer sowie Sach- und Geldspenden.

Informationsmaterial beispielsweise für Demonstrationen lassen sich bei den größeren Tierschutzorganisationen bestellen und downloaden. Häufig haben die Vereine

Ortsgruppen, die sich regelmäßig treffen und zum ehrenamtlichen Engagement und Austausch einladen.

Quellenangaben

Die hier angegebenen Internetquellen wurden, soweit nicht anders angegeben, sämtlich zuletzt abgerufen am 24.06.2020.

1 https://www.tierschutzbund.de/news-storage/heimtiere/261119-datenauswertung-animal-hoarding-faelle-nehmen-weiterhin-zu/

2 Arnold, Sophie: Animal Hoarding – eine aktuelle Einschätzung. In: Amtstierärztlicher Dienst und Lebensmittelkontrolle, 2015, 22(4): 227–231.

3 Deininger, Elke: Animal Hoarding – *Was ist das? In: Kleintier.Konkret, 2010, 2: 26–31.*

4 https://www.ivh-online.de/der-verband/daten-fakten/anzahl-der-heimtiere-in-deutschland.html

5 https://www.gesetze-im-internet.de/tierschhuv/BJNR083800001.html

6 https://www.bmel.de/SharedDocs/Downloads/DE/_Tiere/Tierschutz/Gutachten-Leitlinien/HaltungPferde.pdf?__blob=publicationFile&v=3

7 https://www.op-marburg.de/Landkreis/Ostkreis/Katzenpilz-Schule-bleibt-geschlossen

8 https://www.apotheken-umschau.de/Infektion/Katzenpilz-Laestig-fuer-Mensch-und-Tier-348499.html

9 https://www.waz-online.de/Wolfsburg/Stadt-Wolfsburg/Tierschuetzer-raeumen-Stall-Mehr-als-350-Nager-gehortet

10 https://www.europarl.europa.eu/news/de/press-room/20200206IPR72016/illegalen-handel-mit-katzen-und-hunden-stoppen

11 https://www.tierschutzbund.de/fileadmin/user_upload/Downloads/Hintergrundinformationen/Heimtiere/Auswertung_illegaler_Tier-_und_Welpenhandel.pdf

12 https://www.europarl.europa.eu/news/de/press-room/20200206IPR72016/illegalen-handel-mit-katzen-und-hunden-stoppen

13 https://www.bmel.de/DE/themen/tiere/haus-und-zootiere/illegaler-welpenhandel.html#doc3326510bodyText7
14 https://www.europarl.europa.eu/doceo/document/B-9-2020-0088_DE.html
15 https://www.der-niedergelassene-arzt.de/medizin/kategorie/allgemein-innere-medizin/eine-katzenbiss-wunde-ist-stets-ein-medizinischer-notfall
16 https://www.gesetze-im-internet.de/tierschg/BJNR012770972.html
17 https://www.bmel.de/DE/themen/tiere/haus-und-zootiere/heimtiere-einreiseregelung.html
18 https://www.bv-tierschutz.de/uploads/Hunde%20kupieren.pdf
19 Auskunft laut Anfrage über das Portal https://zufish.schleswig-holstein.de/
20 https://www.rki.de/SharedDocs/FAQ/Krankenhausinfektionen-und-Antibiotikaresistenz/FAQ_Liste.html
21 https://www.ndr.de/nachrichten/niedersachsen/Gefaehrliche-Keime-in-Baechen-Fluessen-und-Seen,keime302.html
22 https://www.peta.de/resistente-keime-im-fleisch
23 https://www.rki.de/SharedDocs/FAQ/Krankenhausinfektionen-und-Antibiotikaresistenz/FAQ_Liste.html
24 https://www.tagesschau.de/investigativ/panorama/antibiotika-einsatz-nutztiere-101.html
25 https://fisaonline.de/projekte-finden/details/?cHash=a83084774eabb067f50277d30e92aae1&tx_fisaresearch_projects%5Baction%5D=projectDetails&tx_fisaresearch_projects%5Bcontroller%5D=Projects&tx_fisaresearch_projects%5Bp_id%5D=584#more
26 J. Hartung, B. Spindler: Abschlussbericht Untersuchungen zur Besatzdichte bei Masthühnern entsprechend der RL 2007/43/EG. https://www.yumpu.com/de/document/view/14125237/abschlussbericht-untersuchungen-zur-besatzdichte-bei-masthuhnern
27 https://www.gesetze-im-internet.de/tierschnutztv/
28 https://taz.de/Verbotene-Beschaeftigung-im-Schlachthof/!5653913/
29 https://taz.de/Peter-und-Florian-Kossen-ueber-die-Schlachtindustrie/!5593232/
30 https://taz.de/Kritik-am-neuen-Leiharbeitsgesetz/!5303659/
31 https://www.erna-graff-stiftung.de/das-elend-der-mastputen/
32 https://www.spiegel.de/spiegel/print/d-134660895.html;
33 https://www.spiegel.de/wirtschaft/unternehmen/deutschland-kaelber-kosten-inzwischen-unter-neun-euro-a-1295665.html

34 Beispielsweise: https://www.lfl.bayern.de/mam/cms07/publikationen/daten/schriftenreihe/p_19795.pdf

35 https://www.topagrar.com/rind/news/mit-gesextem-sperma-und-kreuzungen-kaelbertoetungen-vermeiden-9561913.html

36 Presseanfrage bei Landbrug & Fødevarer F.m.b.A. – Danish Agriculture & Food Council, Copenhagen, am 23.07.2020

37 https://www.welt.de/wirtschaft/article203765326/200-000-maennliche-Kaelber-werden-jaehrlich-illegal-getoetet.html

38 https://www.spiegel.de/spiegel/print/d-134660895.html

39 https://www.rbb24.de/wirtschaft/beitrag/2020/03/mast-kaelber-bullen-nachwuchs-toeten-milch-supermarkt.html

40 https://www.gesetze-im-internet.de/tiernebg/index.html

41 https://www.gesetze-im-internet.de/tierschnutztv/

42 https://www.ndr.de/nachrichten/schleswig-holstein/Hochleistungskuehe-Mehr-Milch-mehr-Tierleid,milchkuehe118.html

43 https://milchindustrie.de/marktdaten/erzeugung/

44 https://www.gesetze-im-internet.de/tierschnutztv/

45 https://www.agrar-presseportal.de/nachrichten/meyer-und-hoefken-hennen-kaefighaltung-wird-in-deutschland-endlich-verboten_article21180.html

46 https://www.oekolandbau.de/bio-siegel/

47 https://www.oekolandbau.de/landwirtschaft/tier/spezielle-tierhaltung/schweine/grundlagen/

48 https://www.bmel.de/DE/themen/tiere/tierschutz/ferkelkastration201811.html

49 https://www.praxis-agrar.de/tier/schweine/schweinehaltung-in-deutschland/

50 https://www.handelsblatt.com/unternehmen/handel-konsumgueter/konsumstatistik-deutsche-kaufen-fleisch-am-liebsten-billig/24021138.html?ticket=ST-3662570-UXqeQBs6h9w0p5EMlVT6-ap3

51 https://www.deutschlandfunk.de/bio-fleisch-skandal-um-neuland-fleischsiegel.697.de.html?dram:article_id=288746 und https://taz.de/!5038200/

52 https://www.focus.de/gesundheit/ernaehrung/zdf-reportage-planet-e-alles-bio-alles-gut-von-wegen-das-sind-die-schattenseiten-des-oeko-hypes_id_11245226.html

53 https://www.ariwa.org/recherchen-bio/

54 https://www.peta.de/schlachthof-oldenburg

55 https://www.ariwa.org/ferkel-erschlagen/

56 https://www.landwirtschaft.de/landwirtschaft-verstehen/haetten-sies-gewusst/tierhaltung/wie-lange-leben-rind-schwein-schaf-und-huhn

57 https://www.destatis.de/DE/Presse/Pressemitteilungen/2020/02/PD20_036_413.html;jsessionid=B182CE6593F98C6B0F88C120E6E12C09.internet8742

58 http://www.pigpool.de/aktueller-fall/fall-des-monats-februar-2010/did_2052937.html

59 https://eur-lex.europa.eu/legal-content/DE/TXT/?uri=CELEX:31991L0630

60 https://www.tierschutzbund.de/news-storage/landwirtschaft/240918-schwanzkupieren-bei-95-prozent-der-schweine/

61 https://www.ndr.de/nachrichten/niedersachsen/Ringelschwanzpraemie-Land-verlaengert-Foerderung,schweine632.html

62 https://www.tierschutzbund.de/fileadmin/user_upload/Downloads/KAB-Artikel/KAB_2019/KAB2019_Schroeder.pdf;

63 https://www.tierschutzbund.de/fileadmin/user_upload/Downloads/KAB-Artikel/KAB_2019/KAB2019_Schroeder.pdf

64 https://www.q-s.de/

65 https://www.q-s.de/futter-tiere-fleisch/landwirtschaft-schweinehalter.html

66 Interview mit Dr. Edmund Haferbeck, Agrarwissenschaftler und PETA-Mitarbeiter; vom 2.07.2020

67 https://www.bmel.de/DE/themen/tiere/tierschutz/tierwohl-kennzeichen/tierwohlkennzeichen.html#doc8746bodyText2

68 https://initiative-tierwohl.de/2020/05/07/initiative-tierwohl-in-der-kritik-unsere-antworten-auf-die-vorwuerfe/

69 https://www.destatis.de/DE/Presse/Pressemitteilungen/2020/02/PD20_036_413.html;jsessionid=B182CE6593F98C6B0F88C120E6E12C09.internet8742

70 https://www.peta.de/qualzucht-gefluegel

71 https://www.provieh.de/node/10235

72 zum Beispiel: https://www.gruene-fraktion-brandenburg.de/fileadmin/ltf_brandenburg/Dokumente/Kleine_Anfragen/6_Wahlperiode/6_1769_Kl_A_Entenhaltung_in_Brandenburg.pdf

73 https://www.lfl.bayern.de/mam/cms07/publikationen/daten/schriftenreihe/p_24746.pdf

74 https://www.bmel.de/SharedDocs/Downloads/DE/_Tiere/Tierschutz/Gutachten-Leitlinien/eu-haltung-moschusenten.pdf?__blob=publicationFile&v=2
75 »Vereinbarung des ML und der NGW über Mindestanforderungen an die Haltung von Pekingmastenten« vom 13. Januar 2003, siehe https://www.ml.niedersachsen.de/startseite/themen/tiergesundheit_tierschutz/tierschutzplan_niedersachsen_2011_2018/enten_ganse/enten--gaense-110595.html
76 https://www.dlg.org/de/landwirtschaft/themen/tierhaltung/gefluegel/dlg-merkblatt-436/
77 https://www.bioland.de/tierwohl
78 https://sbg.lko.at/pseudotuberkulose-weit-verbreitet-aber-oft-untersch%C3%A4tzt+2500+2998823
79 https://www.babyfreundlich.org/eltern/ueber-uns/das-zeichnet-babyfreundliche-einrichtungen-aus.html
80 https://www.bmel.de/DE/themen/ernaehrung/gesunde-ernaehrung/kita-und-schule/schulobst.html
81 https://www.quarks.de/gesundheit/darum-ist-milch-nicht-giftig/
82 https://www.dkfz.de/de/presse/download/Hintergrund-PK-Plasmidome_final.pdf
83 https://www.bundesgesundheitsministerium.de/themen/praevention/kindergesundheit/praevention-von-kinder-uebergewicht.html
84 https://www.bzfe.de/inhalt/laktoseintoleranz-29171.html
85 https://mensch-tier-bildung.de/tierschutz-im-unterricht-schule/
86 https://www.agrarheute.com/land-leben/tierschutzunterricht-tierrechtler-gegen-landwirtschaft-569513
87 https://www.bmel.de/SharedDocs/FAQs/DE/faq-haltungLegehennen-BioeierTierschutz/FAQ-haltungLegehennen-BioeierTierschutz_List.html
88 https://www.quarks.de/umwelt/landwirtschaft/die-luege-von-der-idyllischen-biohaltung/
89 https://biohandel.de/artikel/bio-kueken-fuerstenhof-klagt-gegen-eu-kommission
90 https://www.bmel.de/DE/themen/tiere/tierschutz/tierwohl-forschung-in-ovo.html
91 https://www.gesetze-im-internet.de/tierschg/BJNR012770972.html
92 https://www.ovg.nrw.de/behoerde/presse/pressemitteilungen/01_archiv/2016/19_160520/index.php

93 https://www.bverwg.de/pm/2019/47
94 https://www.verbraucherzentrale.de/wissen/lebensmittel/lebensmittel-produktion/toetung-von-eintagskueken-diese-alternativen-gibt-es-11924
95 https://www.demeter.de/verbraucher/landwirtschaft/wesens-gem%C3%A4%C3%9Fe-tierhaltung/bruederkueken-das-leben-schenken
96 https://www.weser-kurier.de/region/niedersachsen_artikel,-Aus-fuer-Marke-Wiesengold-_arid,731696.html
97 https://www.presseportal.de/pm/127463/4409284
98 Paragrafen 1 & 2 Tierschutzgesetz; online: https://www.gesetze-im-internet.de/tierschg/BJNR012770972.html
99 https://www.sueddeutsche.de/bayern/bayern-kuehe-tiertransporte-schlachtvieh-1.4803281
100 http://dipbt.bundestag.de/dip21/btd/17/100/1710021.pdf
101 Interview mit Dr. Edmund Haferbeck, Leiter der Rechts- und Wissenschaftsabteilung der Tierschutzorganisation PETA im April 2020.
102 https://de.statista.com/statistik/daten/studie/459142/umfrage/schweineschlachtungen-in-deutschland/
103 Interview mit Linda Gregori und Kea Ovie von der Deutschen Juristischen Gesellschaft für Tierschutzrecht (DJGT) im April 2020.
104 https://www.presseportal.de/pm/42978/4624947?fbclid=IwAR-3wE6hWNpYJranhIwo5g7EWRX2bKs3SRiyKOUBDVCZYGfJH-3j8HgHKTloY
105 https://www.ots.at/presseaussendung/OTS_20200530_OTS0013/china-verbietet-den-verkauf-von-hunde-und-katzenfleisch-bild
106 https://www.ndr.de/nachrichten/hamburg/Hamburger-Tierschutzdemo-groesser-als-erwartet,tierversuche196.html
107 https://www.wir-haben-es-satt.de/ueber-uns/
108 https://www.spiegel.de/wirtschaft/soziales/muttersauen-bundesrat-will-gesetzesaenderung-verabschieden-zum-nachteil-der-tiere-a-62e49f90-7586-44ea-8223-50e241460b56; zuletzt abgerufen am 09.07.2020
109 https://www.tagesspiegel.de/themen/reportage/das-schweinesystem-was-insider-ueber-die-ausbeutung-in-der-fleischindustrie-verraten/25840872.html?fbclid=IwAR22_remVUO5QkitLKs94V-W2fX84kE-GwzaAmSMokj17M_oH5Q9ZfYMGcA
110 https://www.zeit.de/wirtschaft/2019-08/fleischsteuer-mehrwertsteuer-tierwohl-klimaschutz

111 https://www.ardaudiothek.de/der-tagesschau-zukunfts-podcast-mal-angenommen/massentierhaltung-stoppen-was-dann-blick-in-die-zukunft/73050930

112 https://kleineanfragen.de/bundestag/19/3195-vollzug-von-tier-und-verbraucherschutzrecht

113 Interview mit Linda Gregori und Kea Ovie von der Deutschen Juristischen Gesellschaft für Tierschutzrecht (DJGT) im April 2020.

114 Interview mit Dr. Edmund Haferbeck, Leiter der Rechts- und Wissenschaftsabteilung der Tierschutzorganisation PETA im April 2020.

115 Interview mit Linda Gregori und Kea Ovie von der Deutschen Juristischen Gesellschaft für Tierschutzrecht (DJGT) im April 2020.

116 Interview mit Amtstierarzt und Amtsleiter des Veterinär- und Lebensmittelüberwachungsamts Kreis Weimarer Land Dr. Stefan Kleinhans im Juni 2020.

117 https://www.ndr.de/ratgeber/verbraucher/Betaeubung-beim-Schlachten-Wie-Schweine-leiden,schweine650.html

118 https://www.biozyklisch-vegan.de/wp-content/uploads/2017/11/Fausch_Bio-vegane-Landwirtschaft-ein-weltweiter-Diskurs.pdf

119 https://proveg.com/de/pflanzlicher-lebensstil/vegan-trend-zahlen-und-fakten-zum-veggie-markt/

120 https://www.daserste.de/information/wissen-kultur/w-wie-wissen/ernaehrung-138.html

121 Jeremy Bentham: *An Introduction to the Principles of Morals and Legislation. A new edition, corrected by the author. London 1828.*

Bildnachweis

Alle Fotos, die nicht separat aufgelistet sind: © Judith Pein

Fotos Seite 18, 23, 25, 26, 27, 29, 36, 78, 95, 102, 116, 124, 133, 134, 147, 176, 177, 178, 179, 180, 181, 223, 224, 225, 238, 276, 281, 292, 294, 295, 296, 297, 298 sowie im Bildteil Seite 1, 2, 7 oben, 8 oben, 11 unten, 12 oben, 15 oben, 17, 18 oben: © Vox

Foto Seite 55 sowie im Bildteil Foto Seite 3 unten: © Jana Feister / Tierheim am See

Fotos Seite 90, 91: © Lisa Popp

Fotos Seite 126, 127: © Stefan Klippstein

Foto Seite 172 rechts sowie im Bildteil Foto Seite 11 oben: © PETA Deutschland e.V.

Foto Seite 288: © Hagel Hof e.V.

Bildteil Foto Seite 13 unten: © Louisa Schlepper

Bildteil Foto Seite 14 oben: © Land der Tiere e.V.

Jeffrey M. Masson

Ein Buch, das den Blick auf unsere Nutztiere grundlegend verändert

In den Ställen und auf den Weiden findet man die erstaunlichsten Dinge: Kühe, die in Schwermut verfallen, wenn man ihnen die Kälbchen wegnimmt, selbstbewusste Schweine, die Musik lieben, mutige Ziegen und lachende Hühner mit einem unverbesserlichem Sinn für Humor. Der renommierte Tierverhaltensforscher und Bestsellerautor Jeffrey Masson präsentiert bewegende Geschichten rund um das komplexe Seelenleben unserer Hof- und Nutztiere. Ein bewegender Einblick in eine verborgene Welt und zugleich ein leidenschaftlicher Appell für mehr Respekt vor den Hoftieren.

978-3-453-60461-2